PROGRAMM
Alemán para hispanohablantes

*Revisada y adaptada a las Normas de Niveles
según el Marco Común de Referencia del Consejo Europeo
para las Lenguas*

BRIGITTE Y ROBERTO CORCOLL

PROGRAMM

Alemán para hispanohablantes

GRAMÁTICA

GRAMMATIK

Herder

Diseño de la cubierta: Claudio Bado

2ª edición, 8ª impresión, 2018

© 1994, Herder Editorial, S. L., Barcelona

ISBN: 978-84-254-2501-1

La reproducción total o parcial de esta obra sin el consentimiento expreso
de los titulares del *Copyright* está prohibida al amparo de la legislación vigente.

Imprenta: Reinbook
Depósito legal: B-25.814-2012
Printed in Spain – Impreso en España

Herder
www.herdereditorial.com

PRÓLOGO

El creciente interés por el idioma alemán, tanto en España como en los países hispanohablantes, nos llevó a escribir, en 1994, *Programm. Alemán para hispanohablantes: Gramática y Libro de ejercicios*.

El primer tomo —la *Gramática*— ofrece una descripción completa de las características principales del alemán moderno. Se trata de una gramática contrastiva, escrita en español y pensada para hispanohablantes. Así, pues, se trataron preferentemente los puntos gramaticales que presentan una dificultad especial para todos los que aprenden el alemán partiendo del español como lengua materna.

Esta *Gramática* fue pensada tanto para quienes empiezan el estudio del alemán como para los que desean ampliar sus conocimientos desde el nivel básico hasta el superior.

En la introducción a cada capítulo se hace hincapié en los rasgos comunes o diferenciales con repecto al español. Cada capítulo se divide a su vez en apartados que tratan de la forma más clara posible aspectos concretos del correspondiente punto gramatical.

Los distintos apartados van acompañados de esquemas y ejemplos aclaratorios. A la izquierda de cada apartado o sección aparecen las denominaciones **A1**, **A2**, **B1**, **B2**, **C1** y **C2**.

En la eleboración de los contenidos se ha tenido en cuenta además la preparación de los alumnos para los exámenes de *Start I* y *II*, *Zertifikat Deutsch*, etc., hasta el *Kleines Deutsches Sprachdiplom*.

Para facilitar el uso individualizado de la *Gramática* a todos los niveles, *ésta se complementa con un segundo volumen de ejercicios*, estructurados también en los niveles **A1**, **A2**, **B1**, **B2**, **C1** y **C2**, con el fin de que el estudiante pueda practicar los diferentes puntos gramaticales explicados, fijando así los conocimientos adquiridos. De este modo, el libro de *Gramática*, con una presentación lo más clara, esquemática y completa posible, es verdaderamente idóneo tanto para el estudio como la consulta, mientras que el *Libro de ejercicios*, con sus correspondientes soluciones, está pensado sobre todo para practicar y consolidar lo aprendido.

Cada explicación gramatical de un nivel determinado tiene sus correspondientes ejercicios. Por consiguiente, gramática y ejercicios, aunque en dos volúmenes, tienen que utilizarse simultáneamente.

Tratándose, pues, de un material teórico y práctico clasificado por niveles, pensamos que sus destinatarios serán estudiantes de alemán de bachillerato, escuelas de idiomas, academias, institutos alemanes, universidades, escuelas universitarias, así como todas aquellas personas que se interesen por la lengua alemana actual. También los profesores de alemán encontrarán sin duda en *Programm* una explicación clara y completa, así como los ejercicios adecuados para cada problema gramatical en los ditintos niveles, independientemente del método y libro de texto que se utilicen en clase.

Nuestra experiencia de tantos años como profesores de alemán en diferentes ámbitos y niveles nos ha demostrado que las mayores dificultades para aprender un idioma extranjero no siempre residen en el idioma a aprender, sino en gran medida en la propia lengua materna de la que se parte para aprenderlo.

Tanto en la elaboración de la gramática como de los ejercicios contrastivos que amplían y consolidan las explicaciones, nos hemos esforzado al máximo para eliminar todas estas dificultades y conseguir que el idioma alemán sea lo más comprensible y accesible para todos los que tenemos el español como lengua materna.

La buena acogida que tuvieron ya desde un principio *Gramática* y *Libro de ejercicios*, nos animó, en 1997, a editar una versión electrónica en CD-ROM para que los estudiantes de alemán tuvieran también un soporte acústico.

Agradecimientos

Quisiéramos expresar nuestro agradecimiento a todos aquellos que, de una forma u otra, nos ayudaron con sus sugerencias, en especial al profesor Dr. Santiago Mollfulleda (†) que fue catedrático de lengua española en la Universidad de Barcelona y, además, gran conocedor de la lengua alemana.

Un agradecimiento especial a los estudiantes de lengua alemana por la acogida que dispensaron ya desde la primera edición a la *Gramática* y al *Libro de ejercicios* y, posteriormente también al CD-ROM. Estamos también muy agradecidos a todos nuestros colegas por haber utilizado nuestros libros en sus clases y sus valiosas sugerencias.

Una vez más queremos expresar también nuestra gratitud a la Editorial Herder por la competencia y profesionalidad de todos y cada uno de sus colaboradores, cuyo interés ha permitido ir mejorando cada una de las ediciones.

Dr. Roberto Corcoll
Profesor Titular de Lengua y Literatura alemana
Universidad Central de Barcelona

Dr. Brigitte Corcoll
Profesora de Lengua alemana
Goethe-Institut Inter Nationes de Barcelona

Barcelona, 2006

ÍNDICE / *INHALTSVERZEICHNIS*

Prólogo	5
Tema 1. La conjugación de los verbos/*Die Konjugation der Verben*	27
1. Algunas características generales	27
2. La conjugación de los verbos	28
3. Los verbos *sein* y *haben*	31
4. La posición del verbo en la oración principal	32
Tema 2. Los verbos modales/*Die Modalverben*	33
A. Enunciado objetivo	
1. Los verbos modales	33
2. Conjugación: el presente de indicativo de los verbos modales	33
3. El significado de los verbos modales	34
1. Verbos modales que expresan posibilidad/oportunidad o permiso	34
a) Können	34
b) Dürfen	34
2. Verbos modales que expresan voluntad	35
a) Wollen	35
b) Mögen	35
c) Möchte	35
3. Verbos modales que expresan necesidad	35
a) Müssen	35
b) Sollen	36
4. Negación: *nicht dürfen, nicht müssen, nicht sollen*	36
4. Los verbos modales como verbos principales	37
5. La posición de los verbos modales en la oración principal	37

Índice

B. *Enunciado subjetivo*

6. Los verbos modales en el enunciado subjetivo 38
7. *Können, mögen, dürfen* y *müssen* en el enunciado subjetivo 38
8. Los verbos modales *sollen* y *wollen* en el enunciado subjetivo 40

Tema 3. Los verbos *lassen, bleiben, brauchen* y *werden* 42
1. *Lassen* 42
2. *Bleiben* 43
3. *Brauchen* 43
4. *Werden* como verbo principal 44

Tema 4. Verbos inseparables y verbos separables/*nichttrennbare und trennbare Verben* 46
1. Verbos con prefijo 46
2. Verbos inseparables 47
3. Verbos separables 48
4. Verbos con prefijos separables e inseparables 49
5. Verbos con otros elementos separables 50
6. Elementos que unas veces son separables y otras inseparables 51
   1. *Durch-* 51
   2. *Über-* 52
   3. *Um-* 53
   4. *Unter-* 54

Tema 5. Verbos reflexivos y recíprocos/*Reflexive und reziproke Verben* ... 55

A. *Los verbos reflexivos*
1. Verbos reflexivos 55
2. Verbos exclusivamente reflexivos 55
3. Verbos reflexivos en español y no en alemán 56
4. Ponerse, quedarse, hacerse + sustantivo o adjetivo 57
5. Expresiones idiomáticas con verbo reflexivo en español ... 57
6. Verbos alemanes que pueden usarse como reflexivos y como transitivos 57
7. El pronombre reflexivo en los verbos con complemento directo 58
8. Pronombres reflexivos siempre en dativo 58

B. *Los verbos recíprocos*
9. Su forma distintiva 59

Tema 6. Verbos transitivos e intransitivos, perfectivos e imperfectivos/*Transitive und intransitive, perfektive und imperfektive Verben* 61

Índice

1. Verbos transitivos	61
2. Verbos hechos transitivos por la adición de prefijos	61
3. Verbos hechos transitivos mediante cambio vocálico	61
4. Verbos de posición	63
5. Los verbos perfectivos e imperfectivos (durativos)	64

Tema 7. El régimen de los verbos/*Rektion der Verben* 65

1. Cada verbo rige un caso determinado	65
2. Verbos con complemento indirecto en alemán y en español	65
Nota sobre el verbo *gustar* y su traducción al alemán	66
3. Verbos que en alemán rigen dativo y en español acusativo o complemento prepositivo	67
4. Verbos que en alemán rigen complemento directo y complemento prepositivo y en español complemento indirecto	67
5. Verbos con complemento indirecto y complemento directo	67
6. Verbos con dos complementos directos	68
7. Verbos con acusativo y genitivo	69
8. Verbos con genitivo	69

Tema 8. Verbos con complemento prepositivo/*Verben mit präpositionalem Objekt* 70

1. Cómo conocerlos	70
2. *An + Akkusativ*	70
3. *An + Dativ*	71
4. *Auf + Akkusativ*	71
5. *Auf + Dativ*	72
6. *Aus + Dativ*	72
7. *Bei + Dativ*	72
8. *Für + Akkusativ*	73
9. *Gegen + Akkusativ*	73
10. *In + Akkusativ*	74
11. *In + Dativ*	74
12. *Mit + Dativ*	74
13. *Nach + Dativ*	75
14. *Über + Akkusativ*	75
15. *Um + Akkusativ*	76
16. *Unter + Dativ*	77
17. *Von + Dativ*	77
18. *Vor + Dativ*	78
19. *Zu + Dativ*	78
20. *Zwischen + Dativ*	79

Índice

Tema 9. El pretérito perfecto/*Das Perfekt* 80
    1. Uso actual 80
    2. Formación 80
    3. El participio de pasado de los verbos regulares 80
        1. El participio de pasado de los verbos regulares separables 81
        2. El participio de pasado de los verbos que terminan en *-ieren* 81
        3. El participio de pasado de los verbos regulares inseparables 82
    4. El participio de pasado de los verbos irregulares 82
        1. El participio de pasado de los verbos irregulares separables 83
        2. El participio de pasado de los verbos irregulares inseparables 83
    5. *Haben* o *sein* 83
        1. *Haben* 83
        2. *Sein* 86
        3. Verbos que forman el pretérito perfecto con *haben* o *sein* 88

Tema 10. El pretérito perfecto de los verbos modales y semimodales/
Perfekt der Modal- und Semimodalverben 90
    1. Tiempos compuestos de los verbos modales 90
    2. Pretérito perfecto de los verbos modales en su enunciado objetivo +
       otro verbo.. 90
    3. Pretérito perfecto de los verbos modales en su enunciado subjetivo
       + otro verbo... 91
    4. Pretérito perfecto de los verbos semimodales 92

Tema 11. El pretérito/*Das Präteritum* 93
    1. Uso y significado.. 93
    2. La formación del pretérito de los verbos regulares......................... 93
    3. La formación del pretérito de los verbos irregulares 94
    4. Peculiaridades de algunos verbos: verbos mixtos y modales 96
    5. Verbos con doble conjugación y diferente significado 97

Tema 12. Pretérito pluscuamperfecto, futuro I y futuro II/
Plusquamperfekt, Futur I und Futur II 99
    1. El pretérito pluscuamperfecto... 99
    2. Formación 99
    3. El futuro I (futuro imperfecto) 100
        1. Formación 100
        2. Usos y significado... 101
    4. El futuro II (futuro perfecto) 102
        1. Formación 102
        2. Usos y significado... 102

Índice

Tema 13. El modo imperativo/*Der Imperativ* 103
    1. El modo imperativo 103
    2. Tratamiento de *du* 103
    3. Tratamiento de *Sie* (singular y plural) 105
    4. Tratamiento de *ihr* 105
    5. Reglas generales 106

Tema 14. El modo subjuntivo. Subjuntivo II/*Konjunktiv II* 108
    1. El subjuntivo alemán 108
        1. El subjuntivo I 108
        2. El subjuntivo II 109
    2. El subjuntivo II 109
        1. Formación del presente de subjuntivo 109
            a) Verbos fuertes y verbos mixtos 109
            b) Verbos débiles 110
        2. *Würde* + infinitivo 110
        3. Formación del pretérito de subjuntivo 112
        4. El uso del subjuntivo II 112

Tema 15. El subjuntivo I/*Konjunktiv I* 115
    1. El subjuntivo I: uso y formas 115
    2. El subjuntivo I: formación 115
        1. El presente 115
        2. El futuro 118
        3. El pretérito 118
    3. La oración interrogativa indirecta 119
    4. El imperativo en el discurso indirecto 120
    5. Otros usos del subjuntivo I 120

Tema 16. La voz pasiva/*Das Passiv* 122
    1. La voz pasiva 122
    2. Formación de la voz pasiva 122
        1. El presente 122
        2. El pretérito 123
        3. El pretérito perfecto 123
        4. El pluscuamperfecto 124
    3. Oraciones de pasiva con sujeto personal 124
    4. Oraciones de pasiva sin sujeto personal 125
    5. La voz pasiva con verbos modales 125
        1. Oración principal 125
        2. Oración subordinada 126
    6. La voz pasiva que expresa una acción (*Handlungspassiv, Vorgangspassiv*) 126

Índice

    7. La voz pasiva que expresa un estado (*Zustandspassiv*) 126
    8. Formas alternativas para sustituir la voz pasiva (*Passiversatz*) 127

Tema 17. El infinitivo/*Der Infinitiv* 129
    1. El infinitivo como sustantivo 129
    2. El infinitivo como verbo 129
        1. No se emplea *zu* 130
        2. Infinitivo precedido de *zu* 131
    3. *Sein zu* + infinitivo 132
    4. *Haben zu* + infinitivo 132
    5. Posibilidades de traducción al alemán de las perífrasis verbales seguidas de infinitivo en español 132

Tema 18. El participio de presente/*Partizip I* 135
    1. Formación y uso 135
    2. Funciones 135
        1. Adjetivo atributivo 135
        2. *Sein* + participio de presente 136
        3. Otras funciones 137
        4. Participio en frase absoluta 138
    3. El gerundio español y algunas posibilidades de traducirlo al alemán 139

Tema 19. El participio de pasado/*Partizip II* 142
    1. Sentido general 142
    2. Funciones 142
        1. Adjetivo atributivo 142
        2. Sustantivo con las desinencias de un adjetivo atributivo 143
        3. Preposición 143
        4. Adverbio de modo 143
        5. Complemento modal 144
        6. Imperativo 144
        7. Participio de pasado en frase absoluta 144
    3. Traduccion al alemán de las perífrasis verbales españolas con participio de pasado 145

Tema 20. El género/*Das Genus* 147
    1. El género gramatical en alemán 147
    2. Reglas para conocer el género de los sustantivos 147
        1. Son masculinos (*der*) 147
        2. Son neutros (*das*) 149
        3. Son femeninos (*die*) 151
    3. Otras observaciones generales 153

Índice

Tema 21. La formación del plural/*Die Pluralbildung* 155
   1. Las cinco formas del plural alemán 155
   2. Particularidades de la formación del plural 156
      1. Neutros terminados en -*um*/-*ium* que forman el plural en -*en*/
         -*ien* 157
      2. Neutros terminados en -*um* que forman el plural cambiando -*um*
         por -*a* 157
      3. Masculinos terminados en -*us* que forman el plural en -*en* 158
      4. También forman el plural en -*en* o -*a* los siguientes sustantivos ... 158
      5. Algunos sustantivos forman el plural en forma compuesta 158
      6. Los nombres compuestos con -*mann* forman el plural cambiando
         este elemento por -*leute* 159
      7. Algunos sustantivos homónimos forman el plural de dos
         (y excepcionalmente tres) formas distintas y tienen, como es
         lógico, diferente significado 159

Tema 22. La declinación del sustantivo/*Die Deklination des Substantivs*   161
   1. La declinación alemana 161
   2. Los casos 161
      1. El nominativo (función sintáctica: sujeto) 161
      2. El acusativo (complemento directo) 162
      3. El dativo (complemento indirecto) 162
      4. El genitivo (complemento de otro sustantivo) 163
   3. Esquema de la declinación del sustantivo precedido del artículo
      determinado 163
   4. Declinación - (*e*)*n* de los masculinos 163
      1. Desinencia -*n* 164
      2. Desinencia -*en* 165
   5. La declinación de los nombres de personas 166
   6. La posición del sustantivo —es decir, del nominativo, acusativo,
      dativo y genitivo— en la oración 166

Tema 23. El artículo/*Der Artikel* 168
   1. El artículo en alemán 168
   2. El artículo determinado 168
   3. El artículo indeterminado 169
   4. El uso del artículo determinado 170
   5. Diferencias entre el artículo alemán y el español 170
      1. Artículo determinado en alemán frente a omisión del mismo en
         español 170
      2. Uso del artículo en los nombres propios 171
   6. Uso del artículo indeterminado 171

Índice

7. Diferencias en el uso del artículo indeterminado con respecto al español 172
8. La omisión del artículo en alemán 174
9. Diferencias: omisión del artículo en alemán, artículo en español 176

Tema 24. La declinación del adjetivo/ *Deklination des Adjektivs* 179
    1. Funciones del adjetivo 179
    2. Declinación 180
        1. La declinación débil (schwache Deklination) 180
            a) Singular 180
            b) Plural 181
        2. La declinación fuerte (starke Deklination) 181
            a) Singular 181
            b) Plural 182
            c) La declinación fuerte se da en los siguientes casos 183
        3. La declinación mixta (gemischte Deklination) 184
            a) Singular (declinación fuerte) 185
            b) Plural (declinación fuerte) 185
            c) Plural (declinación débil) 185
    3. Particularidades 185
    4. Síntesis 187

Tema 25. La comparación del adjetivo/*Die Komparation des Adjektivs* . 189
    1. La gradación del adjetivo 189
    2. El comparativo 189
    3. El superlativo 190
        1. En forma atributiva 190
        2. En forma adverbial 191
        3. Diferencias entre la forma atributiva y la adverbial 192
    4. Comparativos y superlativos irregulares 192
    5. Observaciones generales 193
    6. Formas de comparación absolutas 194
        1. El comparativo absoluto 194
        2. El superlativo absoluto 194
    7. Particularidades de la comparación 195

Tema 26. El régimen de los adjetivos/*Rektion der Adjektive* 197
    1. Régimen del adjetivo 197
    2. Adjetivos que rigen dativo 197
    3. Adjetivos que rigen genitivo 198
    4. Adjetivos que rigen acusativo 198
    5. Adjetivos con preposiciones 199

Índice

1. *An* + dativo	199
2. *An* + acusativo	199
3. *Auf* + acusativo	199
4. *Bei* + dativo	200
5. *Für* + acusativo	200
6. *Gegen* + acusativo	200
7. *In* + dativo	200
8. *In* + acusativo	201
9. *Mit* + dativo	201
10. *Über* + acusativo	201
11. *Um* + acusativo	201
12. *Von* + dativo	202
13. *Vor* + dativo	202
14. *Zu* + dativo	202

Tema 27. Los adjetivos numerales/*Zahladjektive* 203

0. Los adjetivos numerales	203
1. Numerales cardinales (*Grundzahlen*)	203
1. Observaciones	204
2. El adjetivo numeral «uno»	206
3. Los números cardinales 2 y 3	207
4. Los números cardinales sustantivados	208
2. Numerales ordinales (*Ordnungszahlen*)	209
1. Observaciones	209
3. Otros numerales	211
1. Numerales fraccionarios (*Bruchzahlen*)	211
2. Los numerales enumerativos (*Einteilungszahlen*)	212
3. Los numerales repetitivos (*Wiederholungszahlen*)	212
4. Los numerales múltiplos (*Vervielfältigungszahlen*)	213
5. Los numerales genéricos (*Gattungszahlen*)	213

Tema 28. Los pronombres personales/*Personalpronomen* 214

0. El pronombre y sus clases	214
1. Pronombres personales	215
2. Declinación	215
3. La segunda persona	216
4. La tercera persona	216
5. Los adverbios preposicionales (pronominales)	217
1. Con complemento prepositivo referido a cosas	217
2. Con complemento prepositivo referido a personas	218

Índice

  6. La posición del pronombre personal en la oración 218
  7. El pronombre personal *es* 219
    1. *Es* como sustituto de una palabra.................................. 219
    2. *Es* como correlato 220
    3. *Es* como sujeto y objeto formales 221

Tema 29. Los pronombres posesivos/*Possessivpronomen* 224
  1. Forma y función... 224
  2. La declinación 224
  3. Frecuencia de uso.. 226
  4. Pronombre posesivo en función de sujeto u objeto............ 226

Tema 30. Los pronombres reflexivos/*Reflexivpronomen* 228
  1. Forma y funciones.. 228
  2. Declinación 228
  3. Otros usos del pronombre reflexivo 229

Tema 31. Los pronombres interrogativos/*Interrogativpronomen* 231
  1. Sentido general y posición 231
  2. *Wer* 231
  3. *Was* 231
  4. Pregunta con preposición... 232
  5. *Welch*.. 232
  6. *Was für ein*.. 233

Tema 32. Los pronombres indefinidos/*Unbestimmte Pronomen* 235
  1. Pronombres indefinidos en general 235
  2. *Alle* 235
    1. *Alle* (plural) en función pronominal (sin sustantivo) = todos..... 235
    2. *Alles* (singular), neutro, en función pronominal = todo 236
    3. *All...* en función atributiva = todo 236
  3. *Ein...* (uno/a), *kein...* (ninguno/a, ningunos/as), *welch...* (unos/as),
    en función pronominal 237
  4. *Einige..., einzelne..., etliche..., mehrere...* en función pronominal y
    atributiva 238
  5. *Etwas/nichts* (algo/nada) 239
  6. *Irgendwer (irgendjemand)* = cualquier persona 240
  7. *Jede...* = todo(s), toda(s), cada... 240
  8. *Jemand/niemand* = alguien/nadie 242
  9. *Man* = uno 243
  10. *Manche...* = algunos, varios 244

Índice

    11. *Viel.../wenig...* = mucho(s)-mucha(s)/poco(s)-poca(s)...................... 245

    12. La declinación de los adjetivos precedidos de los pronombres indefinidos estudiados en este tema 246

Tema 33. Los pronombres demostrativos/*Demonstrativpronomen* 247

    1. Función característica 247

    2. *Der, die, das*.. 247

    3. *Dieser, diese, dieses* = éste/este, ésta/esta, esto; *jener, jene, jenes* = aquél/aquel, aquélla/aquella, aquello 249

    4. *Derselbe, dieselbe, dasselbe* = el mismo, la misma, lo mismo 250

    5. *Derjenige, diejenige, dasjenige* = el/aquel (que), la / aquella (que), lo/aquello (que)... 251

    6. *Solcher, solche, solches* = tal 251

Tema 34. Los pronombres relativos/*Relativpronomen* 252

    1. Función de enlace.. 252

    2. *Der, die, das*.. 252

        1. Declinación 252

        2. Observaciones 253

    3. *Wer, wen, wem*.. 255

    4. *Was* = (lo) que 255

Tema 35. Las preposiciones/*Präpositionen* 257

    1. Función y problemas que plantea su estudio 257

    2. Posición de las preposiciones... 258

    3. Régimen de las preposiciones 258

        1. Preposiciones que rigen acusativo.. 259

        2. Preposiciones que rigen dativo... 259

        3. Preposiciones que rigen acusativo o dativo................................ 259

        4. Preposiciones que rigen genitivo.. 260

    4. La contracción del artículo determinado con preposiciones 261

    5. Uso de cada una de las preposiciones y su traducción más frecuente.. 262

        1. *Ab* (dativo) = a partir de 262

        2. *Abseits* (genitivo) = apartado de 262

        3. *An* (acusativo o dativo) = a, en, junto a, al borde de 262

        4. *(An)statt* (genitivo) = en vez de 263

        5. *Auf* (acusativo o dativo) = sobre, en, a, encima de 263

        6. *Aus* (dativo) = de 264

        7. *Außer* (dativo) = fuera de, a excepción de 265

        8. *Außerhalb* (genitivo) = fuera de, en las afueras de 265

        9. *Bei* (dativo) = cerca de 266

Índice

10. *Binnen* (genitivo o dativo) = *innerhalb* = dentro de 266
11. *Bis* (acusativo) = hasta 267
12. *Durch* (acusativo) = a través 267
13. *Entgegen* (dativo) = en contra de 268
14. *Entlang* (dativo, genitivo, acusativo) = a lo largo de 268
15. *Für* (acusativo) = para, por 268
16. *Gegen* (acusativo) = contra 269
17. *Gegenüber* (dativo) = en frente, al otro lado 270
18. *Gemäβ* (dativo) = según 271
19. *Halber* (genitivo) = a causa de 271
20. *Hinter* (acusativo o dativo) = detrás de, tras 271
21. *In* (acusativo o dativo) = a, en, dentro de 272
22. *Infolge* (genitivo) = a consecuencia de, a causa de 273
23. *Inmitten* (genitivo) = en medio de, entre 273
24. *Innerhalb* (*von*) (genitivo) = dentro de 273
25. *Jenseits* (genitivo) = al otro lado de 274
26. *Kraft* (genitivo) = en virtud de 274
27. *Längs* (genitivo) = *entlang* = a lo largo de 274
28. *Laut* (dativo o genitivo) = según, conforme a 274
29. *Mit* (dativo) = con, en compañía de 274
30. *Nach* (dativo) = a, hacia 275
31. *Neben* (acusativo o dativo) = al lado de, junto a 276
32. *Oberhalb* (genitivo) = más arriba 277
33. *Ohne* (acusativo) = sin 277
34. *(Mit)samt* (dativo) = con, en compañía de, acompañado de 277
35. *Seit* (dativo) = desde (hace) 277
36. *(An)statt* (genitivo) = en vez de 278
37. *Trotz* (genitivo o dativo) = a pesar de 278
38. *Über* (dativo o acusativo) = encima de 278
39. *Um* (acusativo) = alrededor de 280
40. *Um...* (genitivo) *willen* = por amor de/a, en interés de 281
41. *Ungeachtet* (genitivo) = *trotz* = a pesar de, a despecho de 282
42. *Unter* (acusativo o dativo) = (de)bajo 282
43. *Unterhalb* (genitivo) = más abajo de, en la parte inferior de algo ... 283
44. *Unweit* (genitivo) = cerca de, no lejos de 283
45. *Von* (dativo) = de 283
46. *Vor* (acusativo o dativo) = delante de 285
47. *Während* (genitivo o dativo) = durante 287
48. *Wegen* (genitivo o dativo) = a causa de 287
49. *Zu* (dativo) = a, hacia, a casa de 287
50. *Zufolge* (genitivo o dativo) = a causa de 289
51. *Zwischen* (acusativo o dativo) = entre 289

Índice

Tema 36. Los adverbios de lugar/*Lokaladverbien* 291
    1. El adverbio alemán y sus clases 291
    2. Los adverbios de lugar 292
        1. *Wo?* = ¿Dónde? Adverbios situativos 292
        2. *Wohin?* = ¿Adónde? Adverbios directivos................................... 295
        3. *Woher?* = ¿De dónde? 299

Tema 37. Los adverbios de tiempo/*Temporaladverbien* 300
    1. Adverbios que se refieren al pasado. Pregunta: *Wann?* = ¿Cuándo? 300
    2. Adverbios que se refieren al presente. Pregunta: *Wann?* 300
    3. Adverbios que se refieren al futuro. Pregunta: *Wann?* 301
    4. Adverbios que correlacionan temporalmente dos acciones 302
    5. Adverbios frecuentativos. Pregunta: *Wie oft?* = ¿Cuántas veces? ¿Con qué frecuencia? 303
    6. Adverbios de duración. Pregunta: *Wie lange?* = ¿Cuánto tiempo? ... 304

Tema 38. Adverbios modales, causales, condicionales, instrumentales, finales, interrogativos, pronominales y conjuntivos/*Modal-, Kausal-, Konditional-, Instrumental-, Final-, Interrogativ-, Pronominal- und Konjunktionaladverbien* 305
    1. Adverbios modales 305
    2. Adverbios causales 307
    3. Adverbio condicional... 307
    4. Adverbios instrumentales 307
    5. Adverbios finales 308
    6. Adverbios interrogativos 308
    7. Adverbios preposicionales o pronominales 308
    8. Adverbios conjuntivos 309
    9. Posición de los adverbios en la oración 310
        1. Posición normal 310
        2. Posición expresiva 311

Tema 39. Las partículas modales/*Modal-, Abtönungspartikeln* 312
    1. Función de las partículas modales en el discurso 312
    2. Las partículas modales en particular... 312
        1. *Aber* 313
        2. *Allerdings* 313
        3. *Auch* 313
        4. *Bloβ* 313
        5. *Denn* 314
        6. *Doch* 314
        7. *Eben/halt* 314

Índice

    8. *Eigentlich* 315
    9. *Einfach* 315
   10. *Etwa* 315
   11. *Halt (eben)* 315
   12. *Ja* 316
   13. *Mal* 316
   14. *Nur (bloβ)* 316
   15. *Ruhig* 317
   16. *Schon* 317
   17. *Überhaupt* 317
   18. *Vielleicht* 318
   19. *Wohl* 318

Tema 40. La negación/*Die Negation* 319
    1. La negación simple 319
    2. Posición de *nicht* en la oración 320
    3. Negaciones reforzadas 321
    4. Otras negaciones 322

Tema 41. Conjunciones y adverbios conjuntivos de coordinación/
Nebenordnende Konjunktionen und Konjunktionaladverbien 323
    1. Las conjunciones 323
    2. Clases de conjunciones 323
       1. Coordinantes copulativas 323
       2. Coordinantes alternativas (con correlato) 324
       3. Coordinantes adversativas 325
       4. Coordinantes disyuntivas 326
       5. Coordinantes causales 326
       6. Coordinantes correctivas 327
       7. Coordinantes aclarativas 327
    3. Posición de algunas conjunciones y adverbios conjuntivos en la oración 328
    4. Omisión o no del sujeto después de *und* 328
    5. Posición de *nämlich* 329

Tema 42. La oración subordinada/*Nebensatz* 330
    1. Oraciones subordinadas. Sus clases 330
    2. El correlato 330
    3. Oraciones subordinadas de primero, segundo o tercer grado 331
    4. Posición de la oración subordinada 332
    5. Posición del verbo finito en la oración principal pospuesta 332

Índice

Tema 43. Oraciones en función de sujeto y complemento con la conjunción subordinante *dass*, oraciones interrogativas indirectas y oraciones de infinitivo con *zu*/*Subjekt- und Objektsätze, Fragewort-Nebensätze und Infinitivsätze (mit zu)* 334
   1. Función de estas oraciones en la oración compuesta 334
   2. Las oraciones con la conjunción *dass* 334
      1. Oraciones subordinadas en función de sujeto 334
      2. Oraciones subordinadas en función de complemento 335
      3. Las oraciones interrogativas en estilo indirecto 335
   3. Las oraciones de infinitivo (con *zu*) 337
   4. El empleo de los tiempos en las oraciones de infinitivo 337

Tema 44. Oraciones de relativo/*Relativsätze* 339
   1. Las oraciones de relativo 339
   2. Oraciones de relativo con *wer, wen, wem* y *wessen* 340
   3. Oraciones de relativo con *der, die* 340
   4. Oraciones de relativo con *was, wo(r)* + preposición 340
   5. Oraciones de relativo con *wo, wohin* y *woher* 342
   6. Oraciones de relativo con *wie* 342

Tema 45. Oraciones subordinadas de tiempo/*Temporale Nebensätze* 343
   1. El matiz temporal 343
   2. Oraciones temporales introducidas por *als* y *wenn* 343
   3. Oraciones subordinadas de posterioridad con *bevor* y *ehe* = antes (de) que 345
   4. Oraciones subordinadas de anterioridad con *nachdem* = después (de) que 345
   5. Oraciones subordinadas de anterioridad con *seit(dem)* = desde que 346
   6. Oraciones subordinadas con *bis* = hasta que 346
   7. Oraciones subordinadas con *während* = mientras 347
   8. Oraciones subordinadas con *solange* = mientras 347
   9. Oraciones subordinadas con *sobald/sowie* = tan pronto como, y *kaum dass* = apenas 348
   10. Oraciones subordinadas con *sooft/immer wenn/jedesmal* = tantas veces que, siempre que, cada vez que 349

Tema 46. Oraciones subordinadas de lugar y de modo/*Modalsätze* 350
   1. Oraciones subordinadas de lugar 350
   2. Oraciones subordinadas de modo 350
      1. Oraciones comparativas (reales e irreales) 350

Índice

a) Oraciones comparativas con *(nicht) so... wie* = tal como, tanto como 350
b) Oraciones comparativas con *als... zu* + infinitivo, *als dass* y *während* 351
c) Oraciones comparativas irreales con *als, als ob* (como si), *als wenn, wie wenn* 352
d) Oraciones que expresan intensidad.. 352
2. Oraciones instrumentales con *indem, dadurch, dass*.................. 352
3. Oraciones restrictivas con *soviel* y *soweit* 353
4. Oraciones modales con *ohne ... zu* + infinitivo (= sin), *ohne dass* (= sin que), *(an)statt ... zu* (= en vez de) y *(an)statt ... dass* (= en vez de que)... 353

Tema 47. Oraciones consecutivas/*Konsekutivsätze* 354
1. Oraciones consecutivas 354
2. Oraciones consecutivas con *so dass* = de manera que, *so ..., dass (dermaβen ..., dass; derart ..., dass)* = tan.... que, *solch ..., dass* = tan ... que, tal ... que, y *derartig ..., dass* = tan ... que 354
3. Oraciones consecutivas con *zu ... um zu* + infinitivo (+ *können*) = para, *(nicht) genug ... um zu* + infinitivo (+ *können*), *(nicht) genügend... um zu* + infinitivo (+ *können) zu ... als dass* = para que, *(nicht) genug ... als dass, (nicht) genügend ... als dass*... 355

Tema 48. Oraciones condicionales/*Konditionalsätze* 357
1. *Wenn*, conjunción condicional más frecuente................................. 357
2. Oraciones de condición real (= indicativo) 357
3. Oraciones de condición irreal (= subjuntivo II) 358
4. Oraciones condicionales con *vorausgesetzt, dass* y con *es sei denn, dass* 359
5. Oraciones subordinadas condicionales con *je ... um so/ je ... desto* = cuanto más ... tanto (más)... 360
6. Oraciones subordinadas condicionales con *je nachdem, ob* y *je nachdem* + pronombre o adverbio interrogativo = según ..., depende de ..., si ... cuando 361

Tema 49. Oraciones subordinadas concesivas/*Konzessivsätze* 362
1. Las oraciones concesivas 362
2. Oraciones subordinadas concesivas con *obwohl/obgleich* = aunque. 362
3. Oraciones subordinadas concesivas con *auch wenn/selbst wenn* 363
4. *Wenn ... auch (so... doch)* o *wenngleich* = aunque, si bien 363
5. *So* + adjetivo/participio/adverbio ... *(auch)* 364
6. *So* + adjetivo/participio/adverbio - *so* + adjetivo/participio/adverbio 364

Índice

    7. Oraciones subordinadas concesivas con pronombre o adverbio
       interrogativo + *(auch) immer* o *auch (immer)*.................................... 365

Tema 50. Oraciones subordinadas causales/*Kausalsätze* 366
    1. Las oraciones causales.. 366
    2. Oraciones causales con *weil, da* = porque, puesto que.................... 366
    3. Oraciones con *nun da* = puesto que (ya) 367
    4. Oraciones con *weshalb/weswegen* = por lo que................................ 367
    5. Oraciones causales con *zumal (da)* = sobre todo, teniendo en cuenta
       que 368
    6. Oraciones con *um so mehr als, um so* + comparativo *als* 368

Tema 51. Oraciones subordinadas finales/*Finalsätze* 369
    1. Las conjunciones finales.. 369
    2. Observaciones 369
       1. Sobre el uso de *um ... zu* 369
       2. Sobre el uso de *damit* 370
    3. Posibles traducciones al alemán de la preposición castellana *para*.. 371
    4. Oraciones finales y oraciones de infinitivo 371

Verbos fuertes e irregulares más importantes.. 373
Bibliografía 383
Índice alfabético.. 385

TEMA 1

LA CONJUGACIÓN DE LOS VERBOS

DIE KONJUGATION DER VERBEN

A1 1.1. **Algunas características generales**

El sistema verbal alemán presenta algunas diferencias fundamentales respecto al español:

a) El sistema temporal alemán es mucho más fácil que el español: tiene sólo seis tiempos. Dos de ellos presentan formas verbales simples, los cuatro restantes presentan formas compuestas. El español dispone de un total de 17 paradigmas temporales, 5 de ellos simples y 12 compuestos. En cuanto a la distribución de los tiempos, el sistema verbal alemán es, por lo tanto, menos rico y matizado que el español.

b) Carece, además, de las formas del potencial y del gerundio, y el uso del subjuntivo obedece a reglas muy distintas en los dos idiomas.

Otras características de los verbos alemanes son:

c) La existencia de verbos con prefijos *separables* en unos casos e *inseparables* en otros.

d) La aparición de la metafonía o inflexión vocálica —el llamado *Umlaut*—: a/ä, o/ö, u/ü.

e) La distinción entre verbos *débiles* (regulares), *fuertes* (irregulares) y *mixtos* (sólo en parte irregulares). Los verbos fuertes se distinguen de los débiles —siguiendo una pauta común de las lenguas germánicas— por la modificación de su vocal radical en los tres tiempos verbales, a saber: presente, pretérito —o imperfecto— y participio pasado. Los verbos mixtos tienen las mismas desinencias que los débiles, pero cambian la vocal radical en el pretérito. Los verbos débiles no modifican la vocal radical.

Tema 1

A1 1.2. La conjugación de los verbos

a) El infinitivo de todos los verbos termina en -*en* o -*n*: heiß*en* = llamarse; frag*en* = preguntar; klingel*n* = tocar el timbre.

b) Los números y las personas son los mismos que en español. Sin embargo, el pronombre personal sujeto *no se omite*, ya que la forma verbal no es suficiente para identificarlo.

wohnen = vivir, habitar

Persona	Pronombre		Raíz	Desinencia
\multicolumn{5}{c}{Singular}				
1.ª	ich	= yo	wohn-	**e**
2.ª	du (familiar)	= tú	wohn-	**st**
	Sie (formal)	= Ud.	wohn-	**en**
3.ª masculino	er	= él	wohn-	**t**
femenino	sie	= ella	wohn-	**t**
neutro	es	= ello	wohn-	**t**
\multicolumn{5}{c}{Plural}				
1.ª	wir	= nosotros/as	wohn-	**en**
2.ª	ihr (familiar)	= vosotros/as	wohn-	**t**
	Sie (formal)	= Uds.	wohn-	**en**
3.ª masculino femenino neutro	sie	= ellos/ellas	wohn-	**en**

c) Como se ve, la forma del infinitivo es *idéntica* a la
— 1.ª y 3.ª personas del plural y
— a la forma del tratamiento de cortesía (Sie-Ud. Uds.) en singular y plural.

d) Los verbos terminados en -*den*, -*ten*, -*men* y -*nen* (cuando estos dos últimos[1] no van precedidos de una de las consonantes *r*, *l* o *h*) intercalan una *e* en la 2.ª y 3.ª personas de singular y en la 2.ª persona de plural:

---
1. Los grupos *mm* y *nn* se consideran una sola consonante.

La conjugación de los verbos

	arbeiten = trabajar	*baden* = bañarse	*atmen* = respirar	*rechnen* = calcular
du	arbei**test**	bad**est**	atm**est**	rechn**est**
er sie es	arbei**tet**	bad**et**	atm**et**	rechn**et**
ihr	arbei**tet**	bad**et**	atm**et**	rechn**et**

e) Los verbos cuya sílaba radical acaba en *-s*, *-ss*, *-ß*, *-z* o *-x* tienen la misma desinencia en la segunda y tercera personas de singular:

	reisen = viajar	*lassen* = dejar	*heißen* = llamarse	*duzen* = tutear(se)	*schätzen* = apreciar
du	reis**t**	läss**t**	heiß**t**	duz**t**	schätz**t**
er sie es	reis**t**	läss**t**	heiß**t**	duz**t**	schätz**t**

f) En los verbos débiles (regulares) acabados en *-eln* y *-ern* se puede suprimir la *e* en la *1.ª persona del singular*:

	wechseln = cambiar	*bügeln* = planchar	*wandern* = caminar, pasear	*klettern* = escalar, trepar
ich	wechs(e)le	büg(e)le	wand(e)re	klett(e)re

g) Algunos verbos fuertes (irregulares) tienen una forma especial en la 2.ª y 3.ª personas del singular, a saber:

1) Cambio de la *e* en *i* o *ie*.

Si la vocal radical del infinitivo es *e*, ésta se transforma generalmente en *i* o *ie*:

	essen = comer	*geben* = dar	*lesen* = leer	*nehmen* = tomar
du	isst	gibst	liest	nimmst
er sie es	isst	gibt	liest	nimmt

Tema 1

A este grupo pertenecen los siguientes verbos, con sus posibles prefijos:

befehlen (ie) = mandar	lesen (ie) = leer
bergen = poner a salvo	messen = medir
besprechen = hablar de	nehmen[3] = tomar
betreffen = concernir	quellen = brotar, (e)manar
betreten = entrar	schmelzen = derretir
sich bewerben = solicitar algo	schwellen = hinchar, inflar
brechen (y compuestos) = romper	sehen (ie) = ver
empfehlen (ie) = recomendar	sprechen (y compuestos) = hablar
erwerben = adquirir	stechen = pinchar
erschrecken = asustarse	stehlen (ie) = robar
essen = comer (personas)	sterben = morir
fressen = comer (animales)	treffen = encontrar
geben (y compuestos) = dar	treten[2] = pisar
gelten[2] = valer, ser válido	verderben = deteriorar(se)
geschehen (ie) = suceder, ocurrir	werben = hacer publicidad
helfen = ayudar	werden[2] = llegar a ser
	werfen = echar, tirar

2) Cambio de la *a* en *ä*, de la *au* en *äu* y de la *o* en *ö*.

Si la vocal radical del infinitivo es *a, au, o*, ésta se transforma en *ä, äu* y *ö* respectivamente:

	tragen = llevar	*schlafen* = dormir	*lassen* = dejar	*laufen* = correr	*stoßen* = empujar
du	trägst	schläfst	lässt	läufst	stößt
er sie es	trägt	schläft	lässt	läuft	stößt

Los siguientes verbos cambian la *a* en *ä*:

blasen = soplar	fangen = coger
braten = asar, freír	geraten = salir bien
empfangen = recibir	graben = cavar, excavar
fahren = ir, viajar	halten = mantener
fallen = caer	laden = cargar

---

2. Estos verbos terminados con -*ten* y -*den* no tienen en la 3.ª persona de singular la desinencia -*et* (como arbeiten y werden): es gilt, er tritt, er wird.

3. En el caso de *nehmen* y *treten* la *e* larga se convierte en una *i* breve, con lo cual se dobla la consonante: ich nehme, du nimmst, ich trete, du trittst.

30

La conjugación de los verbos

lassen = dejar
raten = adivinar
schlafen = dormir
schlagen = pegar, golpear

tragen = llevar
wachsen = crecer
waschen = lavar

Cambio *au* - *äu*: solamente los verbos *laufen* = correr y *saufen* = beber (animales).

Cambio *o* - *ö*: stoßen = empujar.

A1 1.3. Los verbos *sein* y *haben*

El verbo *sein* equivale en castellano a los verbos *ser* y *estar*. En alemán no se hace ninguna distinción entre estos dos verbos. Para su uso como verbo auxiliar, véase tema 9.

Presente de indicativo de *sein*

ich	bin	zu Hause	=	(yo) estoy en casa
du	bist	zu Hause		
Sie	sind	zu Hause		
er	ist	zu Hause		
sie	ist	zu Hause		
es	ist	zu Hause		
wir	sind	zu Hause		
ihr	seid	zu Hause		
Sie	sind	zu Hause		
sie	sind	zu Hause		

El verbo *haben* equivale en castellano a los verbos *haber* y *tener*. Tampoco se hace ninguna distinción entre estos dos verbos en alemán. Para su uso como verbo auxiliar, véase tema 9.

Presente de indicativo de *haben*

ich	habe	Zeit	=	(yo) tengo tiempo
du	hast	Zeit		
Sie	haben	Zeit		
er	hat	Zeit		
sie	hat	Zeit		
es	hat	Zeit		
wir	haben	Zeit		
ihr	habt	Zeit		
Sie	haben	Zeit		
sie	haben	Zeit		

A1   1.4. La posición del verbo en la oración principal

a) En una oración principal, el verbo conjugado se coloca siempre en la posición II. Casi todos los elementos (sujeto, complemento directo, indirecto, complementos circunstanciales e incluso oraciones subordinadas) pueden ocupar la posición I, pero el verbo conjugado está siempre en posición II.

Posición I	Posición II	
Sie	kommt	aus Barcelona.
Ella	viene	de Barcelona.
Er	ist	Ingenieur.
Él	es	ingeniero.
Ich	arbeite	bei Siemens.
Yo	trabajo	en Siemens.
Wir	haben	heute keine Zeit.
Nosotros	no tenemos	tiempo hoy.
Heute	haben	wir keine Zeit.
Hoy	no tenemos	tiempo.

b) En las oraciones interrogativas generales (Ja-Nein- Fragen) y en las de imperativo, la posición I no se ocupa:

Heißen Sie Schmitt?
= ¿Se llama Ud. Schmitt?

Sind Sie Frau Klein?
= ¿Es Ud. la Sra. Klein?

Hast du heute Zeit?
= ¿Tienes tiempo hoy?

Kommen Sie!
= ¡Venga Ud., Vengan Uds.!

Antworte!
= ¡Contesta!

TEMA 2

LOS VERBOS MODALES

DIE MODALVERBEN

A) ENUNCIADO OBJETIVO

A1 2.1. Los verbos modales

Estos verbos se llaman «modales» porque añaden al significado del infinitivo al que se refieren una apreciación subjetiva, expresada, por ejemplo, en forma de voluntad, posibilidad o necesidad. En realidad, son verbos auxiliares que llevan como complemento un infinitivo de otro verbo que se coloca al final de la frase. Hay que tener muy en cuenta que, cuando se emplea un verbo modal, el infinitivo al que se refiere no va precedido nunca de la partícula *zu*.

A1 2.2. Conjugación: el presente de indicativo de los verbos modales

	können = poder	*dürfen* = poder, tener permiso	*wollen* = querer	*mögen* = querer, gustar	*sollen* = deber	*müssen* = deber, tener que
ich	kann	darf	will	mag	soll	muss
du	kannst	darfst	willst	magst	sollst	musst
Sie	können	dürfen	wollen	mögen	sollen	müssen
er sie es	kann	darf	will	mag	soll	muss
wir	können	dürfen	wollen	mögen	sollen	müssen
ihr	könnt	dürft	wollt	mögt	sollt	müsst
Sie	können	dürfen	wollen	mögen	sollen	müssen
sie	können	dürfen	wollen	mögen	sollen	müssen

Tema 2

Obsérvense las siguientes características de los verbos modales:

a) La 1.ª y 3.ª personas del singular son siempre iguales.

b) La 3.ª persona del singular no tiene, pues, nunca -t.

c) Las personas del plural son siempre regulares, es decir, no tienen alternancia vocálica.

A1 2.3. El significado de los verbos modales

2.3.1. *Verbos modales que expresan **posibilidad/oportunidad** o **permiso***

a) *Können* = poder.

   1) *Posibilidad u oportunidad (poder)*:

      Können Sie ein Hotelzimmer reservieren?
      = ¿Puede Ud. reservar una habitación en un hotel?

   2) *Habilidad (saber, ser capaz de)*:

      Er kann gut Gitarre spielen.
      = Sabe tocar bien la guitarra.

   3) *Permiso (poder)*:

      Sie können hier rauchen.
      = Ud(s). puede(n) fumar aquí.

b) *Dürfen* = poder, tener permiso.
   Permiso o derecho (poder):

      Sie dürfen hier rauchen.
      = Aquí puede(n) Ud(s). (está permitido) fumar.

Nicht dürfen = no deber.

   1) *Prohibición*:

      Sie dürfen hier nicht rauchen.
      = Ud(s). no debe(n) (puede/n) fumar aquí.

   2) *Consejo*:

      Man darf diesen Rock nicht in der Waschmaschine waschen.
      = Esta falda no se debe lavar a máquina.

Los verbos modales

2.3.2. Verbos modales que expresan **voluntad**

a) *Wollen* = querer.
   1) *Deseo o intención*:

   Ich will Arzt werden.
   = Quiero ser médico.

   Im Frühling wollen wir heiraten.
   = En la primavera queremos casarnos.

b) *Mögen* = gustar.
   1) *Afecto o aversión*:

   Ich mag das nicht hören.
   = No quiero oír esto.

   2) *Afecto o aversión, pero sin verbo principal*:

   Sie mag keinen Fisch.
   = A ella no le gusta el pescado.

c) *Möchte* = quisiera, me gustaría[1].
   1) *Deseo*:

   Ich möchte ins Kino gehen.
   = Quiero ir al cine

   2) *Exhortación cortés*:

   Sie möchten bitte um 16.00 Uhr wiederkommen.
   = ¡Vuelva Ud., por favor, a las 16.00 h!

2.3.3. Verbos modales que expresan **necesidad**

a) *Müssen* = deber, tener que, estar obligado a.
   1) *Obligación*:

   Wir müssen die Rechnung bezahlen.
   = Tenemos que pagar la factura.

---

1. *Möchte* es el subjuntivo del verbo *mögen*. Mientras que *mögen* expresa afecto o aversión en sentido general y constante en cuanto a su duración, *möchte* expresa lo que se desea en un momento determinado. Conjugación: Ich möchte, du möchtest, Sie möchten, er/ sie/ es möchte, wir möchten, ihr möchtet, Sie möchten, sie möchten.

2) *Necesidad*:

> Es ist schon spät. Wir müssen uns beeilen.
> = Ya es tarde. Tenemos que darnos prisa.

b) *Sollen* = deber.
1) *Consejo u orden de otra persona*:

> Ich soll mehr Sport treiben. Das hat der Arzt gesagt.
> = Debo hacer más deporte. Lo ha dicho el médico.

2) *Deber o exigencia moral*:

> Du sollst ruhig sein.
> = Tienes que estar quieto.

> Der Mensch soll solidarisch handeln.
> = El hombre debe actuar con solidaridad.

3) *Duda, dilema (¿qué quieres que?)*:

> Was soll ich tun?
> = ¿Qué quieres que haga? ¿Qué debo hacer?

> Soll ich gehen?
> = ¿Quieres que me vaya?

Sollen y *müssen* tienen significados en común, pero también hay diferencias entre ambos: *sollen* no expresa la necesidad subjetiva, sino una necesidad motivada por otra persona, por un principio moral y una norma social, etc.:

> Ich muss Sport treiben.
> = Tengo que hacer deporte (es mi propia convicción. Me doy cuenta de que tengo que hacerlo).

> Ich soll Sport treiben.
> = Tengo que hacer deporte (el médico u otra persona me ha dicho que lo haga).

Sollen puede considerarse como un imperativo indirecto.

2.3.4. *Negación:* **nicht dürfen, nicht müssen, nicht sollen**

> Sie dürfen nicht ins Wasser gehen.
> = Ud. tiene prohibido meterse en el agua.

Los verbos modales

Sie müssen nicht ins Wasser gehen.
= No tiene la obligación de meterse en el agua.

Sie sollen nicht ins Wasser gehen.
= Implica que otra persona ha dicho que Ud. no se meta en el agua.

2.4. Los verbos modales como verbos principales

En algunos casos los verbos modales pueden utilizarse como verbos principales, es decir, sin otro verbo en infinitivo, aunque el infinitivo omitido se suele sobreentender.

Ich mag Kuchen (essen).
= Me gusta (comer) pasteles.

Können Sie Russisch (sprechen)?
= ¿Sabe Ud. (hablar) ruso?

Ich muss nach Hause (gehen).
= Tengo que irme a casa.

Er will ins Konzert (gehen).
= Él quiere ir al concierto.

Die Kinder dürfen ins Kino (gehen).
= Los niños pueden (les está permitido) ir al cine.

A1 2.5. La posición de los verbos modales en la oración principal

El verbo modal se halla en la posición II, mientras que el verbo principal —es decir, el infinitivo sin *zu*— se coloca al final de la oración.

Posición I	Posición II: Verbo modal		Infinitivo
Sie = Aquí no debe Ud. fumar	dürfen	hier nicht	rauchen
Er = Él no sabe nadar	kann	nicht	schwimmen
Im Frühling = En la primavera queremos casarnos	wollen	wir	heiraten
Ich = No me gusta oír eso	mag	das nicht	hören

Tema 2

B) ENUNCIADO SUBJETIVO

C1 2.6. Los verbos modales en el enunciado subjetivo

En este caso los verbos modales no se refieren al sujeto de la oración (aunque mediante la forma personal están enlazados sintácticamente con el sujeto), sino a la actitud del hablante. *En el enunciado subjetivo el verbo modal no puede estar solo*, sino que va acompañado de un infinitivo de otro verbo:

Enunciado objetivo: Er kann heute kommen.
= *Puede* venir hoy (= *le es posible*).

Er soll heute kommen.
= *Debe* venir hoy (= *quiero* que venga hoy).

Enunciado subjetivo: Er kann noch kommen.
= *Supongo* (y es posible) que todavía venga.

Er soll heute kommen.
Dicen que vendrá hoy.

Cuando se trata de enunciados en presente, la diferencia entre ambas formas de enunciados se desprende del contexto o de la entonación.

En cambio, cuando se trata de enunciados en pasado (véase tema 10.3), hay diferencias formales entre el enunciado objetivo y el subjetivo.

C1 2.7. *Können, mögen, dürfen* y *müssen* en el enunciado subjetivo

Los verbos modales *können, mögen, dürfen* y *müssen* expresan, en el enunciado subjetivo, una suposición con varios grados de seguridad.

a) *Können* + *Konjunktiv II* = expresa una posibilidad remota.

Er *kann* 35 Jahre alt sein, er *könnte* aber auch schon 40 sein.

Expresiones sinónimas:
Es wäre möglich, dass er schon 40 ist.
Es wäre denkbar, dass er schon 40 ist.
Es wäre nicht ausgeschlossen, dass er schon 40 ist.

b) *Können* = expresa una posibilidad más bien remota.

Er kann noch kommen.

Los verbos modales

Expresiones sinónimas:
Es ist (leicht, gut, sehr wohl, durchaus) möglich, dass er noch kommt.
Es besteht die Möglichkeit, dass er noch kommt.
Es ist denkbar, dass er noch kommt.
Es ist nicht ausgeschlossen, dass er noch kommt.

Ejemplo de negación: Er *kann nicht* mehr kommen.

Expresiones sinónimas:
Es ist unmöglich, dass er noch kommt.
Es ist nicht denkbar, dass er noch kommt.
Es ist ausgeschlossen, dass er noch kommt.

c) *Dürfen + Konjunktiv II* = expresa una suposición prudente.

Er dürfte im Kino sein.
Das dürfte stimmen.

Expresiones sinónimas:
Wahrscheinlich ist er im Kino.
Ich vermute, dass er im Kino ist.
Es ist (wohl, durchaus) anzunehmen, dass er im Kino ist.
Ich habe den Eindruck, dass er im Kino ist.
Ich halte es für wahrscheinlich, dass er im Kino ist.
Er wird wohl im Kino sein.

d) *Mögen*.

1) Puede tener un significado concesivo. En este caso, una frase con *mögen* no está sola. Suele preceder a una frase con un elemento adversativo:

Mag er auch vieles versprechen, er wird doch nichts zustandebringen.

o: Er mag vieles versprechen, er wird doch nichts zustandebringen.

Sie mögen zwar Recht haben, aber Sie überzeugen mich nicht.

2) Implica una inseguridad o desorientación del hablante. Esta variante se suele encontrar en preguntas, generalmente con la partícula modal *wohl*:

Wen mag er wohl meinen?
= ¿A quién se referirá (él)?

Wie alt mag sie wohl sein?
= ¿Qué edad tendrá (ella)?

3) Muchas veces la suposición del hablante se basa en una estimación:

Sie mag wohl 35 Jahre alt sein.
= Ich schätze, dass sie 35 Jahre alt ist.

e) *Müssen + Konjunktiv II*. El hablante expresa una suposición prudente, basándose en sus cálculos. Está casi seguro de su suposición.

Sie müsste das eigentlich wissen.

Expresiones sinónimas:
Soweit ich beurteilen kann, weiß sie das.
Es spricht vieles dafür, dass sie das weiß.
Ich bin ziemlich sicher, dass sie das weiß.

f) Müssen. Expresa una suposición de gran seguridad por parte del hablante, que muchas veces se basa en hechos objetivos dados.

Die beiden sehen sich sehr ähnlich. Sie müssen Geschwister sein.

Expresiones sinónimas:
Ich bin sicher, dass sie Geschwister sind.
Ganz gewiss sind sie Geschwister.
Zweifellos sind sie Geschwister.
Alle Anzeichen sprechen dafür, dass sie Geschwister sind.
Man kann mit Sicherheit annehmen, dass sie Geschwister sind.
Man kann mit Bestimmtheit sagen, dass sie Geschwister sind.

Para expresar una suposición es correcto *el uso de cada uno de los verbos modales antes mencionados*. El uso de uno u otro verbo modal dependerá sólo *del grado de seguridad o incertidumbre* por parte del hablante.

C1 2.8. Los verbos modales *sollen* y *wollen* en su enunciado subjetivo

a) Sollen = dicen que.
Sollen indica que el enunciado es sólo un rumor: dicen algo, pero el

hablante no dispone de información exacta. Repite lo que ha leído u oído, pero sin garantizar la veracidad de la información:

> Das Wetter soll besser werden.
>> = Dicen que el tiempo mejorará.
>
> Der Film soll ausgezeichnet sein.
>> = Dicen que la película es excelente.
>
> In Höhen über 800 m soll es schneien.
>> = Dicen que está nevando en alturas superiores a los 800 m.

b) Wollen.
El hablante repite la afirmación de otra persona, pero poniéndola en duda.

> Sie will 50 Jahre alt sein.
>> = Ella afirma tener 50 años. (Pero el hablante lo pone en duda, porque piensa que ella tiene muchos más.)

Como se ve, con *sollen* y *wollen* se expresan afirmaciones. La diferencia fundamental reside en el hecho de que con *sollen* se trata de una afirmación por parte de una persona distinta del sujeto hablante y *wollen* expresa una afirmación hecha por el propio sujeto.

TEMA 3

LOS VERBOS *LASSEN, BLEIBEN, BRAUCHEN* Y *WERDEN*

A2 3.1. *Lassen*

Tiene los siguientes significados:

a) *Erlauben* = dejar, permitir.

Sie lassen die Kinder in die Disco gehen.
= Ellos permiten que los niños vayan a la discoteca.

b) *Zurücklassen* = dejar atrás, no llevar consigo.

Wir lassen den Hund zu Hause.
= Dejamos el perro en casa.

Sie lässt das Geld auf dem Tisch (liegen).
= Ella deja el dinero sobre la mesa.

c) *Vergessen* = olvidar.

Er lässt oft seine Brille zu Hause liegen.
= Él deja a menudo sus gafas (olvidadas) en casa.

Y, del mismo modo, los verbos: liegen lassen,
stehen lassen,
sitzen lassen,
hängen lassen,
stecken lassen.

B2 d) *Sich (nicht) lassen* = (no) se puede hacer algo.

Das Motorrad lässt sich nicht mehr reparieren.

Los verbos *lassen, bleiben, brauchen* y *werden*

= La moto ya no se puede arreglar.

Dieses Fenster lässt sich nicht öffnen.
= Esta ventana no se puede abrir.

B2 e) *Etwas machen lassen* = mandar hacer algo.

Ich kann die Wasserleitung nicht selbst reparieren. Ich muss sie reparieren lassen.
= No puedo reparar la cañería de agua yo mismo. Tengo que hacerla reparar.

Das Essen für die Party lassen wir bringen.
= Hacemos traer la comida para la fiesta.

B2 f) *Sein lassen* = dejar de hacer algo/dejar correr algo.

Er kann das Rauchen nicht lassen.
= Él no puede dejar de fumar.

Wir wollen es sein lassen.
= Queremos dejarlo correr.

B2 3.2. *Bleiben*

Bleiben significa «quedar» o «permanecer» en el sentido de «no cambiar», de «mantener una posición o situación». Puede acompañarse de los verbos: *liegen, stehen, sitzen, hängen* y *stecken*, por ejemplo:

— Kann der Mantel hier hängen bleiben?
= ¿Puedo dejar (= ¿Puede quedarse) el abrigo aquí colgado?

— Ja, lassen Sie ihn ruhig hängen.
= Sí, déjelo tranquilamente aquí.

Para la perífrasis verbal española «quedar» o «quedarse» + adjetivo o participio, véase tema 19.3 c.

B1 3.3. *Brauchen* = necesitar

Cuando *brauchen* tiene la función de verbo modal, se utiliza solamente en el sentido negativo de *nicht brauchen* o *nur brauchen zu*[1]:

---
1. Obsérvese que este verbo suele llevar *zu* delante del infinitivo.

Sie brauchen nicht zu zahlen.
= No necesita Ud. pagar.

Sie brauchen nur einen Satz zu sagen.
= No necesita Ud. decir más que una frase.

Nótese que *brauchen* como verbo modal, tal como se ha dicho, sólo se puede utilizar con las limitaciones de *nicht*, *kein* o *nur*, nunca solo, como en español:

Necesito llamar al médico:	Ich muss den Arzt anrufen.
No necesito ir al médico:	Ich brauche nicht zum Arzt (zu gehen).
Sólo necesitas ir al médico:	Du brauchst nur zum Arzt zu gehen.

Naturalmente, puede utilizarse también como verbo principal:

Ich brauche mehr Zeit.
= Necesito más tiempo.

A2 3.4. *Werden* como verbo principal

Werden + adjetivo o *+ sustantivo* expresa un *cambio* o un *desarrollo*, un *llegar a* ser o *convertirse en*:

Die Kinder sind klein.	Sie werden groß.	= crecen.
Es ist Nacht.	Es wird Tag.	= amanece.
Er ist Medizinstudent.	Er wird Arzt.	= será médico.

En español no hay ningún verbo que reúna todos estos matices en sí mismo. Al traducir, pues, el verbo *werden* al español, hay que escoger un verbo que corresponda al contexto. He aquí algunos ejemplos de verbos españoles que expresan *cambio* o *desarrollo* de forma parecida al verbo *werden*:

a) Ponerse (nervioso, moreno, colorado, etc.).
   = Nervös, braun, rot werden.

b) Volverse (loco, agresivo, simpático, agrio, etc.).
   = Verrückt, aggressiv, sympathisch, sauer werden.

c) Convertirse en + sustantivo.

Los verbos *lassen, bleiben, brauchen* y *werden*

Convertirse en una persona simpática.
= Ein sympathischer Mensch werden.

Convertirse en agua.
= Zu Wasser werden.

d) Hacerse médico = Arzt werden.
Hacerse de día = Tag werden.
Hacerse de noche = Nacht werden.
Hacerse viejo = alt werden.
Hacerse tarde = spät werden.

e) Llegar a ser mi mejor amigo.
= Mein bester Freund werden.

Llegar a ser un hombre famoso.
= Ein berühmter Mensch werden.

f) Los verbos que terminan en *-ecer* se traducen generalmente al alemán con *werden*:

envejecer = alt werden.
amanecer = Morgen werden.
atardecer = Abend werden.
enrojecer = rot werden.
anochecer = Nacht werden.

Lo mismo ocurre con otros verbos que implican ciertos procesos que en alemán se expresan con *werden*:

enfadarse = böse werden.
desmayarse = ohnmächtig werden.
etc.

g) Resultar, en el sentido de resultado final, también se traduce con *werden*:

La fiesta resultó un gran éxito.
= Das Fest wurde ein großer Erfolg.

En el accidente resultaron heridos tres viajeros.
= Bei dem Unfall wurden drei Reisende verletzt.

TEMA 4

VERBOS INSEPARABLES Y VERBOS SEPARABLES

NICHTTRENNBARE UND TRENNBARE VERBEN

A1 4.1. **Verbos con prefijo**

La mayor parte de los verbos alemanes admiten algún prefijo o una partícula para modificar su significado. En algunos de estos verbos, el prefijo va siempre unido al verbo, por lo cual se les llama *verbos inseparables*; en otros, en cambio, el prefijo o la partícula se separa del verbo, recibiendo por eso el nombre de *verbos separables*.

Mediante la *composición* —es decir, utilizando prefijos (que pueden ser, entre otros, preposiciones, adverbios pronominales o sustantivos)— y la *derivación* se puede aumentar la cantidad de verbos existentes. En concreto, la formación de palabras en la lengua alemana se hace sobre todo por composición, mientras que el español forma nuevas palabras más bien por derivación.

En realidad, la manera de formar verbos mediante la *prefijación* es una característica de todas las lenguas germánicas. En alemán, inglés y neerlandés, por ejemplo, el prefijo indica la dirección de la acción, mientras que en las lenguas románicas la dirección se halla incluida en el verbo:

        — Er geht *hinaus*.   Infinitivo: *hinaus*gehen.
ingl. — He goes *out*.
esp. — Sale.

        — Er nimmt seinen Hut *ab*. Infinitivo: *ab*nehmen.
ingl. — He takes *off* his hat.
esp. — Se quita el sombrero.

        — Er setzt den Hut *auf*.   Infinitivo: *auf*setzen.
ingl. — He puts *on* his hat.
esp. — Se pone el sombrero.

Verbos inseparables y verbos separables

> *Importante*: Hay que saber qué partes del verbo son separables y cuáles inseparables. Además, hay que saber —y en ello reside la dificultad— cuáles son unas veces separables y otras veces inseparables.

A1 4.2. Verbos inseparables

a) Los siguientes prefijos son siempre inseparables[1]:

be-	benutzen = utilizar;	bekommen = recibir.
ent-	entfernen = quitar, alejar;	enttäuschen = decepcionar.
er-	erraten = adivinar;	sich erinnern = acordarse.
ge-	gebrauchen = usar;	gefallen = gustar.
hinter-	hinterlassen = legar;	hintergehen = engañar.
miss-	misstrauen = desconfiar;	misslingen = fracasar.
ver-	verkaufen = vender;	sich verheiraten = casarse.
voll[2]-	vollenden = dar el último toque;	vollführen = concluir.
wider[3]-	sich widersetzen = oponerse;	
zer-	zerstören = destruir;	zerreißen = romper.

Observen que el acento tónico recae *siempre en la raíz del verbo*, con la excepción de *miss-*. El prefijo *miss-* es siempre inseparable, pero en algunos verbos, por ejemplo *miss*verstehen, el acento tónico recae en el prefijo.

b) Además, son inseparables entre otros los siguientes prefijos latinos o griegos:

de(s)-	dezentralisieren = descentralizar; desorientieren.
dis-	disqualifizieren = descualificar.
in-	infizieren = infectar.
re-	reorganisieren = reorganizar.

c) Los sustantivos, adjetivos, adverbios que preceden a ciertos verbos, aunque el acento tónico recaiga en aquéllos, son inseparables:

argwöhnen, frühstücken, handhaben, kennzeichnen, langweilen, ohrfeigen, schauspielern, schlussfolgern, etc.

---

1. Estos prefijos, que no tienen significado propio, dan al verbo un nuevo significado que, generalmente, no se puede deducir de la raíz verbal.
2. Cuando *voll-* tiene el significado de *füllen* (llenar), el verbo es separable: Ich gieße die Gläser voll.
3. Los verbos *widerhallen* = resonar y *sich widerspiegeln* = reflejarse, son separables.

Tema 4

A1   4.3. Verbos separables

Los verbos separables se componen de un verbo y de un prefijo, que suele ser una preposición o un adverbio, pero también otras clases de palabras. En el presente y el pretérito del verbo en una oración principal, así como en el imperativo y en preguntas, dichos prefijos se separan del verbo y se colocan al final de la oración:

Er kommt um 11.00 Uhr an.
= Él llega a las 11.00 horas.

Der Zug fuhr um 9.10 ab.
= El tren salió a las 9.10 horas.

Komm nicht so spät zurück!
= ¡No vuelvas tan tarde!

Wann kommt der Zug an?
= ¿Cuándo llega el tren?

El acento tónico recae siempre en el prefijo.

Los siguientes prefijos son separables[4]:

ab-	*ab*fahren	= salir
an-	*an*kommen	= llegar
auf-	*auf*räumen	= ordenar
aus-	*aus*machen	= apagar, acordar, etc.
bei-	*bei*stehen	= asistir, apoyar
dar-	*dar*stellen	= representar
ein-	*ein*kaufen	= ir de compras
empor-	*empor*steigen	= subir
fest-	*fest*stellen	= averiguar
fort-	*fort*fahren	= continuar, (pro)seguir
her[5]-	*her*kommen	= venir
hin[6]-	*hin*gehen	= irse
los-	*los*fahren	= partir
mit-	*mit*nehmen	= llevar consigo
nach-	*nach*denken	= reflexionar

---

4. Se trata de preposiciones y adverbios autónomos, es decir, que tienen, en mayor o menor medida, significado propio.
5. El prefijo *her-* y sus compuestos indican movimiento de aproximación a la persona que habla.
6. El prefijo *hin-* y sus compuestos indican alejamiento de la persona que habla.

Verbos inseparables y verbos separables

nieder-	*nieder*reißen	= derribar
vor-	*vor*stellen	= presentar, representar
weg-	*weg*werfen	= tirar, echar
weiter-	*weiter*gehen	= proseguir la marcha
wieder[7]-	*wieder*sehen	= volver a ver
zu-	*zu*hören	= escuchar
zurück-	*zurück*fahren	= volver, regresar
zusammen-	*zusammen*fahren	= chocar, estremecerse

Los adverbios direccionales *her-*, *hin-* y el adverbio pronominal *da(r)-* pueden unirse con un prefijo separable. En esta combinación, el acento tónico recae sobre la segunda sílaba del prefijo. Son posibles las siguientes combinaciones:

herab-, heran-, herauf-, heraus-, herbei-, herein-, hervor-, hinab-, hinauf-, hinaus-, hinein-, hinzu-, daran-, darauf-, dabei-, davor-, dazu-.

Ejemplo: hinaufgehen, heraufbringen, hinabsteigen, hinausschauen, etc. (véase tema 36b).

Wir gehen in den 3. Stock hinauf.
= Subimos a la tercera planta.

Ich bringe dir den Koffer herauf.
= Te subo la maleta.

Wir steigen den Berg hinauf.
= Subimos la montaña.

Er schaut aus dem Fenster hinaus.
= Él mira por la ventana.

A1 4.4. Verbos con prefijos separables e inseparables

Sin embargo, hay verbos en los cuales se pueden combinar elementos separables e inseparables: por ejemplo, *vor*bereiten = preparar y *be-ein*-flussen = influir. Es siempre el primer elemento el que decide si el verbo es separable o no. Es decir, si el primer elemento es inseparable (por ejemplo, *be*einflussen), el otro elemento tampoco se separa. En cambio, si el primer elemento es separable (*vor*bereiten), éste se separa y el elemento inseparable queda unido al verbo:

---

7. El único verbo inseparable es *wiederholen*.

beeinflussen   *sich vorbereiten*
Er beeinflusst mich.   Er bereitet sich vor.
= Él me influye.   = Él se prepara.

A1   4.5. Verbos con otros elementos separables

Además de estos elementos separables, formados sobre todo de preposiciones y adverbios, hay otras clases de palabras, como adjetivos, sustantivos, otras clases de adverbios, e incluso verbos, que pueden ser elementos separables:

a) Adjetivos:

übel nehmen = tomar a mal;   *offen* stehen = estar abierto;
lieb haben = amar;   *ernst* nehmen = tomar en serio;
leicht fallen = ser fácil;   *schwer* fallen = ser difícil;
*gut*heißen = aprobar.

b) Sustantivos:

Auto fahren = ir en coche;   *Rad* fahren = ir en bicicleta;
Maschine schreiben = escribir a máquina;   *Ski* laufen = esquiar.

c) Adverbios:

*weh*tun = doler; *gut*tun = sentar bien; *fehl*schlagen = fracasar.

d) Verbos:

spazieren gehen = pasear;   *kennen* lernen = conocer;
verloren gehen = perderse;   *sitzen* bleiben = repetir el curso;
y los compuestos de *lassen*:
stehen lassen = dejar puesto, colocado (en posición vertical).
liegen lassen = dejar puesto, colocado (en posición horizontal).
hängen lassen = dejar colgado.
sitzen lassen = dejar plantado.
stecken lassen = dejar metido.

Verbos inseparables y verbos separables

B1 4.6. Elementos que unas veces son separables y otras inseparables

Se trata de los prefijos *durch, über, um, unter*.
En muchos casos, los verbos separables tienen un significado concreto y los inseparables sentido figurado.

4.6.1. *Durch-*

a) *Separables*:

durcharbeiten, durchbeißen, durchbringen, durchfallen, durchführen, durchgehen, durchhalten, durchhelfen, durchkommen, durchlassen, durchlesen, durchmachen, durchnehmen, durchschreiben, durchreißen, durchschlagen.

b) *Inseparables*:

durchdenken, durchforschen, durchleuchten, durchmessen, durchnässen, durchqueren, durchstreifen.

La delimitación entre concreto/abstracto no es siempre fácil, sobre todo con *durch* y *über*:

c) *Durch-, separable o inseparable*:

Separable:

Der Zug hält an dieser Station nicht. Er fährt durch.
= El tren no para en esta estación. Es un tren directo.

Ich schneide das Brot durch.
= Corto el pan (en dos).

Inseparable:

Wir durchfahren das ganze Land.
= Pasamos (en coche) por todo el país.

Das Boot durchschneidet die Wellen.
= El barco surca las olas.

Del mismo modo:	*Separables*:	*Inseparables*:
	durchbohren	durchbohren
	durchbrechen	durchbrechen

Tema 4

durchdringen	durchdringen
durchfließen	durchfließen
durchkreuzen	durchkreuzen
durchlaufen	durchlaufen
durchschauen	durchschauen
durchsetzen	durchsetzen

4.6.2. *Über-*

La mayoría de los verbos compuestos de *über-* son inseparables. Pero existe un cierto número de verbos compuestos de *über-* que son separables o inseparables.

a) Inseparables:

überbringen, überfahren, überfliegen, übergeben, überlassen, überleben, überlegen, übermitteln, übernehmen, überqueren, überraschen, überreichen, übersehen, übertragen, übertreffen, übertreiben, überwinden, überzeugen,

b) Separables o inseparables:

Separable:

Vorsicht, die Milch läuft über!
= ¡Cuidado, la leche se derrama!

Ein alter Fährmann setzte uns über.
= Un viejo barquero nos llevó a la otra orilla.

Inseparable:

Es überläuft mich kalt.
= Tengo escalofríos.

Sie übersetzt den Brief nicht.
= Ella no traduce la carta.

Del mismo modo:	*Separables*:	*Inseparables*:
	übergehen	übergehen
	überspringen	überspringen
	übertreten	übertreten

4.6.3. *Um-*

Um- suele ser separable cuando el verbo del que forma parte expresa un cambio de estado o de dirección.

a) Separables:

umarbeiten, umbringen, umdrehen, umfallen,
umgraben, umhauen, umkehren, umkommen,
umleiten, umladen, sich umsehen, umsteigen,
umwerfen, umziehen.

Um- es inseparable cuando el verbo al que se añade expresa que algo se encuentra o gira alrededor de un centro.

b) Inseparables:

umarmen, umfassen, umgeben, umhüllen,
umschiffen, umzingeln.

c) Separable o inseparable:

Separable:

Der Aufsatz ist nicht gut. Ich schreibe ihn um.
= La redacción no es buena. La voy a escribir de nuevo.

Das Auto fährt den Radfahrer um.
= El coche atropella al ciclista.

Geht freundlich miteinander um!
= ¡Trataos con amabilidad!

Inseparable:

Man kann dieses Wort nicht übersetzen. Ich umschreibe es.
= Esta palabra no se puede traducir. La voy a parafrasear.

Wir umfahren die Stadt.
= Damos la vuelta a la ciudad.

Wir umgehen alle Schwierigkeiten.
= Eludimos todas las dificultades.

4.6.4. *Unter-*

La mayoría de los verbos compuestos de *unter-* son inseparables.

a) Inseparables:

unterbrechen, unterbreiten, untergraben, unterhalten, unterlassen, unternehmen, unterrichten, untersagen, unterscheiden, unterschlagen, unterschreiben, unterstehen, unterstellen = (imputar), untersuchen, unterwerfen, unterzeichnen.

b) Separables:

unterbringen, untergehen, unterstellen, untertauchen.

TEMA 5

VERBOS REFLEXIVOS Y RECÍPROCOS

REFLEXIVE UND REZIPROKE VERBEN

A) LOS VERBOS REFLEXIVOS

A2 **5.1. Verbos reflexivos.**

Reflexivo es aquel verbo cuya acción recae sobre la misma persona o cosa agente, representada o suplida por un pronombre personal. Por ello, la declinación del pronombre reflexivo corresponde a la del pronombre personal, exceptuando la tercera persona del singular y plural, que es *sich*

Infinitivo: *sich freuen* = alegrarse

Ich	freue	mich
du	freust	dich
Sie	freuen	sich
er	freut	sich
sie	freut	sich
es	freut	sich
wir	freuen	uns
ihr	freut	euch
Sie	freuen	sich
sie	freuen	sich

5.2. Verbos exclusivamente reflexivos

Al igual que en español, hay verbos de uso *exclusivamente reflexivo*. El pronombre reflexivo es el complemento directo del verbo. Ejemplos:

sich bedanken	=	dar las gracias
sich beeilen	=	darse prisa
sich befassen (mit)	=	dedicarse, ocuparse (de algo)
sich begnügen (mit)	=	contentarse (con algo)
sich benehmen	=	comportarse
sich bewerben (um)	=	solicitar algo
sich eignen (für)	=	ser apto (para)
sich entschließen (zu)	=	decidirse (por)
sich ereignen	=	pasar, suceder, acontecer
sich erholen	=	descansar, reposar, recuperarse
sich erkälten	=	resfriarse
sich gedulden	=	tener paciencia
sich immatrikulieren	=	matricularse
sich interessieren (für)	=	interesarse (por)
sich konzentrieren (auf)	=	concentrarse (en)
sich kümmern (um)	=	(pre)ocuparse (de/por algo)
sich lächerlich/bemerkbar/ lustig/wichtig machen	=	hacer(se) el ridículo/hacerse notar/ burlarse/darse importancia
sich schämen	=	avergonzarse
sich sehnen (nach)	=	anhelar, sentir nostalgia (por/de)
sich verhalten	=	comportarse
sich verheiraten (mit)	=	casarse (con)
sich verlieben (in)	=	enamorarse (de)
sich wehren	=	defenderse
sich weigern	=	negarse a (hacer algo)
sich wundern (über)	=	asombrarse (de algo)

A2 5.3. Verbos reflexivos en español y no en alemán

Como se ve, un número considerable de los verbos exclusivamente reflexivos también son reflexivos en español. Sin embargo, muchos verbos que en español son reflexivos, no lo son en alemán. Ejemplos:

alojarse, hospedarse	=	untergebracht sein
arrepentirse de algo	=	etwas bereuen
casarse con alguien	=	jemanden heiraten
despertarse	=	wach werden, erwachen
dormirse	=	einschlafen
enterarse de algo	=	etwas erfahren
inclinarse a/por algo	=	zu etwas neigen
irse a la cama	=	zu/ins Bett gehen

Verbos reflexivos y recíprocos

levantarse	=	aufstehen
llamarse Juan	=	Juan heißen
ocurrírsele algo (a alguien)	=	auf etwas kommen
pararse	=	stehen bleiben
quedarse	=	bleiben
etc.		

B1 5.4. Ponerse, quedarse, hacerse + sustantivo o adjetivo

Recuérdese que los verbos *ponerse, quedarse* y *hacerse + sustantivo o adjetivo* corresponden en alemán a *werden* o *bleiben*:

Enseguida se pone nerviosa	=	Sie wird sofort nervös.
(Ella) se ha quedado en casa	=	Sie ist zu Hause geblieben.
Luis quiere hacerse médico	=	Luis will Arzt werden.

C2 5.5. Expresiones idiomáticas con verbo reflexivo en español

Nótense las siguientes expresiones idiomáticas con un verbo reflexivo en español y su traducción al alemán:

Andarse por las ramas	=	Um den heißen Brei herumreden.
Crearse problemas	=	Sich selber im Wege stehen.
Tomarse la molestia de hacer algo	=	Sich die Mühe machen, etwas zu tun.
Formarse una idea de algo	=	Eine Ahnung von etwas bekommen.
Hacerse a la idea de algo	=	Sich mit etwas abfinden.
Permitirse el lujo de hacer algo	=	Sich den Luxus erlauben, etwas zu tun.
Ganarse la vida con algo	=	Sich den Lebensunterhalt mit etwas verdienen.
Darse la buena vida	=	Wie Gott in Frankreich leben.
Subirse por las paredes	=	An die Decke gehen.
Hacerse el tonto/sueco	=	Sich dumm stellen.
Érase una vez	=	Es war einmal...

A2 5.6. Verbos alemanes que pueden usarse como reflexivos y como transitivos

Como en español, existen en alemán verbos que *pueden ser reflexivos, pero que también se utilizan con un complemento directo*. Ejemplos:

Tema 5

Reflexivo: *Con un complemento directo*:

Ich ärgere mich.   Die Schüler ärgern den Lehrer.
= Me enfado.   = Los alumnos hacen enfadar al profesor.

Sie wäscht sich   Der Pfleger wäscht den Kranken.
= Ella se lava.   = El enfermero lava al enfermo.

Del mismo modo:

(sich) ändern	=	cambiar(se)
(sich) aufregen	=	inquietar(se)
(sich) bemühen	=	esforzar(se)
(sich) bewegen	=	mover(se)
(sich) drehen	=	girar(se)
(sich) entfernen	=	alejar(se)
(sich) ernähren	=	alimentar(se)
(sich) fürchten	=	temer(se)
(sich) langweilen	=	aburrir(se)
(sich) scheuen	=	asustar(se)
(sich) treffen	=	encontrar(se)
(sich) unterhalten	=	entretener(se)

B1 5.7. El pronombre reflexivo en los verbos con complemento directo

Cuando el verbo reflexivo ya tiene un complemento directo, el pronombre reflexivo es sustituido por un complemento indirecto, al igual que en español.

Ich wasche *das Mädchen*   = Lavo *a la niña*.
Ich wasche **es**   = **La** (compl. dir.) lavo.

Ich wasche *dem Mädchen die Hände* = Lavo *las manos a la niña*.
Ich wasche **ihm** die Hände   = **Le** (compl. ind.) lavo las manos (compl. dir.).

O bien: Ich rasiere *mich*.   Pero: = Ich rasiere *mir den Bart* ab.
= Me afeito.   = Me afeito la barba.

B1 5.8. Pronombres reflexivos siempre en dativo

Algunos pronombres reflexivos están *siempre en dativo*. El verbo conlleva un complemento directo obligatorio:

Verbos reflexivos y recíprocos

dat. ac.
sich etwas vorstellen: Ich stelle *mir* die Sache nicht so schwer vor.

dat. ac.
sich etwas merken: Ich kann *mir* Zahlen einfach nicht merken.

dat. ac.
sich etwas ausdenken: Ich habe *mir* etwas Lustiges ausgedacht.

dat. ac.
sich etwas aneignen: Du hast *dir* neue Kenntnisse angeeignet.

dat. ac.
sich etwas anmaßen: Du solltest *dir* kein Urteil darüber anmaßen.

dat. ac.
sich etwas einbilden: Du bildest *dir* Gefahren ein.

dat. ac.
sich etwas herausnehmen: Du nimmst *dir* zuviele Freiheiten heraus.

dat. ac.
sich etwas verbitten: Ich verbitte *mir* diesen Ton.

dat. ac.
sich lassen (véase tema 3.1. *e*): Ich lasse *mir* das Haar schneiden.

B) LOS VERBOS RECÍPROCOS

B1 **5.9. Su forma distintiva**

Muy cercanos a los verbos reflexivos están los verbos recíprocos, que son los que tienen por sujeto agente dos o más personas, cada una de las cuales ejerce una acción sobre la(s) otra(s) y la recibe a su vez de ella(s). La forma distintiva de estos verbos es la misma de los reflexivos, de los que se distinguen añadiendo la expresión *einander* (mutuamente, uno a otro, recíprocamente):

Er liebt sie. Sie liebt ihn.   = Sie lieben sich;
                                o: Sie lieben einander.
                                = Se aman mutuamente.

Er versteht sie. Sie versteht ihn.   = Sie verstehen sich;
                                      o: Sie verstehen einander.

Si se quiere destacar que la acción del verbo recae sobre la misma persona (= a sí mismo), en alemán se utiliza *sich selbst:*

Er versteht sich selbst nicht mehr.
= Él ya no se entiende a sí mismo.

Otros ejemplos de verbos que pueden usarse en sentido recíproco:

sich duzen	= tutearse
sich hassen	= odiarse
sich kennen	= conocerse
sich schlagen	= pegarse
sich schreiben	= escribirse
sich siezen	= tratarse de Ud.
etc.	

Importante: Después de una *preposición*, solamente puede usarse *einander* para expresar la relación recíproca:

Frau A spricht nicht mehr mit Frau B.
Frau B spricht nicht mehr mit Frau A.

Frau A und Frau B sprechen nicht mehr miteinander.

C sorgt für D, D sorgt für C.
C und D sorgen füreinander.

TEMA 6

VERBOS TRANSITIVOS E INTRANSITIVOS, PERFECTIVOS E IMPERFECTIVOS

TRANSITIVE UND INTRANSITIVE, PERFEKTIVE UND IMPERFEKTIVE VERBEN

B1 **6.1. Verbos transitivos**

Como es bien sabido, los verbos transitivos, a diferencia de los intransitivos, admiten un complemento directo.

B1 **6.2. Verbos hechos transitivos por la adición de prefijos**

En alemán, algunos verbos intransitivos pueden transformarse en transitivos mediante ciertos prefijos. Ejemplos:

Intransitivos:	*Transitivos:*
Er antwortet.	Er *be*antwortet den Brief.
= Él contesta.	= Él contesta la carta.
Ich schlafe.	Ich *ver*schlafe die Zeit.
= Yo duermo.	= Yo paso el tiempo durmiendo.
Sie wartet.	Sie *er*wartet einen Anruf.
= Ella espera.	= Ella espera una llamada.
Er lügt.	Er *be*lügt seine Frau.
= Él miente.	= Él miente a su mujer.

B1C **6.3. Verbos hechos transitivos mediante cambio vocálico**

Como en otras lenguas germánicas (inglés, neerlandés, por ejemplo), algunos verbos intransitivos se convierten en transitivos mediante un cambio vocálico, variando al mismo tiempo su significado. Ejemplos:

Tema 6

Verbos fuertes intransitivos[1]:

sinken = bajar
Die Preise sinken.
= Los precios bajan.

fallen = caer
Ich falle.
= Me caigo.

schwimmen = nadar
Ich schwimme.
= Nado.

fließen = fluir, pasar
Hier fließt ein Bach.
= Por aquí pasa un arroyo.

ertrinken = ahogarse
Die Katze ertrinkt.
= El gato se ahoga.

saugen = chupar, mamar
Das Kälbchen saugt am Euter.
= La ternera mama de la vaca.

springen = saltar, rajarse, resquebrajarse
Das Glas springt.
= El vaso se rompe.

trinken = beber
Das Kind trinkt hastig.
= El niño bebe de prisa.

verschwinden = desaparecer
Das Geld verschwindet.
= El dinero desaparece.

Verbos débiles transitivos:

senken = bajar
Wir senken die Preise.
= Bajamos los precios.

fällen = talar
Er fällt einen Baum.
= Él tala un árbol.

anschwemmen = arrastrar
Das Meer schwemmt viel Sand an.
= El mar arrastra mucha arena.

flößen = balsear un río
Wir flößen das Holz stromabwärts.
= Conducimos la madera aguas abajo.

ertränken = ahogar (a alguien)
Er ertränkt die Katze.
= Él ahoga el gato.

säugen = amamantar, dar de mamar
Säugetiere säugen ihre Jungen.
= Los mamíferos amamantan a sus crías.

sprengen = hacer saltar, regar
Die Arbeiter sprengen den Felsen.
= Los trabajadores hacen saltar la roca.

Der Gärtner sprengt den Rasen.
(Er bewässert ihn).
= El jardinero riega el césped.

tränken = abrevar
Der Bauer tränkt die Pferde.
= El campesino abreva los caballos.

verschwenden = malgastar
Sie verschwenden das Geld.
= Ellos malgastan el dinero.

En los siguientes verbos *no* se produce el cambio vocálico en el infinitivo:

---
1. Véase tema 11: El pretérito.

62

Verbos transitivos e intransitivos, perfectivos e imperfectivos

erlöschen = apagar(se), extinguirse
Das Licht erlischt.
= La luz se apaga.

löschen = apagar, extinguir
Die Feuerwehr löscht den Brand.
= Los bomberos apagan el incendio.

erschrecken (in Schrecken geraten; selbst erschrecken)
= asustarse
Erschrick nicht!
= ¡No te asustes!

erschrecken (in Schrecken setzen; jdn. oder sich erschrecken)
= asustar a alguien
Erschrecke das Kind nicht!
= ¡No asustes al niño!

schmelzen (flüssig werden)
= fundirse, derretirse
Der Schnee schmilzt.
= La nieve se derrite.

schmelzen (flüssig machen)
= fundir, liquidar
Die Sonne schmelzt den Schnee.
= El sol derrite la nieve.

A2 B 6.4. Verbos de posición

Verbos fuertes intransitivos:

Estos verbos indican el resultado de una acción. El lugar se indica con una preposición que rige dativo. La pregunta es *wo*.

Verbos débiles transitivos:

Estos verbos indican una acción: una persona (sujeto) hace algo con una cosa (complemento directo). El complemento circunstancial de lugar se indica con una preposición que rige acusativo. La pregunta es *wohin*.

liegen = estar (en posición horizontal)[2].

Der Brief liegt auf dem Tisch.
= La carta está sobre la mesa.

(sich) legen = poner(se), colocar (en posición horizontal).

Ich lege den Brief auf den Tisch.
= Pongo la carta sobre la mesa.

stehen = estar (en posición vertical).

Das Buch steht im Regal.
= El libro está en el estante.

(sich) stellen = poner(se), colocar (en posición vertical).

Sie stellt das Buch ins Regal.
= Ella pone el libro en el estante.

sitzen = estar sentado

Das Kind sitzt auf dem Stuhl.
= El niño está sentado en la silla.

(sich) setzen = sentar(se)

Er setzt das Kind auf den Stuhl.
= Él sienta al niño en la silla.

---

2. El verbo *liegen* indica también la situación geográfica: Köln liegt am Rhein = Colonia está situada junto al Rin.

hängen = estar colgado[3]   *hängen* = colgar[4]
Der Mantel hängt in der   Ich hänge den Mantel in die
Garderobe.   Garderobe.
= El abrigo está colgado en el guardarropa = Cuelgo el abrigo en el guardarropa.

stecken = estar metido, colocado   *stecken* = meter, colocar
Der Schlüssel steckt im Schloss.   Sie steckt den Schlüssel ins Schloss.
= La llave está metida en la cerradura. = Ella mete la llave en la cerradura.

Observaciones: Se dice:
Messer und Gabel *liegen* auf dem Tisch.

Teller und Tassen *stehen* auf dem Tisch.
Die Sonne, der Mond, die Sterne *stehen am* Himmel.

Der Vogel *sitzt* auf dem Ast.
Eine Fliege *sitzt* auf der Butter.

Der Hut *sitzt* auf dem Kopf.
Die Brille *sitzt* auf der Nase.

A2 6.5. Los verbos perfectivos e imperfectivos (durativos)

Se llaman acciones perfectivas aquellas que tienen una duración limitada y necesitan llegar a su término, como las implicadas en los verbos *llegar* = ankommen, *llegar a conocer* = kennen lernen, etc[5].

Son imperfectivas o durativas las acciones que no necesitan llegar a un término fijo para producirse, como *conocer* = kennen, *saber* = wissen, etc.

En realidad, muchos verbos imperfectivos se hacen perfectivos mediante un complemento o incorporando ciertos prefijos. Ejemplos:

Verbos perfectivos: *Verbos imperfectivos:*

*ein*schlafen   schlafen
= dormirse, quedar dormido   = dormir

*er*blühen   blühen
= comenzar a florecer, abrirse en flor = florecer

---

3. Y los compuestos: *aushängen, durchhängen, überhängen,* von etwas *abhängen,* mit etwas *zusammenhängen,* einer Idee *anhängen,* seinen Gedanken *nachhängen.*
4. Y los compuestos: etwas *abhängen, anhängen, aufhängen, einhängen, umhängen, weghängen, behängen, verhängen, sich erhängen, sich* bei jemandem *einhängen.*
5. El castellano (y otras lenguas románicas) utiliza el pretérito perfecto simple para expresar el aspecto perfectivo: supe = ich erfuhr, ich habe erfahren; tuve = ich bekam, ich habe bekommen, conocí = ich lernte kennen, ich habe kennen gelernt.

TEMA 7

EL RÉGIMEN DE LOS VERBOS

REKTION DER VERBEN

A1 **7.1. Cada verbo rige un caso determinado**

El régimen de los verbos es la relación de dependencia en virtud de la cual los verbos rigen ciertos complementos o preposiciones. No hay reglas fijas para saber qué verbos rigen un caso determinado. La mayoría de los verbos —los transitivos— rigen complemento directo (acusativo), pero hay verbos que rigen dativo (complemento indirecto) y otros genitivo, aunque estos últimos son menos frecuentes.

Muchos verbos tienen el mismo régimen (*Rektion*) en alemán y en español. En otros casos no hay equivalencia alguna.

7.2. Verbos con complemento indirecto en alemán y en español

Los verbos que rigen dativo expresan a menudo una relación personal. No son muy numerosos. Ejemplos:

ähneln	Sie ähnelt ihrer Mutter	= Se parece/asemeja a su madre.
antworten	Er antwortet ihr	= Le contesta a ella.
auffallen	Etwas fällt ihr auf	= Algo le llama (a ella) la atención.
danken	Ich danke ihr	= Le agradezco (a ella).
einfallen	Etwas fällt ihr ein	= Algo se le ocurre (a ella).
fehlen	Ich fehle ihr	= Le falto (a ella).
gefallen	Ich gefalle ihr	= Le gusto (a ella)*.
gehören	Ich gehöre ihr	= Le pertenezco (a ella).
gelingen}	Etwas gelingt ihr ⎫	⎰ Algo le sale bien (a ella).
glücken}	Etwas glückt ihr ⎬	⎱ Algo le resulta bien (a ella).
geraten}	Etwas gerät ihr ⎭	

65

Tema 7

genügen	Etwas genügt ihr	= Algo le basta (a ella).
nützen	Etwas nützt ihr	= Algo le sirve (a ella).
passen	Etwas passt ihr	= Algo le conviene (a ella).
passieren	Etwas passiert ihr	= Algo le pasa (a ella).
raten	Ich rate ihr	= Le aconsejo (a ella).
schmecken	Etwas schmeckt ihr	= Algo le gusta (a ella)*.
stehen	Etwas steht ihr gut	= Algo le sienta bien (a ella).
wehtun	Etwas tut ihr weh	= Algo le duele (a ella).

* *Nota sobre el verbo **gustar***

Sus múltiples usos en castellano se expresan en alemán con los siguientes verbos o construcciones verbales:

a) *Gefallen* (nominativo, dativo) = construcción nominal
 = gustar desde un punto de vista estético:
 Das Kleid gefällt mir gut.

b) *Schmecken* (nominativo, dativo) = construcción nominal
 = gustarle a uno lo que come o bebe:
 Dieser Wein schmeckt ausgezeichnet.

c) *Mögen* (nominativo, acusativo) = construcción nominal
 = gustar en general:
 Er mag Katzen.

d) *Gern* (*lieber, am liebsten*) + verbo = construcción verbal
 = gustarle a alguien hacer algo:
 Sie spielt gern Tennis.
 Er isst lieber Fleisch als Gemüse.
 Der Junge spielt am liebsten Fußball.

e) *Lieben* (nominativo, acusativo) = construcción nominal
 = gustar, amar, querer (personas, animales, países, ciudades, pueblos, paisajes y cosas de importancia fundamental para el hombre: la patria, la libertad, el dinero, la vida, la justicia, etc.):
 Ich liebe dich.
 Er liebt Hunde.
 Meine Heimat liebe ich.
 Viele Leute lieben das Geld.

7.3. Verbos que en alemán rigen dativo y en español acusativo o complemento prepositivo

Ejemplos:

sich j-m anschließen	Ich schließe mich ihr an	= Me adhiero a ella (su opinión).
beistimmen	Ich stimme ihr bei	= Estoy de acuerdo con ella.
drohen	Ich drohe ihr	= La amenazo.
entsprechen	Das entspricht meinen Vorstellungen	= Eso corresponde a mis ideas
folgen	Ich folge ihr	= La sigo.
gratulieren	Ich gratuliere ihr	= La felicito.
helfen	Ich helfe ihr	= La ayudo.
kündigen	Ich kündige ihr	= La despido.
sich nähern	Er nähert sich ihr	= Él se acerca a ella.
nahe gehen	Etwas geht ihr nahe	= Algo la afecta/aflige.
schaden	Etwas schadet ihr	= Algo la daña.
trauen	Ich traue ihr	= Me fío de ella.
verzeihen	Ich verzeihe ihr	= La disculpo/perdono.
widersprechen	Ich widerspreche ihr	= La contradigo.
zuhören	Ich höre ihr zu	= La escucho.
zuschauen	Ich schaue ihr zu	⎫ = La miro.
zusehen	Ich sehe ihr zu	⎭
zustimmen	Ich stimme ihr zu	= Estoy de acuerdo con ella.

7.4. Verbos que en alemán rigen complemento directo y complemento prepositivo y en español complemento indirecto

Ejemplos:

j-n bitten (um)	Ich bitte sie um etwas	= Le pido algo.
j-n fragen (nach)	Ich frage sie nach etwas	= Le pregunto por algo.
j-n etwas lehren	Ich lehre sie etwas	= Le enseño algo.

7.5. Verbos con complemento indirecto y complemento directo.

Generalmente, el complemento indirecto es una persona y el complemento directo una cosa. Los siguientes verbos se pueden emplear con los dos complementos. Sin embargo, a menudo aparece solamente el complemento directo. Ejemplos:

anbieten	Ich biete ihr etwas an	= Le ofrezco algo (a ella).
beantworten	Ich beantworte ihr die Frage	= Le contesto la pregunta (a ella).
bringen	Ich bringe ihr etwas	= Le traigo algo (a ella).
empfehlen	Ich empfehle ihr etwas	= Le recomiendo algo (a ella).
erklären	Ich erkläre ihr etwas	= Le explico algo (a ella).
erlauben	Ich erlaube ihr etwas	= Le permito algo (a ella).
erzählen	Ich erzähle ihr etwas	= Le cuento algo (a ella).
geben	Ich gebe ihr etwas	= Le doy algo (a ella).
leihen	Ich leihe ihr etwas	= Le presto algo (a ella).
mitteilen	Ich teile ihr etwas mit	= Le comunico algo (a ella).
raten	Ich rate ihr etwas	= Le aconsejo algo (a ella).
sagen	Ich sage ihr etwas	= Le digo algo (a ella).
schenken	Ich schenke ihr etwas	= Le regalo algo (a ella).
schicken	Ich schicke ihr etwas	= Le envío algo (a ella).
schreiben	Ich schreibe ihr etwas	= Le escribo algo (a ella).
zeigen	Ich zeige ihr etwas	= Le muestro algo (a ella).

7.6. Verbos con dos complementos directos

Son muy pocos los verbos que requieren dos complementos directos. Ejemplos:

kosten: Das kostete sie ein Vermögen.
= Esto le costó una fortuna.

lehren: Frau Comas lehrt sie die spanische Sprache.
= La Sra. Comas le enseña la lengua española.

nennen: Die Leute nennen ihn einen Dieb.
= La gente le llama(n) ladrón.

schelten: Sie schelten ihn einen Taugenichts.
schimpfen: Sie schimpfen ihn einen Taugenichts.
= Le califican (tratan) de bribón.

abfragen: Ich frage sie das Gedicht ab.
= Le pregunto (a ella) la poesía.
= Les pregunto (a ellos/as) la poesía.

El régimen de los verbos

C2 7.7. Verbos con acusativo y genitivo

Estos verbos se emplean sobre todo en la terminología jurídica. En español corresponden a un complemento prepositivo introducido por «de». Ejemplos:

J-n einer Sache anklagen	= acusar a alguien de algo.
J-n einer Sache berauben	= despojar/desposeer a alguien de algo.
J-n einer Sache beschuldigen	= acusar/incriminar a alguien de algo.
J-n einer Sache bezichtigen	= acusar/incriminar a alguien de algo.
J-n einer Sache verdächtigen	= sospechar algo de alguien.

C2 7.8. Verbos con genitivo

Hoy en día estos verbos se utilizan muy poco. Ejemplos:

Sich einer Sache bewusst sein	= ser consciente de algo.
Einer Sache (des Erfolgs, des Sieges) gewiss sein	= estar seguro de algo (del éxito, del triunfo).
Einer Sache bedürfen	= estar necesitado de algo.
Einer Sache (Sprache) mächtig sein	= dominar algo.
Sich einer Sache erinnern	= acordarse de algo.
Sich einer Sache bedienen	= servirse de algo.
Sich einer Person erbarmen	= tener piedad de alguien.

TEMA 8

VERBOS CON COMPLEMENTO PREPOSITIVO

VERBEN MIT PRÄPOSITIONALEM OBJEKT

A2 BC 8.1. **Cómo conocerlos**

Tanto en alemán como en español abundan los verbos que requieren un complemento prepositivo. No hay reglas fijas para saber qué verbo se emplea con una determinada preposición y el caso que rige. Por ello, se recomienda aprender simultáneamente el verbo, la preposición y el caso. He aquí una lista de dichos verbos.

8.2. *An + Akkusativ*

sich anpassen	= adaptarse a
appellieren	= apelar a
denken	= pensar en
sich erinnern	= acordarse de
sich gewöhnen	= acostumbrarse a
glauben	= creer en
sich halten	= atenerse a
sich machen	= pasar a hacer algo
etwas richten	= dirigir a
etwas schicken, etwas senden	= enviar algo a
etwas liefern	= suministrar algo a
schreiben	= escribir a
sich wenden	= dirigirse a

Verbos con complemento prepositivo

8.3. *An + Dativ*

arbeiten	= trabajar en
sich beteiligen	= tomar parte en
j-n erkennen	= reconocer a alguien en/por
erkranken	= enfermar de
(es) fehlen	= faltar de
sich erfreuen	= gozar de
gewinnen	= ganar en
j-n hindern	= impedir a alguien (hacer algo)
leiden	= padecer
(es) liegen	= depender de
(es) mangeln	= carecer de
mitwirken	= cooperar en
sich orientieren	= orientarse por
sich rächen	= vengarse de
sterben	= morir de
teilhaben	= participar en/tener parte en
teilnehmen	= participar en
zunehmen	= aumentar de
zweifeln	= dudar de

8.4. *Auf + Akkusativ*

achten	= fijarse en
(es) ankommen	= depender de
anspielen	= aludir a
aufpassen	= poner atención a
sich belaufen	= ascender a
sich berufen	= referirse a/apoyarse en
(sich) beschränken	= limitarse a
sich besinnen	= acordarse de
sich beziehen	= referirse a
j-n bringen	= traer a la memoria/hacer recordar
drängen	= insistir en
eingehen	= abordar (una cuestión)
sich einlassen	= aceptar
sich einstellen	= acomodarse a
(sich) erhöhen	= aumentar a/en
sich freuen	= alegrarse (pensando en)
hinweisen	= llamar la atención sobre

Tema 8

hoffen	= esperar algo/confiar en
hören	= obedecer a
sich konzentrieren	= concentrarse en
reagieren	= reaccionar a
schimpfen	= desatarse en improperios contra
schwören	= jurar sobre/por
sinken	= bajar a
steigen	= subir a
sich verlassen	= contar con/fiarse de/confiar en
verzichten	= renunciar a
sich vorbereiten	= prepararse a/para
warten	= esperar a
zurückkommen	= volver a/sobre

8.5. *Auf + Dativ*

basieren	= basarse en
beharren	= persistir en
beruhen	= basarse en/estribar en
bestehen	= insistir en
insistieren	= insistir en

8.6. *Aus + Dativ*

bestehen	= consistir en
sich ergeben	= resultar de/dar por resultado
ersehen	= desprenderse de
folgern	= deducir de
machen	= hacer de
resultieren	= resultar de
übersetzen	= traducir de

8.7. *Bei + Dativ*

Sich bedanken (für etwas) bei j-m	= dar las gracias (por algo) a alguien
Sich beschweren (über etwas) bei j-m	= quejarse (de algo) a alguien
helfen	= ayudar en

Verbos con complemento prepositivo

mitwirken	= colaborar en
stören	= estorbar en
j-n unterstützen	= apoyar a alguien en

8.8. Für + Akkusativ

arbeiten	= trabajar por/para
sich bedanken	= dar las gracias por
sich begeistern	= entusiasmarse por
danken	= dar las gracias por
sich einsetzen	= interceder en favor de
eintreten	= intervenir en favor de
j-n entschädigen	= indemnizar a alguien de una cosa
sich entscheiden	= decidirse por
sich entschuldigen	= disculparse por
geradestehen	= responder de
j-n/etwas halten	= considerar a alguien/algo como
sich interessieren	= interesarse por
kämpfen	= luchar por
sein	= estar en favor de
sorgen	= velar por/atender a/cuidar de
sprechen	= hablar en favor de
stimmen	= votar a favor de
verwenden	= gastar en/aplicar en
sich verwenden	= interceder en favor de

8.9. Gegen + Akkusativ

sich entscheiden	= decidirse contra
handeln	= actuar contra
kämpfen	= luchar contra
polemisieren	= polemizar contra
protestieren	= protestar contra
sein	= estar contra
sprechen	= hablar contra
stimmen	= votar contra
sich sträuben	= oponerse a
verstoßen	= atentar contra
sich verteidigen	= defenderse de/contra
sich wehren	= oponer resistencia a/defenderse contra

8.10. In + Akkusativ

ausbrechen	= romper a
einwilligen	= convenir en
sich fügen	= conformarse con
teilen	= dividir en
übersetzen	= traducir al
umwandeln	= transformar en
sich verlieben	= enamorarse de
sich vertiefen	= profundizar en
verwandeln	= transformar en

8.11. In + Dativ

bestehen	= residir en, consistir en
sich irren	= equivocarse en
sich täuschen	= engañarse en
sich üben	= ejercitarse en
unterrichten	= dar clases de
j-n übertreffen	= ser superior a alguien

8.12. Mit + Dativ

anfangen	= empezar con
arbeiten	= trabajar con
aufhören	= acabar con
j-n beauftragen	= encargar (algo) a alguien
sich befassen	= dedicarse a/ocuparse de
beginnen	= empezar con
sich begnügen	= contentarse con
sich beschäftigen	= ocuparse en/con
j-n betrügen	= engañar a alguien con/en
diskutieren	= discutir con
enden	= terminar/acabar/concluir por
experimentieren	= experimentar con
handeln	= traficar en/comerciar con
kämpfen	= luchar con
korrespondieren	= mantener correspondencia con
multiplizieren	= multiplicar por
rechnen	= contar con

Verbos con complemento prepositivo

reden	= hablar con
sich schlagen	= pelearse con
spielen	= jugar con
sprechen	= hablar con
streiten	= reñir con
zu tun haben	= tener que tratar con (algo/alguien)
umgehen	= tratar con
sich unterhalten	= conversar con
sich verabreden	= citarse con
vereinbaren	= convenir/acordar con
sich verheiraten	= casarse con
sich verstehen	= entenderse con
verwechseln	= confundir con
zögern	= vacilar en
zusammenstoßen	= chocar contra/topar con

8.13. *Nach + Dativ*

duften	= oler (bien) a
fahnden	= buscar a (alguien)
forschen	= investigar
fragen	= preguntar por
greifen	= coger/agarrar
sich richten	= ajustarse a/atenerse a
riechen	= oler a
rufen	= llamar
schmecken	= saber a
sich sehnen	= ansiar/anhelar
stinken	= oler (mal) a, apestar
streben	= aspirar a, esforzarse por
suchen	= buscar
urteilen	= juzgar por
verlangen	= ansiar

8.14. *Über + Akkusativ*

sich ärgern	= enfadarse con/por
sich aufregen	= alterarse por
berichten	= informar de
Bescheid wissen	= estar al corriente de

sich beschweren	= quejarse de
diskutieren	= debatir sobre
sich entrüsten	= enojarse de/con
sich erregen	= indignarse de/por
erschrecken	= asustarse de
sich freuen	= alegrarse de
herfallen	= precipitarse sobre
herrschen	= ejercer un dominio sobre
(sich, j-n) informieren	= informar(se) de/sobre (alguien)
jammern	= lamentarse de
jubeln	= regocijarse de/por
klagen	= quejarse de
lachen	= reír de
meditieren	= meditar sobre
nachdenken	= reflexionar sobre
philosophieren	= filosofar sobre
reden	= hablar de
referieren	= hacer una relación de/dar cuenta de
nichts/etwas sagen	= (no) decir nada/decir algo de
schimpfen	= desatarse en improperios sobre
schreiben	= escribir sobre
spotten	= burlarse de
sprechen	= hablar de/sobre
sich unterhalten	= hablar de
urteilen	= juzgar de/formarse una idea acerca de
verfügen	= disponer de
weinen	= llorar de
sich wundern	= asombrarse de

8.15. *Um + Akkusativ*

sich ängstigen	= tener miedo por/de
sich bemühen	= esforzarse por
j-n beneiden	= envidiar a alguien por
j-n betrügen	= estafar a alguien
sich bewerben	= solicitar algo
j-n bitten	= pedir por
sich drehen	= tratarse de
(sich) erhöhen	= aumentar en
(es) gehen	= tratarse de
(es) sich handeln	= tratarse de

Verbos con complemento prepositivo

kämpfen	= luchar por
sich kümmern	= preocuparse por
sich schlagen	= pelearse por
sich sorgen	= inquietarse por
steigen	= aumentar en
(sich) steigern	= acrecentarse en
(sich) streiten	= disputarse una cosa
(sich) vermindern	= disminuir en
wetten	= apostar
wissen	= saber

8.16. *Unter + Dativ*

leiden	= sufrir bajo/por

8.17. *Von + Dativ*

abhängen	= depender de
j-n ablenken	= distraer a alguien de
abschreiben	= copiar de
absehen	= prescindir de
sich abwenden	= apartarse de
ausruhen	= descansar de
befreien	= librar de
berichten	= informar de
sich distanzieren	= distanciarse de
halten	= opinar de
leben	= vivir de
loskommen	= deshacerse de/librarse de
reden	= hablar de
nichts/etwas sagen	= (no) decir nada/algo de
schreiben	= escribir de
sprechen	= hablar de
träumen	= soñar con
j-n überzeugen	= convencer a alguien de
nichts/etwas verstehen	= (no) entender nada/algo de
nichts/etwas wissen	= (no) saber nada/algo de

8.18. Vor + Dativ

sich ängstigen	= tener miedo de
sich ekeln	= tener asco a/de
sich entsetzen	= estremecerse de
erschrecken	= asustarse de
fliehen	= huir de
sich fürchten	= tener miedo de
(es) grauen	= tener horror a
sich hüten	= guardarse de
sich schämen	= avergonzarse de
schützen	= protegerse de
verstecken	= esconderse de
j-n warnen	= prevenir (a alguien) contra, advertir (a alguien) contra

8.19. Zu + Dativ

j-n anhalten	= animar a alguien a/obligar a alguien a
aufrufen	= invitar a/llamar a
j-n beglückwünschen	= felicitar a alguien por
beitragen	= contribuir a
bestimmen	= destinar a
bewegen	= persuadir a
dienen	= servir para
drängen	= impulsar a
sich entschließen	= decidirse por
j-n einladen	= invitar a alguien a
j-n ermahnen	= exhortar a alguien a
j-n ermutigen	= animar a alguien a
führen	= conducir a
gehören	= pertenecer a
j-m gratulieren	= felicitar por
herausfordern	= desafiar a
kommen	= llegar a
neigen	= propender a/tender a
passen	= corresponder a/ir bien con
raten	= aconsejar a
rechnen	= considerar entre
sagen	= decir a/opinar de
taugen	= ser útil para

Verbos con complemento prepositivo

j-n überreden	= persuadir a alguien a (hacer algo)
verwenden	= utilizar por
j-n verführen, verleiten	= inducir a alguien a
j-n verpflichten	= obligar a alguien a
j-n verurteilen	= condenar a alguien a
wählen	= elegir/nombrar
werden	= convertirse en
zählen	= contar entre
j-n zwingen	= forzar a alguien a

8.20. *Zwischen + Dativ*

unterscheiden	= distinguir entre

TEMA 9

EL PRETÉRITO PERFECTO

DAS PERFEKT

A1 9.1. Uso actual

En el lenguaje hablado, el pretérito perfecto casi ha sustituido al pretérito imperfecto (salvo en los verbos modales, así como *sein* y *haben*). Los hablantes de muchas zonas de Alemania relacionan este último con la lengua literaria.

En sentido propio, el pretérito perfecto expresa una acción pasada que se halla en relación con el presente. El antiguo término *perfectum praesens* expresa claramente que se trata de una acción pasada que ha conducido a un estado presente.

A1 9.2. Formación

> **Haben** o **sein** + *participio de pasado*[1] del verbo que se conjuga

A1 9.3. El participio de pasado de los verbos regulares

Se antepone la partícula *ge-* y se añade *-t* al radical. El acento tónico recae en la primera sílaba del verbo. Ejemplos:

spielen: Ich habe *ge*spiel*t*.
         = He jugado.

---

[1]. A diferencia del español, el participio pasado se separa del verbo auxiliar y se coloca al final de la oración:
Wir haben 10 Minuten vor dem Kino auf dich *gewartet*.
Er ist gestern um 17.00 Uhr *angekommen*.

El pretérito perfecto

sich freuen: Wir haben uns *ge*freu*t*.
 = Nos hemos alegrado.

lernen: Sie hat nichts *ge*lern*t*.
 = Ella no ha aprendido nada.

En caso de radicales terminados en -*t*, -*d*, -*m* o -*n* (cuando estas dos últimas consonantes no van precedidas de una de las consonantes r, l o h), *se añade* -*et*. Ejemplos:

warten: Er hat drei Stunden *ge*wart*et*.
 = Él ha esperado durante tres horas.

reden: Sie hat pausenlos *ge*red*et*.
 = Ella ha hablado sin interrupción.

widmen: Er hat uns das Buch *ge*widm*et*.
 = Él nos ha dedicado el libro.

regnen: Es hat lange nicht *ge*regn*et*.
 = Hace tiempo que no ha llovido.

9.3.1. *El participio de pasado de los verbos regulares separables*

La partícula *ge*- se coloca entre el prefijo y el radical. Ejemplos:

einkaufen: Petra hat den ganzen Morgen ein*ge*kauf*t*.
 = Petra ha hecho compras durante toda la mañana.

aufräumen: Das Mädchen hat ihr Zimmer auf*ge*räum*t*.
 = La chica ha ordenado su habitación.

abholen: Wir haben Günter vom Flughafen ab*ge*hol*t*.
 = Hemos ido a buscar a Günter al aeropuerto.

9.3.2. *El participio de pasado de los verbos que terminan en* -**ieren**

Forman el participio pasado sin la partícula *ge*-. Ejemplos:

telefonieren[2]: Wir haben lange telefoniert.
 = Hemos hablado por teléfono durante mucho tiempo.

---

2. Significa «hablar por teléfono» y no «llamar por teléfono»: Ich habe meine Freundin angerufen und wir haben fast eine Stunde telefoniert.

studieren:	Er hat in Freiburg studiert.
	= Él ha estudiado en Friburgo.
diktieren:	Der Chef hat den Brief diktiert.
	= El jefe ha dictado la carta.

9.3.3. *El participio de pasado de los verbos regulares inseparables*

También forman el participio de pasado sin la partícula *ge-*. Ejemplos:

bezahlen:	Wir haben die Rechnung bezahlt.
	= Hemos pagado la factura.
erzählen:	Sie hat mir die Geschichte erzählt.
	= Ella me ha contado la historia.
enttäuschen:	Er hat mich sehr enttäuscht.
	= Él me ha decepcionado mucho.

A1   9.4. **El participio de pasado de los verbos irregulares**[3]

El participio de los verbos irregulares se forma anteponiendo la partícula *ge-* y añadiendo *-en* al radical. En la mayoría de los casos se modifica también la vocal del radical. Algunos verbos no solamente modifican la vocal, sino que también cambian una o más consonantes en el radical. Ejemplos:

nehmen:	Wir haben den Zug *ge*nomm*en*.
	= Hemos tomado el tren.
finden:	Jemand hat das Geld *ge*fund*en*.
	= Alguien ha encontrado el dinero.
helfen:	Niemand hat mir *ge*holf*en*.
	= Nadie me ha ayudado.
werden:	Das Wetter ist besser *ge*word*en*.
	= El tiempo ha mejorado.

---

3. Véase la lista, págs. 373-382.

El pretérito perfecto

9.4.1. *El participio de pasado de los verbos irregulares separables*

Al igual que en los verbos regulares, se coloca la partícula *ge-* entre el prefijo y el radical. Ejemplos:

sich etwas ansehen:	Ich habe mir den Film an*ge*sehen.
	= He visto la película.
mitnehmen:	Sie haben die Kinder nicht mit*ge*nommen.
	= Ellos no se han llevado a los niños.
weiterschreiben:	Er hat einfach weiter*ge*schrieben.
	= Él simplemente ha continuado escribiendo.

9.4.2. *El participio de pasado de los verbos irregulares inseparables*

Los verbos fuertes —o irregulares— forman el participio pasado sin la partícula *ge-*. Ejemplos:

bekommen:	Wir haben den Brief gestern bekommen.
	= Recibimos la carta ayer.
sich unterhalten:	Wir haben uns noch lange unterhalten.
	= Hemos conversado aún durante mucho tiempo.
verbieten:	Der Arzt hat mir das Rauchen verboten.
	= El médico me ha prohibido fumar.

A1 ### 9.5. *Haben o sein*

9.5.1. *Haben*

La mayoría de los verbos alemanes forman el pretérito perfecto con el auxiliar *haben*. Así lo hacen concretamente:

a) Los verbos transitivos (es decir, verbos que pueden llevar complemento directo)[4]. Ejemplos:

---

4. Excepciones:

angehen: Wir sind das Problem endlich angegangen
= Por fin, hemos tratado el problema.

loswerden: Ich bin den alten Schrank endlich losgeworden
= Por fin, me he deshecho del armario viejo.

Ich habe das Buch noch nicht gelesen.
= Todavía no he leído el libro.

Wir haben deinen Geburtstag leider vergessen.
= Sentimos haber olvidado tu cumpleaños.

b) *Todos los verbos reflexivos,* con independencia de que el pronombre esté en acusativo o dativo. Ejemplos:

Ich habe mich noch nicht verabschiedet.
= Todavía no me he despedido.

Leider haben Sie sich geirrt.
= Por desgracia se ha equivocado Ud.

Ich habe mir zum Geburtstag Geld gewünscht.
= Por mi cumpleaños he deseado dinero.

c) *Muchos verbos intransitivos,* sobre todo los que no expresan un movimiento, sino la duración de una acción o un estado. Ejemplos:

sitzen:	Der Mann hat auf der Bank gesessen.
	= El hombre ha estado sentado en el banco.
stehen:	Er hat vor der Tür gestanden.
	= Él ha estado delante de la puerta.
schlafen:	Bernd hat 12 Stunden geschlafen.
	= Bernd ha dormido durante 12 horas.

d) *Todos los verbos modales y semimodales*[5]. Ejemplos:

dürfen:	Wir haben das nicht gedurft.
	= No nos ha sido permitido esto.
wollen:	Wir haben das nicht gewollt.
	= No hemos querido esto.
sollen:	Wir haben das nicht gesollt.
	= No hemos debido hacer esto.
können:	Wir haben das nicht gekonnt.
	= No hemos podido hacer esto.
müssen:	Wir haben das gemusst.
	= Hemos tenido que hacer esto.

---

5. Véase tema 10.

El pretérito perfecto

    lassen: Wir haben den Hund zu Hause gelassen.
                      = Hemos dejado el perro en casa.

e) Los verbos impersonales. Ejemplos:

    regnen: Es hat den ganzen Tag geregnet.
                      =Ha llovido todo el día.

    schmecken: Hat es dir geschmeckt?
                      =¿Te ha gustado (la comida)?

    es gibt: Heute hat es ein gutes Essen gegeben.
                      =Hoy ha habido una buena comida.

f) Los verbos que se utilizan con un complemento indirecto y que no expresan movimiento. Ejemplos:

    antworten: Er hat mir noch nicht geantwortet.
                      =Él todavía no me ha contestado.

    danken: Wir haben ihnen noch nicht für das Geschenk gedankt.
                      =Todavía no les hemos dado las gracias por el regalo.

    drohen: Er hat mir gedroht.
                      =Él me ha amenazado.

    gefallen: Das Theaterstück hat uns gut gefallen.
                      =La obra de teatro nos ha gustado mucho.

    glauben: Ich habe ihm noch nie geglaubt, was er erzählte.
                      =Nunca (me) he creído lo que él contaba.

    nützen: Leider hat dein Rat mir nichts genützt.
                      =Por desgracia tu consejo no me ha sido útil.

    schaden: Das Rauchen hat ihm gesundheitlich sehr geschadet.
                      =El fumar ha perjudicado mucho su salud.

    vertrauen: Warum hast du uns nicht vertraut?
                      = ¿Por qué no has confiado en nosotros?

g) Los verbos que expresan el comienzo o el final de una acción. Ejemplos:

    anfangen: Um 8 Uhr haben wir mit der Prüfung angefangen.
                      =A las 8 hemos empezado el examen.

Tema 9

beginnen: Der Unterricht hat um 9 Uhr begonnen.
=La clase ha empezado a las 9 (horas).

aufhören: Endlich hat es aufgehört zu regnen.
=Por fin ha cesado de llover.

A1 9.5.2. *Sein*

Los siguientes grupos de verbos forman el pretérito perfecto compuesto con *sein*:

a) Los verbos intransitivos que expresan movimiento y, muchas veces, sus compuestos:

fahren: Am Wochenende sind wir in die Berge gefahren.
=Durante el fin de semana hemos ido a la montaña.

abfahren: Der Zug ist mit Verspätung abgefahren.
=El tren ha salido con retraso.

kommen: Heute sind nicht viele Schüler gekommen.
= Hoy no han venido muchos alumnos.

mitkommen: Die Kinder sind nicht mitgekommen.
=Los niños no han venido (con nosotros).

laufen: Wir sind um den ganzen See gelaufen.
=Hemos corrido alrededor de todo el lago.

fallen: Oma ist die Treppe hinuntergefallen.
=La abuela se ha caído por la escalera.

gehen: Gestern sind wir ins Theater gegangen.
=Ayer fuimos al teatro.

aufstehen: Er ist um 6 Uhr aufgestanden.
=Él se ha levantado a las 6 h.

begegnen: Wir sind ihm im Park begegnet.
=Le hemos encontrado (casualmente) en el parque.

fliegen: Die Gruppe ist nach Buenos Aires geflogen.
=El grupo ha volado a Buenos Aires.

reisen: Früher sind wir gern gereist.
=Antes nos gustaba mucho viajar.

El pretérito perfecto

A1 *b) Los verbos intransitivos que expresan un cambio de estado.* Ejemplos:

einschlafen:	Ich bin erst um 3 Uhr eingeschlafen.	
	=No me dormí hasta las 3 h.	
verschwinden:	Mein Portemonnaie ist verschwunden.	
	=Mi monedero ha desaparecido.	
aufwachen:	Wir sind erst um 11 Uhr aufgewacht.	
	=No nos hemos despertado hasta las 11 h.	
wachsen:	Das Unkraut ist schnell gewachsen.	
	=La hierba ha crecido rápidamente.	
entstehen:	Im letzten Jahr ist hier ein neuer Stadtteil entstanden.	
	=El año pasado se construyó aquí un nuevo barrio.	
ertrinken:	Die Kinder sind beim Baden ertrunken.	
	=Los niños se han ahogado mientras se bañaban.	
ersticken:	Bei dem Brand sind zwei Personen erstickt.	
	=En el incendio han perecido asfixiadas dos personas.	
umkommen:	Bei dem Erdbeben sind hunderte von Menschen umgekommen.	
	=En el terremoto han muerto centenares de personas.	
vergehen:	Die Wochen sind schnell vergangen.	
	=Las semanas han pasado rápidamente.	
sterben:	Er ist an den Folgen eines Unfalls gestorben.	
	=Ha muerto a consecuencia de un accidente.	

A1 *c) Los verbos **sein, bleiben, werden, passieren, geschehen, gelingen, misslingen, vorkommen, bekommen**.* Ejemplos:

sein:	Im Urlaub sind wir in Spanien gewesen.	
	=Durante las vacaciones hemos estado en España.	
bleiben:	Er ist bis 12 Uhr im Bett geblieben.	
	=Él se ha quedado en la cama hasta las 12 h.	
werden:	Die Menschen sind materialistischer geworden.	
	=La gente se ha vuelto más materialista.	
passieren:	Am Goetheplatz ist ein Unfall passiert.	
	=En la plaza Goethe ha habido un accidente.	

gelingen: Das Experiment ist gelungen.
=El experimento ha salido bien.
bekommen: Das Essen ist mir nicht bekommen.
=La comida no me ha sentado bien.

vorkommen: Es ist schon oft vorgekommen, dass das Gerät nicht funktioniert.
=Ya ha ocurrido a menudo que el aparato no funciona.

C1 9.5.3. *Verbos que forman el pretérito perfecto con **haben** o **sein***

a) Algunos verbos pueden expresar tanto una *acción* (*Handlung*) como un *proceso* (*Vorgang*). Cuando expresan una acción, son transitivos y forman el pretérito perfecto con *haben*. En cambio, si expresan un proceso, no llevan complemento directo y forman el pretérito perfecto con *sein*. Ejemplos:

brechen[6] Er bricht sein Wort.
=Él falta a su palabra.
Er *hat* sein Wort gebrochen.

Das Eis bricht.
=El hielo se rompe.
Das Eis *ist* gebrochen.

heilen: Der Arzt heilt die Wunde.
=El médico cura la herida.
Der Arzt *hat* die Wunde geheilt.

Die Wunde heilt gut.
=La herida se cura bien.
Die Wunde *ist* gut geheilt.

stoßen: Jim stößt Joe.
=Jim empuja a Joe.
Jim *hat* Joe gestoßen.

Wir stoßen auf ein Problem.
=Damos con un problema.
Wir *sind* auf ein Problem gestoßen.

trocknen: Ich trockne mir das Haar.
=Me seco el pelo.
Ich *habe* mir das Haar getrocknet.

---

6. Y sus compuestos: abbrechen, anbrechen, aufbrechen, ausbrechen, einbrechen, zerbrechen.

El pretérito perfecto

    Das Haar trocknet in der Sonne.
    =El pelo se seca al sol.
    Das Haar *ist* in der Sonne getrocknet.

b) Algunos verbos de movimiento forman el pretérito perfecto con *haben*, cuando se quiere expresar el transcurso (*Verlauf*) del movimiento. En cambio, cuando se quiere expresar el punto de destino (*Ziel*), se utiliza *sein*. Ejemplos:

fahren:	Er fährt einen Rolls Royce.
	=Él conduce un Rolls Royce.
	Er *hat* einen Rolls Royce gefahren.
	Ich fahre nach Berlin.
	=Viajo (en coche) a Berlín.
	Ich bin nach Berlin gefahren.
schwimmen:	Wir schwimmen eine halbe Stunde.
	=Nadamos media hora.
	Wir *haben* eine halbe Stunde geschwommen.
	Wir schwimmen über den Fluss.
	=Cruzamos el río nadando.
	Wir *sind* über den Fluss geschwommen.
tanzen:	Wir tanzen Walzer.
	=Bailamos el vals.
	Wir *haben* Walzer getanzt.
	Wir tanzen durch das Zimmer.
	=Bailamos por toda la habitación.
	Wir sind durch das Zimmer getanzt.

TEMA 10

EL PRETÉRITO PERFECTO DE LOS VERBOS MODALES Y SEMIMODALES

PERFEKT DER MODAL- UND SEMIMODALVERBEN

10.1. Tiempos compuestos de los verbos modales

En el pretérito perfecto y en los demás tiempos compuestos (pluscuamperfecto, subjuntivo I (*Konjunktiv* I), subjuntivo II (*Konjunktiv* II) se sustituye el participio de pasado de los verbos modales y semimodales por su infinitivo, *siempre que vayan acompañados de otro infinitivo*. En este caso, el infinitivo del verbo modal o semimodal se coloca al final de la oración, detrás del otro infinitivo.

B1 10.2. Pretérito perfecto de los verbos modales en su enunciado objetivo + otro verbo

a) Können:
Verbo modal con otro infinitivo:
Ich habe den Brief nicht übersetzen *können*.
= No he podido traducir la carta.

Verbo modal solo:
Ich habe das nicht *gekonnt*.
= No lo he podido (hacer).

b) Wollen:
Verbo modal con otro infinitivo:
Er hat ihr nicht helfen *wollen*.
= Él no ha querido ayudarla.

Verbo modal solo:
Er hat das nicht *gewollt*.
= Él no lo ha querido.

c) Dürfen:
   Verbo modal con otro infinitivo:
   Die Kinder haben im Park spielen *dürfen*.
   = Los niños han podido (se les ha permitido) jugar en el parque.

   Verbo modal solo:
   Sie haben das *gedurft*.
   = Se les ha permitido.

Sin embargo, se emplea preferentemente la forma más sencilla del pretérito (véase tema 11).

C1 10.3. Pretérito perfecto de los verbos modales en su enunciado subjetivo + otro verbo

Al expresar hechos ocurridos en el pasado, hay diferencias formales entre el enunciado objetivo y el subjetivo de los verbos modales. Para expresar un *juicio subjetivo*, los verbos modales se utilizan solamente en el presente. En la oración principal se hallan en la posición II, mientras que en una oración subordinada están al final. Ejemplos:

Er *kann* viel Arbeit gehabt haben.
= (Él) puede haber tenido mucho trabajo.

Ich sagte ihr, dass er viel Arbeit gehabt haben *kann*.
= Le dije a ella que, posiblemente, él habrá tenido mucho trabajo.

Nótese que el verbo principal al que acompaña el verbo modal siempre aparece, en estos casos, bajo la forma del infinitivo pasado, es decir, del participio pasado más el infinitivo de *haben* o *sein*.

Voz activa: Es muss *geregnet haben*.
  = Tiene que haber llovido.

  Er muss krank *gewesen sein*.
  = Tiene que haber estado enfermo.

Voz pasiva: Er soll *operiert worden sein*.
  = Dicen que le han operado.

Tema 10

B1 10.4. Pretérito perfecto de los verbos semimodales

También se sustituye el participio pasado de los verbos *hören, sehen, helfen, lassen* y *brauchen* por su infinitivo cuando van acompañados de otro infinitivo. Ejemplos:

hören: Hast du die Nachbarn *gehört*?
            = ¿Has oído a los vecinos?

            Ja, ich habe die Kinder weinen *hören*.
            = Sí, he oído llorar a los niños.

sehen: Wir haben das Auto *gesehen*.
            = Hemos visto el coche.

            Wir haben das Auto wegfahren *sehen*.
            = Hemos visto salir el coche.

helfen: Ich habe ihr *geholfen*.
            = La he ayudado.

            Ich habe ihr die Pakete zur Post tragen *helfen*.
            = La he ayudado a llevar los paquetes a correos.

lassen: Ich habe die Tasche im Bus *gelassen*.
            = He dejado el bolso en el autobús.

            Ich habe die Tasche im Bus liegen *lassen* (vergessen).
            = He dejado el bolso (olvidado) en el autobús.

Obsérvese que cuando *lassen* (liegen, stehen, hängen, sitzen, stecken lassen) significa «olvidar», *está en infinitivo*, como en el último de los ejemplos expuestos.
En cambio, cuando *lassen* tiene el significado de «dejar intencionadamente», *está en pretérito perfecto*. Ejemplo:

            Ich habe das Trinkgeld auf dem Tisch liegen gelassen.
            = He dejado (intencionadamente) la propina sobre la mesa.

brauchen: Ich habe das Buch nicht *gebraucht*.
            = No necesitaba/No he necesitado el libro.

            Ich habe das Buch nicht zu lesen *brauchen*.
            = No necesitaba/No he necesitado leer el libro.

TEMA 11

EL PRETÉRITO

DAS PRÄTERITUM

A2 11.1. Uso y significado

El pretérito (también llamado «imperfecto», o «pretérito imperfecto») se distingue del pretérito perfecto por el hecho de que no implica relación alguna con el presente. Es el tiempo narrativo. En la lengua cotidiana, el pretérito sólo se emplea en los verbos modales y, sobre todo, en los verbos *sein* y *haben*, aunque se quiera expresar un *perfectum praesens* (por ejemplo: Ich war eben dort und habe getan, was ich tun konnte).

Por motivos de brevedad, se prefiere, sin embargo, en algunas ocasiones, el pretérito. Por ejemplo, inmediatamente después de una emisión en la televisión o en la radio, el locutor utilizará el pretérito imperfecto: «*Sie sahen...*» o «*Sie hörten...*»

También puede incidir un elemento estilístico, en cuanto que el pretérito implica un nivel lingüístico más elevado, más correcto, mientras que el pretérito perfecto corresponde más bien al plano de la lengua hablada o coloquial.

Hay que tener también en cuenta que el pretérito alemán corresponde tanto al imperfecto como al pretérito perfecto simple españoles, por lo que para el uso de un tiempo u otro en español se tendrá que recurrir al contexto. Ejemplo:

Ich sprach = yo hablaba o hablé

A2 11.2. La formación del pretérito de los verbos regulares

Al radical de los verbos regulares se añaden las desinencias que muestra el cuadro siguiente:

sagen

ich	sag**te**	= (yo) decía o dije
du	sag**test**	
Sie	sag**ten**	
er	sag**te**	
sie	sag**te**	
es	sag**te**	
wir	sag**ten**	
ihr	sag**tet**	
Sie	sag**ten**	
sie	sag**ten**	

Si el radical termina en -*d*, -*t*, -*m* o -*n* (cuando estas dos últimas consonantes no van precedidas de *r*, *l* o *h*), se intercala una -*e*- entre el radical y la desinencia.

antworten

ich	antworte*te*	= (yo) contestaba o contesté
du	antworte*test*	
Sie	antworte*ten*	
er	antworte*te*	
sie	antworte*te*	
es	antworte*te*	
wir	antworte*ten*	
ihr	antworte*tet*	
Sie	antworte*ten*	
sie	antworte*ten*	

Asimismo: ich bade*te* = me bañaba o me bañé; er atme*te* = él respiraba o respiró; sie rechne*ten* = ellos calculaban o calcularon.

Pero: er lern*te* = él aprendía o aprendió; wir film*ten* = nosotros filmábamos o filmamos; ich wohn*te* = yo vivía o viví.

11.3. La formación del pretérito de los verbos irregulares

Conociendo sólo el infinitivo no se puede saber de antemano si un verbo es regular o irregular. El único método seguro para usar correcta-

El pretérito

mente los verbos fuertes o irregulares consiste en aprender, junto con el infinitivo, el pretérito y el participio pasado, tal como figuran en las págs. 373-382.

Los verbos fuertes modifican en el pretérito la vocal del radical y algunas veces también las consonantes que la siguen, pero no tienen alternancia vocálica en las personas del singular. La primera y tercera personas del singular son siempre iguales.

	kommen	*laufen*	*fahren*
ich	kam	lief	fuhr
du	kam**st**	lief**st**	fuhr**st**
Sie	kam**en**	lief**en**	fuhr**en**
er	kam	lief	fuhr
sie	kam	lief	fuhr
es	kam	lief	fuhr
wir	kam**en**	lief**en**	fuhr**en**
ihr	kam**t**	lief**t**	fuhr**t**
Sie	kam**en**	lief**en**	fuhr**en**
sie	kam**en**	lief**en**	fuhr**en**

Si el radical termina en -*t*, -*d*, -*ss*, -*ß* o -*chs*, se intercala por eufonía en la 2.ª persona del singular y del plural una -*e*- entre el radical y la desinencia.

	treten	*finden*	*essen*	*wachsen*
ich	trat	fand	aß	wuchs
du	trat*est*	fand*est*	aß*est*	wuchs*est*
Sie	traten	fanden	aßen	wuchsen
er	trat	fand	aß	wuchs
sie	trat	fand	aß	wuchs
es	trat	fand	aß	wuchs
wir	traten	fanden	aßen	wuchsen
ihr	trat*et*	fand*et*	aß*et*	wuchs*et*
Sie	traten	fanden	aßen	wuchsen
sie	traten	fanden	aßen	wuchsen

11.4. Peculiaridades de algunos verbos: verbos mixtos y modales

Se trata de los verbos que siguen la conjugación de los verbos débiles (regulares), modificando, sin embargo, la vocal del radical. Esta vocal es siempre la misma en el pretérito y en el pretérito perfecto.

Infinitivo	*Presente indicativo*	*Pretérito*	*Pretérito perfecto*
brennen	es brennt	es brannte	es hat **ge**brannt
kennen	er kennt	er kannte	er hat **ge**kannt
nennen	er nennt	er nannte	er hat **ge**nannt
rennen	er rennt	er rannte	er ist **ge**rannt
senden[1]	er sendet	er sandte	er hat **ge**sandt[1]
wenden[2]	er wendet	er wandte	er hat **ge**wandt[2]
bringen	er bringt	er brachte	er hat **ge**bracht
denken	er denkt	er dachte	er hat **ge**dacht
wissen	er weiß	er wusste	er hat **ge**wusst

Obsérvense también que los verbos modales *dürfen, können, mögen* y *müssen* pierden la diéresis en las vocales respectivas:

dürfen	er darf	er durfte	er hat **ge**durft
können	er kann	er konnte	er hat **ge**konnt
mögen	er mag	er mochte	er hat **ge**mocht
müssen	er muss	er musste	er hat **ge**musst

Importante: Puesto que *ich möchte* es el subjuntivo del verbo *mögen*, no existe un pretérito de indicativo correspondiente a *ich möchte*. En este caso hay que utilizar el pretérito de ***wollen***:

Presente: Ich möchte in Köln studieren.
= Quiero estudiar en Colonia.

Pretérito: Eigentlich wollte ich in Köln studieren, ich habe aber keinen Studienplatz bekommen.
= En realidad quería estudiar en Colonia, pero no he conseguido una plaza.

---

1. *Senden* tiene aquí el significado de «enviar, mandar». En cambio, si *senden* significa «emitir, transmitir», es verbo débil.
2. *Wenden* con el significado de «dirigir» es fuerte, y débil cuando se emplea en el sentido de «volver».

El pretérito

C1 11.5. Verbos con doble conjugación y diferente significado

a) Algunos verbos tienen una doble conjugación y, según se conjuguen como débiles o fuertes, tienen también un significado distinto. Son, entre otros, los siguientes:

Infinitivo	Pretérito	Participio pasado
bewegen	bewog	bewogen = inducir
bewegen	bewegte	bewegt = mover
schaffen	schuf	geschaffen = crear
schaffen	schaffte	geschafft = conseguir
schleifen	schliff	geschliffen = afilar, tallar
schleifen	schleifte	geschleift = arrastrar
schwellen	schwoll	geschwollen = hinchar, inflar
schwellen	schwellte	geschwellt = hinchar
senden	sandte	gesandt = enviar
senden	sendete	gesendet = transmitir
wiegen	wog	gewogen = pesar
wiegen	wiegte	gewiegt = mecer

C1

b) Un número reducido de verbos se conjugan como débiles si son transitivos; en cambio, si son intransitivos, siguen la conjugación fuerte (véase tema 6):

Infinitivo	Pretérito	Participio pasado
erschrecken	erschreckte	erschreckt = dar un susto (a alguien)
erschrecken	erschrak	(ist) erschrocken = asustarse
löschen	löschte	gelöscht = extinguir
erlöschen	erlosch	(ist) erloschen = extinguirse, apagarse
senken	senkte	gesenkt = bajar
sinken	sank	(ist) gesunken = caer, descender
sprengen	sprengte	gesprengt = dinamitar, hacer saltar por los aires; regar con una manguera
springen	sprang	(ist) gesprungen = saltar

verschwenden verschwendete verschwendet = derrochar
verschwinden verschwand (ist) verschwunden = desaparecer

A2   c) Lo mismo ocurre, sobre todo, con los *verbos de posición* (véase tema 6.4):

legen	legte	gelegt
liegen	lag	gelegen
stellen	stellte	gestellt
stehen	stand	gestanden
setzen	setzte	gesetzt
sitzen	saß	gesessen
hängen	hängte	gehängt
hängen	hing	gehangen

TEMA 12

PRETÉRITO PLUSCUAMPERFECTO, FUTURO I Y FUTURO II

PLUSQUAMPERFEKT, FUTUR I UND FUTUR II

A2 **12.1. El pretérito pluscuamperfecto**

Al igual que en español, el pluscuamperfecto se emplea, sobre todo, en correlación con el pretérito. Expresa un hecho pasado respecto de otro también pasado.

12.2. Formación

Hatte o ***War*** + *participio pasado* del verbo que se conjuga

ich	hatte	12 Stunden gearbeitet	= (Yo) había trabajado 12 horas
du	hattest	12 Stunden gearbeitet	
Sie	hatten	12 Stunden gearbeitet	
er	hatte	12 Stunden gearbeitet	
sie	hatte	12 Stunden gearbeitet	
es	hatte	12 Stunden gearbeitet	
wir	hatten	12 Stunden gearbeitet	
ihr	hattet	12 Stunden gearbeitet	
Sie	hatten	12 Stunden gearbeitet	
sie	hatten	12 Stunden gearbeitet	

Als er nach Hause kam, war er todmüde.
Er hatte 12 Stunden gearbeitet.
= Cuando él llegó a casa, estaba cansadísimo. Había trabajado 12 horas.

ich	war	schon weggegangen	= Ya me había ido
du	warst	schon weggegangen	
Sie	waren	schon weggegangen	
er	war	schon weggegangen	
sie	war	schon weggegangen	
es	war	schon weggegangen	
wir	waren	schon weggegangen	
ihr	wart	schon weggegangen	
Sie	waren	schon weggegangen	
sie	waren	schon weggegangen	

Ich wollte dir das Geld zurückgeben,
aber du warst schon weggegangen.
= Quería devolverte el dinero, pero tú ya te habías ido.

A2 12.3. El futuro I (futuro imperfecto)

12.3.1. *Formación*

Werden + *infinitivo* del verbo que se conjuga

ich	werde	ins Kino gehen	= Iré al cine
du	wirst	ins Kino gehen	
Sie	werden	ins Kino gehen	
er	wird	ins Kino gehen	
sie	wird	ins Kino gehen	
es	wird	ins Kino gehen	
wir	werden	ins Kino gehen	
ihr	werdet	ins Kino gehen	
Sie	werden	ins Kino gehen	
sie	werden	ins Kino gehen	

Pretérito pluscuamperfecto, futuro I y futuro II

A2 *12.3.2. Usos y significado*

a) Al igual que el presente, cuando va acompañado de una expresión temporal, el futuro expresa una acción venidera. Pero, mientras que el uso del presente implica que la acción futura acontecerá con seguridad, el futuro expresa más bien que el hablante tiene la intención de hacer algo. Ejemplos:

    1. Am Wochenende fahren wir in die Berge.
    = El fin de semana vamos a la montaña.

    2. Am Wochenende werden (wollen) wir in die Berge fahren.
    = El fin de semana iremos a la montaña.

La primera frase implica que es seguro que nos iremos a la montaña, mientras que la segunda expresa la intención de hacerlo, pero cabe la posibilidad de que no se realice lo propuesto.

B1 *b*) Asimismo, con el futuro se expresa que el hablante espera o teme que el hecho descrito ocurra en el futuro. No puede influir en los acontecimientos que conducirán a tal hecho. Se utiliza, pues, el futuro para describir procesos o acciones que el hablante no puede remediar o evitar. Ejemplos:

    Du wirst die Prüfung nicht bestehen.
    = No aprobarás el examen.

    Morgen wird es noch kälter werden.
    = Mañana hará aún más frío.

    Er wird es schaffen.
    = Él lo conseguirá.

La partícula modal **doch** + *la partícula negativa* **nicht** expresa claramente el temor del hablante de que ocurra un hecho que no desea. Ejemplos:

    Es wird doch nicht regnen!
    = ¡Ojalá que no llueva!

    Du wirst doch nicht so dumm sein!
    = Espero que no serás tan tonto.

    Er wird die Einladung doch nicht ablehnen!
    = Espero que no rechace la invitación.

c) También se utiliza el futuro para expresar una promesa, una advertencia o una amenaza. Ejemplos:

> Ich werde dir das Buch morgen zurückgeben.
> = Te devolveré el libro mañana.
>
> Wenn du dich nicht beeilst, wirst du den Zug verpassen.
> = Si no te das prisa, perderás el tren.
>
> Warte, ich werde dir zeigen, wie man sich benimmt.
> = Espera que te enseñaré como hay que comportarse.

C1 *d)* Con el futuro se expresa también una exhortación a otra persona. Tal exhortación no permite contradicción alguna. Ejemplos:

> Du wirst jetzt sofort ins Bett gehen!
> Werdet ihr wohl den Mund halten!
> Wirst du wohl herkommen!

C1 **12.4. El futuro II (futuro perfecto)**

12.4.1. *Formación*

> **Werden** + *participio pasado* + *infinitivo de haben* o *sein*, colocados al final de la frase

> Er *wird* viel Arbeit *gehabt haben*.
> = Habrá tenido mucho trabajo.
>
> Sie *wird* in Urlaub *gewesen sein*.
> = Habrá estado de vacaciones.

12.4.2. *Usos y significado*

El futuro II expresa la probabilidad o posibilidad de un hecho que se supone pasado. También enuncia una acción venidera, pero que se da ya por acabada para cuando ocurra otra también venidera. Ejemplos:

> Wenn du zurückkommst, werde ich die Koffer gepackt haben.
> = Cuando regreses, ya habré hecho las maletas.
>
> Wenn Sie um 5 Uhr noch einmal anrufen, wird Herr Dr. Schmitt inzwischen gekommen sein.
> = Si Ud. vuelve a llamar a las 5, el Dr. Schmitt ya habrá llegado.

TEMA 13

EL MODO IMPERATIVO

DER IMPERATIV

A1 13.1. El modo imperativo

El imperativo es la forma verbal que se emplea para expresar un mandato, una súplica o un ruego dirigidos a una o más personas. Por eso, el modo imperativo no tiene, en realidad, más que dos personas: la segunda del singular (du, Sie) y del plural (ihr, Sie). Tampoco permite, por su naturaleza, otro tiempo de acción que el presente.

	Singular		*Plural*	
	du	Sie (Ud.)	ihr	Sie (Uds.)
kommen	komm!	kommen Sie!	kommt!	kommen Sie!
fragen	frag!	fragen Sie!	fragt!	fragen Sie!
bleiben	bleib!	bleiben Sie!	bleibt!	bleiben Sie!
nehmen	nimm!	nehmen Sie!	nehmt!	nehmen Sie!
sich freuen	freu dich!	freuen Sie sich!	freut euch!	freuen Sie sich!
anrufen	ruf an!	rufen Sie an!	ruft an!	rufen Sie an!

A1 13.2. Tratamiento de *du*

El imperativo se deriva de la 2.ª persona del singular del presente de indicativo, suprimiendo la desinencia *-(e)st* y el pronombre personal *du*. Ejemplos:

Presente de indicativo 2.ª persona	Imperativo 2.ª persona	
du kommst du fragst du bleibst du nimmst du arbeitest du freust dich	komm! frag! bleib! nimm! arbeite! freu dich!	¡Ven! ¡Pregunta! ¡Quédate! ¡Toma! ¡Trabaja! ¡Alégrate!

En los verbos fuertes se suprime la diéresis de la segunda persona del singular. Ejemplos:

    du schläfst   = schlaf!   = ¡Duerme!
    du fährst   = fahr!   = ¡Conduce!

Antiguamente, el imperativo de la segunda persona del singular terminaba en -e: *komme! frage!* Hoy en día la -e está prácticamente en desuso en el lenguaje hablado y raras veces se utiliza en la lengua escrita.

Pero la **-e** *no puede suprimirse en los siguientes casos*:

a) En verbos cuyo radical termina en -*d*, -*t*, -*ig*, -*m* o -*n* (cuando estas dos últimas no van precedidas por una de las consonantes *r, l* o *h*). Ejemplos:

Infinitivo	Imperativo	
baden	bade!	= ¡báñate!
bitten	bitte ihn doch darum!	= ¡pues, pídeselo!
einatmen	atme tief ein!	= ¡inspira fuertemente!
entschuldigen	entschuldige!	= ¡disculpa!
rechnen	rechne das zusammen!	= ¡suma esto!

b) Los verbos con el infinitivo terminado en -*eln* o -*ern* pueden perder la -e de la última sílaba del radical, pero mantienen la desinencia -*e* del imperativo. Ejemplos:

    bügeln   Büg(e)le die Bluse nicht!
                      = ¡No planches la blusa!

    ändern   Änd(e)re deine Meinung!
                      = ¡Cambia tu opinión!

El modo imperativo

Las formas del imperativo de los verbos auxiliares son *irregulares*:

haben	Hab keine Angst!	
	= ¡No tengas miedo!	
sein	Sei bitte pünktlich!	
	= ¡Por favor, sé puntual!	
werden	Werde doch nicht gleich nervös!	
	= ¡No te pongas nervioso!	

A1 13.3. Tratamiento de *Sie* (singular y plural)

La forma del imperativo coincide con la 3.ª persona del plural del presente de indicativo. El pronombre personal *Sie* se coloca siempre detrás del verbo. Ejemplos:

3.ª persona plural del presente de indicativo	Imperativo	
sie kommen	kommen Sie!	= ¡Venga! ¡Vengan!
sie fragen	fragen Sie!	= ¡Pregunte! ¡Pregunten!
sie bleiben	bleiben Sie!	= ¡Quédese! ¡Quédense!
sie nehmen	nehmen Sie!	= ¡Tome! ¡Tomen!
sie arbeiten	arbeiten Sie!	=¡Trabaje! ¡Trabajen!
sie freuen sich	freuen Sie sich!	= ¡Alégrese! ¡Alégrense!
sie sind (excepción)	seien Sie ganz ruhig!	= ¡Esté completamente tranquilo! ¡Estén completamente tranquilos!

A1 13.4. Tratamiento de *ihr*

La 2.ª persona del plural (*ihr*) del imperativo coincide con la 2.ª persona del plural del presente de indicativo. Se suprime tan sólo el pronombre personal *ihr*. Ejemplos:

2.ª persona plural del presente de indicativo	Imperativo	
ihr kommt	kommt!	= ¡Venid!
ihr fragt	fragt, bitte!	= ¡Preguntad, por favor!
ihr nehmt	nehmt, bitte!	= ¡Tomad, por favor!
ihr freut euch	freut euch!	= ¡Alegraos!

A1   13.5. Reglas generales

a) En el caso de los verbos separables, la partícula se coloca siempre al final de la oración. Ejemplo:

anrufen: Rufen Sie mich bitte morgen um 10.15 Uhr an!
= ¡Llámeme mañana a las 10.15 h, por favor!

A1   *b)* A diferencia del español, en alemán no se distingue entre la forma afirmativa y negativa del imperativo. Ejemplo:

Fahr bitte etwas langsamer!
= ¡*Conduce* más despacio, por favor!

Fahr bitte nicht so schnell!
= ¡*No conduzcas* tan de prisa!

A1   *c)* Si el mandato o ruego incluye al hablante, en vez del imperativo se utiliza la primera persona plural del subjuntivo I. El pronombre personal se coloca detrás del verbo. Ejemplos:

Fangen wir an!   = ¡Empecemos!

Laufen wir!   = ¡Corramos!

Seien wir froh, dass der langweilige Vortrag zu Ende ist!
= ¡Estemos contentos de que la aburrida conferencia haya terminado!

B1   *d)* Si se quiere dar más énfasis al ruego o mandato, se utiliza el imperativo de *lassen* con el infinitivo del verbo en cuestión y el pronombre personal *uns* como complemento. Ejemplos:

Lasst uns jetzt anfangen![1]
= ¡Empecemos ahora!

Lasst uns laufen!
= ¡Corramos!

B1   *e)* A veces, al imperativo le pueden seguir los pronombres personales *du* o *ihr*. Estos pronombres tienen un carácter deíctico y, por ello, el acento tónico recae en ellos. Ejemplos:

Antworte *du*, Martin!
= ¡Contesta tú, Martin!

---

1. En inglés: *Let us...*

El modo imperativo

>Besorgt *ihr* die Tickets, ich kümmere mich um die Kinder!
>= ¡Conseguid vosotros los billetes, yo me ocupo de los niños!

B1   *f)* Si el ruego va dirigido al público en general, se utiliza el infinitivo. Ejemplos:

>Langsam fahren!
>= ¡Conducir despacio!
>
>Nicht hinauslehnen!
>= ¡No asomarse!
>
>Nicht öffnen, bevor der Zug hält!
>= ¡No abrir antes de que se pare el tren!

C1   *g)* Y si el ruego debe ser cumplido enseguida, el hablante utiliza el participio pasado. Ejemplos:

>Aufgepasst!
>= ¡(A) prestar atención!
>
>Hier geblieben!
>= ¡(A) permanecer aquí!

A1   *Consejo*: Al emplear cualquier forma del imperativo es más correcto utilizar *bitte*. En vez de «Kommen Sie!», es mucho mejor decir: «Kommen Sie bitte!», o «Bitte kommen Sie!»

TEMA 14

EL MODO SUBJUNTIVO. SUBJUNTIVO II

KONJUNKTIV II

B1 **14.1. El subjuntivo alemán**

En alemán, el uso del subjuntivo es más limitado que en español y, además, son muy pocas las funciones comunes que comparte en los dos idiomas. Existen dos formas de subjuntivo: el subjuntivo I (*Konjunktiv I*), o subjuntivo del discurso indirecto, y el subjuntivo II (*Konjunktiv II*), o subjuntivo de la irrealidad (*Irrealis*).

B2 14.1.1. *El subjuntivo I*

Se emplea en el discurso indirecto para citar opiniones o afirmaciones de terceros, sin garantizar su veracidad o exactitud. Ejemplos:

Indicativo: Der Regierungssprecher sagte: «Der Kanzler reist nach Moskau.»
= El portavoz del gobierno dijo: «El Canciller viaja a Moscú.»

Subjuntivo I: Der Regierungssprecher sagte, der Kanzler reise nach Moskau.
= El portavoz del gobierno dijo que el Canciller viajaría a Moscú.

En el primer ejemplo, lo dicho por alguien se cita literalmente y se pone entre comillas. En el segundo ejemplo, lo dicho se cita de manera indirecta: alguien explica lo que ha dicho el portavoz del gobierno. Se cita, pues, una afirmación ajena.

El modo subjuntivo. Subjuntivo II

A2 14.1.2. *El subjuntivo II*

Expresa un deseo, una hipótesis o, más exactamente, una irrealidad (*Irrealis*). Ejemplos:

Indicativo: Ich habe keine Zeit. Ich kann nicht kommen.
= No tengo tiempo. No puedo venir.

Subjuntivo II: Wenn ich Zeit hätte, könnte ich kommen.
= Si tuviera tiempo, podría venir.

En el primer ejemplo, se trata de un hecho; en el segundo, de un deseo, de una hipótesis.

Puesto que las formas del subjuntivo I se sustituyen, en parte, por las formas del subjuntivo II, trataremos en primer lugar de este último.

14.2. El subjuntivo II

Sólo tiene dos tiempos: el presente y el pasado.

B1 14.2.1. *Formación del presente de subjuntivo*

a) *Verbos fuertes*. Al radical del pretérito de indicativo se agregan las siguientes desinencias. Además, las vocales radicales *a, o, u* se transforman en *ä, ö, ü*. Ejemplos:

Infinitivo	Pretérito	Subjuntivo II	
kommen	kam	ich käme	= yo vendría,
		du kämest	viniera,
		Sie kämen	viniese
		er käme	
		sie käme	
		es käme	
		wir kämen	
		ihr kämet	
		Sie kämen	
		sie kämen	
sein	war	ich wäre, du wärest, etc.	
gehen	ging	ich ginge, du gingest	
fliegen	flog	ich flöge, du flögest	
fahren	fuhr	ich führe, du führest	

Excepciones: *aa*) La vocal del subjuntivo II de los siguientes verbos fuertes y mixtos no corresponde a la vocal del pretérito de indicativo. Sin embargo, estas formas apenas se usan y se prefiere la perífrasis «*würde* + infinitivo» (véase 14.2.2).

Infinitivo	Pretérito	Subjuntivo II
helfen	half	hülfe
stehen	stand	stünde (o stände)
sterben	starb	stürbe
verderben	verdarb	verdürbe
werfen	warf	würfe
kennen	kannte	kennte
nennen	nannte	nennte

ab) Los verbos modales *dürfen, können, mögen, müssen,* los verbos mixtos *bringen, denken, wissen,* y los verbos auxiliares *haben* y *werden* llevan diéresis en el subjuntivo II:

Infinitivo	Pretérito	Subjuntivo II
dürfen	durfte	ich dürfte, du dürftest, etc.
können	konnte	ich könnte, du könntest
mögen	mochte	ich möchte, du möchtest
müssen	musste	ich müsste, du müsstest
bringen	brachte	ich brächte, du brächtest
denken	dachte	ich dächte, du dächtest
wissen	wusste	ich wüsste, du wüsstest
haben	hatte	ich hätte, du hättest
werden	wurde	ich würde, du würdest

b) *Verbos débiles*. Las formas del subjuntivo II de los verbos débiles coinciden con las del pretérito. Ejemplos. (Ver recuadro de la página siguiente.)

A2 14.2.2. ***Würde*** + *infinitivo*

La perífrasis ***würde*** + *infinitivo* puede usarse como sustituto de casi todas las formas del subjuntivo II. Se emplea preferentemente, para evitar frases complicadas o de sentido ambiguo, cuando el subjuntivo no se puede reconocer como tal. Ejemplos:

1) Wenn ich ihn fragte, antwortete er nicht.
   = Cuando le pregunté, no contestó.

El modo subjuntivo. Subjuntivo II

Infinitivo	*Pretérito*	*Subjuntivo II*
fragen	fragte	ich fragte du fragtest Sie fragten er fragte sie fragte es fragte wir fragten ihr fragtet Sie fragten sie fragten

2) Wenn ich ihn fragen würde, antwortete er nicht.
   = Si (aunque) le preguntara, no contestaría.

Wenn ich ihn fragte, würde er nicht antworten.
   = Si (aunque) le preguntara, no contestaría.

La oración 1) es ambigua, ya que podría tener el significado de: cuando le preguntaba (immer wenn ich ihn fragte), no contestaba nunca = pretérito de indicativo.

O: Si (aunque) le preguntara, no contestaría.
     = presente del subjuntivo II

Así, pues, cuando el subjuntivo no se puede reconocer como tal, hay que utilizar la perífrasis **würde** + *infinitivo*.

Dicha perífrasis se emplea generalmente ya sea en la oración principal o bien en la oración subordinada, pero *no en ambas* conjuntamente.

Los verbos que normalmente *no* se sustituyen por **würde** + *infinitivo* son los siguientes:

NO	SINO
Ich würde haben	Ich hätte
Ich würde sein	Ich wäre
Ich würde wissen	Ich wüsste
Ich würde dürfen	Ich dürfte
Ich würde können	Ich könnte
Ich würde müssen	Ich müsste
Ich würde sollen	Ich sollte
Ich würde wollen	Ich wollte

B1 14.2.3. *Formación del pretérito de subjuntivo*

> **hätte** o **wäre** + *participio pasado* del verbo que se conjuga

Indicativo *Subjuntivo II*
Ich fragte
Ich habe gefragt Ich hätte gefragt.
Ich hatte gefragt = Yo hubiera/hubiese preguntado.

Sie ging
Sie ist gegangen Sie wäre gegangen.
Sie war gegangen = Ella se hubiera/hubiese ido.

A las tres formas del pasado en el indicativo corresponde, pues, solamente una en el subjuntivo II.

B1 14.2.4. *El uso del subjuntivo II*

a) El subjuntivo II se emplea siempre en una *oración condicional* (véase tema 48), si la condición introducida por *wenn* es irreal o hipotética. Ejemplo:

> Wenn ich ein Stipendium bekäme, würde ich in Deutschland studieren.
> = Si (yo) consiguiese una beca, estudiaría en Alemania.

b) También se emplea en *oraciones optativas irreales*. La oración optativa irreal va acompañada de las partículas modales *doch, bloß, nur* o *doch nur*, que, en general, corresponden al español «ojalá». Ejemplos:

> Sie/Er hat keine Zeit. Sie/Er wünscht sich:
> Wenn ich doch Zeit hätte!
> Hätte ich doch Zeit!
> = ¡Ojalá tuviera tiempo!

> Es ist so heiß. Sie/Er wünscht sich:
> Wenn es doch nicht so heiß wäre!
> Wäre es doch nicht so heiß!
> = ¡Ojalá no hiciese tanto calor!

> Luise ist nicht gekommen. Er wünscht sich:
> Wenn sie doch gekommen wäre!

El modo subjuntivo. Subjuntivo II

Wäre sie doch gekommen!
= ¡Ojalá hubiese venido!

Thomas hat nicht geschrieben. Sie wünscht sich:
Wenn er doch nur geschrieben hätte!
Hätte er doch nur geschrieben!
= ¡Ojalá hubiese escrito!

c) Cuando sigue a *Ich wünsch(t)e*, *Ich wollte*, sin *wenn* y sin partícula modal. Ejemplos:

Ich wünschte, Thomas hätte geschrieben.
= (Yo) Desearía que Tomás hubiese escrito.

Ich wollte, sie würde kommen.
= (Yo) Quisiera que ella viniese.

d) En *oraciones optativas con müsste*. El sujeto en este tipo de oraciones suele ser *man*. La cosa deseada suele estar al principio de la oración. Ejemplos:

Geld müsste man haben!
= ¡Ojalá tuviésemos dinero!

Sprachen müsste man können!
= ¡Ojalá hablásemos idiomas!

e) Después de *fast* y *beinahe*, pero solamente en el pasado. Estas oraciones expresan que algo ya esperado no ha acontecido. Ejemplos:

Fast hätte ich die Prüfung bestanden.
= Me ha faltado poco para aprobar el examen.

Beinahe wäre ich gefallen.
= Por poco me caigo.

f) Después de *sonst* y *anderenfalls*. Ejemplos:

Ich musste ein Taxi nehmen, sonst wäre ich zu spät gekommen.
Ich musste ein Taxi nehmen, ich wäre sonst zu spät gekommen.
= Tuve que coger un taxi, si no hubiera llegado tarde.

Ich hatte keine Zeit mehr, anderenfalls hätte ich dich besucht.
= Ma faltó tiempo, si no te hubiera visitado.

g) En las oraciones comparativas irreales con *als ob* y *als wenn*. Ejemplos:

    Sie spricht so gut Französisch, als ob (als wenn) sie Französin wäre.
    Sie spricht so gut Französisch, als wäre sie Französin.
    = Ella habla el francés (tan bien), como si fuese francesa.

h) Después de   *an deiner Stelle,*   = en tu lugar,
                      an Ihrer Stelle,   = en su lugar,
                      wenn ich du, wenn ich Sie wäre, etc.

Ejemplos:

    An deiner Stelle würde ich nicht so viel trinken.
    = En tu lugar (yo) no bebería tanto.

    An Ihrer Stelle würde ich einen Kurs besuchen.
    = En su lugar (yo) asistiría a un curso.

    Wenn ich du wäre, würde ich nicht unterschreiben.
    = En tu lugar, yo no firmaría.

i) El subjuntivo II se emplea también para expresar una *petición* o *ruego cortés* en forma de pregunta. Ejemplos:

    Würden Sie mir bitte helfen?
    = ¿Me podría ayudar Ud., por favor?

    Wären Sie so freundlich, mir zu helfen?
    = ¿Sería Ud. tan amable de ayudarme?

    Könntest du morgen noch mal anrufen?
    = ¿Podrías volver a llamar mañana?

TEMA 15

EL SUBJUNTIVO I

KONJUNKTIV I

B2 **15.1. El subjuntivo I: uso y formas**

Como se ha dicho en el capítulo anterior, el subjuntivo I se emplea sobre todo en el *discurso indirecto* para citar, de un modo objetivo, pero abreviado, lo que otras personas han dicho. Por esta razón, las formas más corrientes son las de la 3.ª persona.

De los discursos, escritos, anuncios públicos, etc., se suelen citar únicamente los puntos esenciales. Por otra parte, mediante el empleo del subjuntivo I se pone de manifiesto *cierto distanciamiento* con respecto al discurso directo.

El subjuntivo I tiene tres tiempos:
a) El presente.
b) El futuro (que también puede expresar una suposición).
c) Un solo pretérito.

B2 **15.2. El subjuntivo I: formación**

15.2.1. *El presente*

Al radical del infinitivo se añaden las mismas desinencias que en el caso del subjuntivo II, es decir *-e, -est, -en, -e, -en, -et, -en, -en.*

Puesto que, en algunos casos, las formas del subjuntivo I (1.ª persona del singular y plural, 2.ª persona del singular y plural: *Sie*, y la 3.ª persona del plural) coinciden con las del presente de indicativo, *hay que sustituirlas por las del subjuntivo II.* Sin embargo, en el lenguaje hablado se usan indistintamente el subjuntivo I y el II o, incluso, el indicativo.

Tema 15

Infinitivo	Subjuntivo I	Subjuntivo II
haben	ich habe	= ich hätte
	du hab**est**	
	Sie hab**en**	= Sie hätten
	er habe	
	sie habe	
	es habe	
	wir hab**en**	= wir hätten
	ihr hab**et**	
	Sie hab**en**	= Sie hätten
	sie hab**en**	= sie hätten
kommen	ich komme	= ich käme
	du komm**est**	
	etc.	
können	ich könne	
	du könn**est**	
müssen	ich müsse	
	du müss**est**	
wissen	ich wisse	
	du wiss**est**	
fragen	ich frage	= ich fragte
	du frag**est**	

Las formas del subjuntivo I del verbo *sein* son irregulares:

ich	sei
du	sei(e)st
Sie	seien
er	sei
sie	sei
es	sei
wir	seien
ihr	seiet
Sie	seien
sie	seien

El subjuntivo I

Ejemplos:

Der Sprecher sagt/sagte/hat gesagt/meint/ist der Ansicht/war der Ansicht/glaubt, etc.:

= El portavoz dice/dijo/ha dicho/opina/tiene la opinión/opinó/cree, etc.:

Discurso directo	*Discurso indirecto*
1) «Die Steuern sind zu hoch.» =«Los impuestos son demasiado elevados.»	die Steuern seien zu hoch. , dass die Steuern zu hoch seien.
2) «Die Regierung will das Problem schnell lösen.» =«El gobierno quiere solucionar el problema rápidamente.»	die Regierung wolle das Problem schnell lösen. , dass die Regierung das Problem schnell lösen wolle.
3) «Niemand braucht sich Sorgen zu machen.» = «Nadie tiene por qué preocuparse.»	niemand brauche sich Sorgen zu machen. , dass niemand sich Sorgen zu machen brauche.
4) «Der Minister weiß Bescheid.» = «El ministro sabe de qué va (está al corriente).»	der Minister wisse Bescheid. , dass der Minister Bescheid wisse.
5) «Ich bin sehr zuversichtlich.» = «Estoy plenamente confiado.»	er sei sehr zuversichtlich. , dass er sehr zuversichtlich sei.
6) «Für morgen mittag sind Verhandlungen geplant.» = «Mañana a mediodía habrá negociaciones.»	für heute mittag seien Verhandlungen geplant. , dass für heute mittag Verhandlungen geplant seien.
7) «Hier muss sich einiges ändern.» = «Aquí tienen que cambiar algunas cosas.»	dort müsse sich einiges ändern. , dass sich dort einiges ändern müsse.

Observaciones:

a) El discurso indirecto puede introducirse mediante la conjunción subordinante dass (1-7).

b) Los pronombres personales cambian (5: *ich* pasa a *er*).

c) *Si es necesario*, hay que cambiar también los adverbios de tiempo (6) y de lugar (7).

d) No se modifica el tiempo del verbo, pues es indistinto que el verbo de la oración principal (er sagt, sagte, hat gesagt, etc.) esté en presente o pasado.

15.2.2. *El futuro*

El futuro del subjuntivo I se forma como indica el esquema siguiente:

subjuntivo *I* de **werden** + *infinitivo del verbo que se conjuga*

Infinitivo		*Subjuntivo I*		
werden	ich	werde	= würde	schreiben
	du	werdest		schreiben
	Sie	werden	= würden	schreiben
	er	werde		schreiben
	sie	werde		schreiben
	es	werde		schreiben
	wir	werden	= würden	schreiben
	ihr	werdet	= würdet	schreiben
	Sie	werden	= würden	schreiben
	sie	werden	= würden	schreiben

Ejemplo:

Discurso directo
Erika sagte: «Er wird bestimmt schreiben.»
= Erika dijo: «Seguro que (él) escribirá.»

Discurso indirecto:
Erika sagte, er werde bestimmt schreiben.

15.2.3. *El pretérito*

El pretérito del subjuntivo I se forma como indica el siguiente esquema:

subjuntivo *I* de **haben** o **sein** + *el participio pasado* del verbo que se conjuga

El subjuntivo I

Discurso directo	*Discurso indirecto*
«Der Kanzler nahm an den Verhandlungen teil.»	Der Kanzler habe an den Verhandlungen teilgenommen.
= «El canciller participó en las negociaciones.»	
«Der Kanzler hat das versprochen.»	Der Kanzler habe das versprochen.
= «El canciller lo ha prometido.»	
«Der Minister musste diplomatisch sein.»	Der Minister habe diplomatisch sein müssen.
= «El ministro tenía que ser diplomático.»	
«Der Präsident war zu Verhandlungen bereit.»	Der Präsident sei zu Verhandlungen bereit gewesen.
= «El presidente estaba dispuesto a negociar.»	
«85 000 t Rohöl liefen aus.»	85 000 t Rohöl seien ausgelaufen.
= «Se derramaron 85 000 toneladas de crudo.»	
«Im Pazifik wurde Gold gefunden.»	Im Pazifik sei Gold gefunden worden.
= «En el Pacífico se encontró oro.»	

B2 15.3. La oración interrogativa indirecta (véase el tema 43)

En el discurso indirecto, la pregunta se reproduce mediante una oración subordinada. Si se trata de preguntas sin pronombre interrogativo, se utiliza la conjunción *ob*, y si se introduce mediante un pronombre interrogativo, se repite el mismo pronombre. Ejemplos:

Pregunta directa	*Pregunta indirecta*
Sie fragt:	Sie fragt,
«Kommst du morgen?»	ob ich morgen käme.
= Ella pregunta:	
«¿Vienes mañana?»	
«Mit welchem Zug kommst du?»	mit welchem Zug ich käme.
= «¿Con qué tren vienes?»	
«Wo hast du die Reise gebucht?»	wo ich die Reise gebucht hätte.
= «¿Dónde has reservado el viaje?»	

Tema 15

B2 15.4. El imperativo en el discurso indirecto

El imperativo se reproduce mediante el subjuntivo I o II de los verbos modales *sollen, müssen, mögen* y el infinitivo del verbo principal.

Imperativo directo	*Imperativo indirecto*
«Ruf mich bitte sofort nach deiner Ankunft an!» = «¡Por favor, llámame inmediatamente después de tu llegada!»	Sie sagte/sie bat mich, ich solle/möge sie sofort nach meiner Ankunft anrufen. = Ella dijo que (yo) la llamara inmediatamente después de mi llegada.
«Haltet endlich den Mund!» = «¡Callad de una vez!»	Er sagte/befahl, wir sollten endlich den Mund halten. = Mandó que nos calláramos de una vez.
«Bezahlen Sie die Miete bis zum 5. eines jeden Monats!» = «¡Pague el alquiler antes del día 5 de cada mes!»	Der Vermieter schreibt, wir müssten die Miete bis zum 5. eines jeden Monats bezahlen. = El arrendador escribe que tenemos que pagar el alquiler antes del día 5 de cada mes.

C2 15.5. Otros usos del subjuntivo I

El imperativo en la 3.ª persona del singular o en la 1.ª persona del plural puede expresarse mediante el subjuntivo I, *nunca con el subjuntivo II*:

a) Si se trata de deseos, exhortaciones o exclamaciones. Ejemplos:

Rette sich, wer kann!
= ¡Sálvese quien pueda!

Es lebe die Gerechtigkeit!
= ¡Viva la justicia!

Gott sei uns gnädig!
= ¡Que Dios se apiade de nosotros!

Gott segne euch!
= ¡Que Dios os bendiga!

Mögest du recht behalten!
= ¡Ojalá tengas razón!

El subjuntivo I

b) En textos matemáticos –o científicos en general– para partir de una hipótesis. Ejemplo:

Die Geraden G 1 und G 2 seien Parallelen.
= Supongamos que las líneas rectas G 1 y G 2 sean paralelas.

c) En recetas de cocina o normas para la administración de un medicamento (prácticamente en desuso). Ejemplos:

Man nehme 250 g Mehl.
= Tómense 250 grs. de harina.

Man nehme dreimal täglich 20 Tropfen.
= Tómense 20 gotas tres veces al día.

d) En la primera persona del plural (véase tema 13.5*c*). Ejemplos:

Gehen wir jetzt!
= ¡Vámonos!

Seien wir froh, dass alles so gut geklappt hat!
= ¡Estemos contentos que todo haya ido tan bien!

TEMA 16

LA VOZ PASIVA

DAS PASSIV

A2 16.1. La voz pasiva

La voz activa y la pasiva pueden expresar el mismo hecho. La preferencia por la construcción activa o por la pasiva en la oración depende del interés dominante. Si el agente o generador de la acción no es objeto de interés alguno por parte del que habla, puede dejar de expresarse y tenemos una oración pasiva. A veces las circunstancias del hecho imponen el uso de la pasiva, bien por ser desconocido el agente, bien por la voluntad de callarlo por parte del que habla, o bien por ser totalmente indiferente para los interlocutores. Por ello, la voz pasiva aparece a menudo en textos científicos, administrativos o de información política (periódicos) en los que el protagonista de la acción no ocupa el centro de interés. Lo importante es la acción o el proceso en sí.

Mientras que el idioma español tiene marcada preferencia por la construcción activa, el alemán usa con mucha más frecuencia la voz pasiva. Además, en vez de la voz pasiva con «ser», el español prefiere las oraciones llamadas de pasiva refleja e impersonales.

A2 16.2. Formación de la voz pasiva

16.2.1. *El presente*

werden + *participio pasado* del verbo que se conjuga

La voz pasiva

ich	werde	übermorgen	operiert
du	wirst		operiert
Sie	werden		operiert
er	wird		operiert
sie	wird		operiert
es	wird		operiert
wir	werden		operiert
ihr	werdet		operiert
Sie	werden		operiert
sie	werden		operiert

B1 16.2.2. *El pretérito*

wurde + *participio pasado* del verbo que se conjuga

Ich	wurde	damals	operiert
du	wurdest		operiert
Sie	wurden		operiert
er	wurde		operiert
sie	wurde		operiert
es	wurde		operiert
wir	wurden		operiert
ihr	wurdet		operiert
Sie	wurden		operiert
sie	wurden		operiert

B1 16.2.3. *El pretérito perfecto*

sein + *participio pasado* + ***worden***

Ich bin gestern operiert worden, etcétera.

B1 16.2.4. *El pluscuamperfecto*

> *war* + *participio pasado* + ***worden***

Er fühlte sich sehr schwach.
Er war gestern operiert worden

¡No confundir!

worden	= pretérito perfecto de la voz pasiva (*werden* = verbo auxiliar). Ejemplo: Das Auto ist repariert worden. = El coche ha sido reparado.
geworden	= pretérito perfecto de la voz activa (*werden* = verbo principal). Ejemplo: Das Wetter ist besser geworden. = El tiempo ha mejorado.

A2 16.3. **Oraciones de pasiva con sujeto personal**

Sólo son posibles en el caso de los verbos transitivos.

                Sujeto   *Compl. directo*

Voz activa: Die Möbelfirma liefert den Schrank nächste Woche.
presente = La casa de muebles suministra el armario la semana que viene.
        Sujeto

Voz pasiva: Der Schrank wird nächste Woche (von der Möbel
presente firma) geliefert.
= El armario será suministrado la semana que viene (por la casa de muebles).

El complemento directo de la oración activa se convierte en sujeto (*Nominativ*) de la oración pasiva. Cuando se quiera mencionar al autor de la acción, se introducirá éste con la preposición *von* + *dativo*. Ahora bien, en la mayoría de los casos, esto no es necesario, porque si se quiere resaltar al autor, se prefiere entonces una oración activa.

La voz pasiva

La preposición *durch* se utiliza para complementos agentes no personales y *mit* para instrumentos. Ejemplos:

Durch das Erdbeben wurden viele Häuser zerstört.
= A causa del terremoto se destruyeron (quedaron destruidas) muchas casas.

Der Minister wurde mit Eiern und Tomaten beworfen.
= Al ministro le fueron arrojados huevos y tomates.
 (Arrojaron al ministro huevos y tomates.)

A2 B1 16.4. Oraciones de pasiva sin sujeto personal

Cuando la oración activa carece de complemento directo, no puede haber sujeto personal alguno en la oración pasiva. Entonces hay que servirse del *es* impersonal, que, en este caso, sólo puede estar al principio de la oración. Si se puede poner otro elemento al principio de la oración –lo que, desde el punto de vista estilístico es mejor– el *es* se omite. Ejemplos:

Es wird bei uns viel gelacht.
Bei uns wird viel gelacht.
= En nuestra casa se ríe mucho.

Es wurde den Leuten sofort geholfen.
Den Leuten wurde sofort geholfen.
Sofort wurde den Leuten geholfen.
= En seguida se ayudó a la gente.

Las oraciones pasivas sin sujeto personal están siempre en singular, incluso cuando *es* se omite y otros elementos de la oración están en plural, lo que, por otra parte, también ocurre en español.

El *es* impersonal se suprime, naturalmente, en las oraciones subordinadas, ya que las conjunciones ocupan el principio de tales oraciones.

Es wurde den Leuten sofort geholfen.
Ich habe gehört, *dass* den Leuten sofort geholfen wurde.
Ich bin nicht sicher, *ob* den Leuten sofort geholfen wurde.

B1 16.5. La voz pasiva con verbos modales

16.5.1. *Oración principal*

> *verbo modal* + participio pasado + ***werden***

Presente:	Ich *will* nicht *gestört werden*.
	= No quiero que me molesten.
Pretérito:	Ich *wollte* nicht *gestört werden*.
	= No quise que me molestaran.
Perfecto:	Ich *habe* nicht *gestört werden wollen*.
	= No he querido que me molestaran.
	No he querido ser molestado.
	(Poco usada debido a la acumulación de verbos.)

16.5.2. *Oración subordinada*

Presente: Ich habe gesagt, dass ich nicht gestört werden *will*.
Pretérito: Ich habe gesagt, dass ich nicht gestört werden *wollte*.
Perfecto: Ich habe gesagt, dass ich nicht *habe* gestört werden *wollen*.

B1 16.6. La voz pasiva que expresa una acción (*Handlungspassiv, Vorgangspassiv*)

La voz pasiva formada con *werden* indica que la acción se realiza, bien en el momento actual, bien habitualmente, o que se realizó ya en un momento determinado. Ejemplos:

Presente: Die Bank *wird* morgens um 9 *geöffnet*.
= El banco se abre habitualmente a las 9 de la mañana.
Pretérito: Die Bank *wurde* vor einer Stunde *geöffnet*.
= El banco se abrió hace una hora.
Perfecto: Die Bank *ist* vor einer Stunde *geöffnet worden*.
= El banco se ha abierto hace una hora.

16.7. La voz pasiva que expresa un estado (*Zustandspassiv*)

En cambio, la voz pasiva con *sein* (estar) expresa un estado, como resultado de una acción ya terminada. Ejemplos:

La voz pasiva

Presente: Die Bank *ist* (von 9.00 bis 14.00 Uhr) *geöffnet*.
= El banco *está abierto* de 9.00 a 14.00 h.
Pretérito: Die Bank *war* gestern nicht *geöffnet*.
= El banco no *estuvo abierto* ayer.

Se suelen utilizar solamente dos tiempos: el presente y el pretérito de *sein*. Ejemplos:

Die Koffer sind schon gepackt.
= Las maletas ya están hechas.

Ich wollte die Koffer packen, aber sie waren schon gepackt.
= Quise hacer las maletas, pero ya estaban hechas.

B2 16.8. Formas alternativas para sustituir la voz pasiva (*Passiversatz*)

Además de la voz pasiva, hay otros medios para adaptar el punto de vista del que habla a la situación o al contexto correspondientes. A menudo, estas alternativas se prefieren incluso a la voz pasiva:

Formas alternativas a la voz pasiva	Voz pasiva normal
1) *Sein zu*	
Die Rechnungen sind noch zu bezahlen. = Las facturas tienen que pagarse aún.	Die Rechnungen müssen noch bezahlt werden. = Hay que pagar todavía las facturas.
Das Auto ist nicht mehr zu reparieren. = El coche ya no se puede reparar.	Das Auto kann nicht mehr repariert werden.
2) *Sich lassen*	
Der Koffer lässt sich nicht abschließen. = La maleta no se puede cerrar.	Der Koffer kann nicht abgeschlossen werden.
3) *Bekommen/kriegen + participio pasado*	
Ich habe zum Geburtstag ein	Mir wurde zum Geburtstag ein

Motorrad geschenkt bekommen/ gekriegt.
= Para mi cumpleaños me han regalado una moto.

Motorrad geschenkt.

4) *Gehören + participio pasado*
(sólo en expresiones emocionales)

Da gehört doch protestiert.
= Hay que protestar.

Da muss doch protestiert werden.

5) *Los sufijos*
   -bar
   -lich
   -abel

Die Aufgabe ist nicht lösbar.
= El problema es insoluble.

Die Aufgabe kann nicht gelöst werden.

Die Schrift ist unleserlich.
= Esta letra es ilegible.

Die Schrift kann nicht gelesen werden.

Das Angebot ist nicht akzeptabel
= La oferta es inaceptable.

Das Angebot kann nicht akzeptiert werden.

TEMA 17

EL INFINITIVO

DER INFINITIV

A2 17.1. El infinitivo como sustantivo

La sustantivación del infinitivo se hace en alemán mediante el artículo neutro (*das*) (no el artículo masculino como en castellano), por lo que pierde su carácter verbal. Esto se demuestra por el hecho de que se le puede anteponer un adjetivo. Ejemplos:

Das Lachen	Das alberne Lachen
Das Lernen	Das gründliche Lernen
Das Reisen	Das anstrengende Reisen
Das Rauchen	Das gefährliche Rauchen
etc.	

A diferencia del español —por ejemplo, cantares, pesares, haberes, deberes, andares, quereres, etcétera—, el infinitivo sustantivado alemán no puede formar plural.

A2 17.2. El infinitivo como verbo

Hay que distinguir dos formas en el uso del infinitivo:
1) El infinitivo simple, y
2) El infinitivo con la preposición *zu*: infinitivo preposicional.

Que se utilice con o sin **zu** *depende del verbo*. De todos modos, la mayoría de las veces el infinitivo va precedido de *zu*.

Tema 17

17.2.1. *No se emplea **zu***

a) Con los verbos modales: dürfen, können, mögen, möchte, müssen, sollen, wollen, y el auxiliar werden. Ejemplos:

> Hier darf man nicht parken.
> Er kann Gitarre spielen.
> Gabriele will nächste Woche nach Freiburg fahren.
> Ich werde dir das Buch morgen zurückgeben.

b) Con los siguientes verbos:

bleiben:	Sie bleibt bis 11 Uhr im Bett liegen.
	= Ella se queda en la cama hasta las 11 h.
fühlen:	Sie fühlte ihr Herz schlagen.
	= Ella sintió palpitar su corazón.
gehen:	Gehst du heute schwimmen?
	= ¿Vas a nadar hoy?
helfen:	Er half mir den Koffer tragen.
	= Me ayudó a llevar la maleta.
haben:	Sie haben fünf Tannen im Garten stehen.
	= Tienen cinco abetos plantados en el jardín.
hören:	Ich höre sie die Treppe heraufkommen.
	= La oigo subir la escalera.
lassen:	Wir lassen das Auto reparieren.
	= Mandamos reparar el coche.
lehren:	Er lehrt die Schüler schreiben.
	= (Él) Enseña a escribir a los alumnos.
legen:	Ich lege mich schlafen.
	= Me echo a dormir.
lernen:	Pauli lernt jetzt schwimmen.
	= Pauli aprende ahora a nadar.
schicken:	Ich schicke meinen Sohn einkaufen.
	= Mando a mi hijo a comprar.
sehen:	Ich sehe die Kinder im Garten spielen.
	= Veo a los niños jugar en el jardín.
es heißt:	Jetzt heißt es lernen.
	= Ahora hay que estudiar.

El infinitivo

A2 17.2.2. *Infinitivo precedido de zu*

Con todos los demás verbos, adverbios con *sein*, adjetivos o sustantivos con infinitivo, *el infinitivo va precedido de zu*.

La preposición *zu* se coloca inmediatamente delante del infinitivo. Si hay varios infinitivos, hay que repetir el *zu* delante de cada uno. En los verbos separables, *zu* se intercala entre el prefijo y el radical del verbo. Ejemplos:

Laura versucht, pünktlicher zu sein.
= Laura intenta ser más puntual.

Du hast mir versprochen, anzurufen.
= Me has prometido llamarme.

Ich rate dir, mehr Sport zu treiben und weniger zu essen.
= Te aconsejo hacer más deporte y comer menos.

Er hofft, morgen kommen zu können.
= Él espera poder venir mañana.

Es ist angenehm, im Sand zu liegen.
= Es agradable estar estirado en la arena.

Es ist verboten, in der Klasse zu rauchen.
= Está prohibido fumar en clase.

Ich bin fest entschlossen, nicht mehr zu rauchen.
= Estoy firmemente decidido a no fumar más.

Wir sind es leid, immer dasselbe sagen zu müssen.
= Estamos hartos de decir siempre lo mismo.

Ich habe Lust, ins Kino zu gehen.
= Tengo ganas de ir al cine.

Wir haben die Absicht, ein Haus zu kaufen.
= Tenemos la intención de comprar una casa.

El infinitivo con *zu* puede encontrarse, como complemento, detrás de ciertos pronombres indeterminados y de algunos adverbios. Ejemplos:

Wir haben viel (wenig, genug, etwas, nichts) zu tun.
= Tenemos mucho (poco, bastante, algo, nada) que hacer.

Wo finden wir etwas zu essen?
= ¿Dónde encontramos algo de comer?

B2 17.3. *Sein zu* + infinitivo

Expresa una posibilidad, imposibilidad o necesidad que, a su vez, pueden expresarse por medio de los verbos modales *können* o *müssen* y tienen sentido pasivo. Ejemplos:

Die Schrift ist nicht zu lesen.
= Die Schrift kann nicht gelesen werden.
= Esta letra no se puede leer.

Die Steuererklärung ist bis zum 15.6. einzureichen.
= Die Steuererklärung muss bis zum 15.6. eingereicht werden.
= La declaración de la renta se tiene que entregar antes del 15 de junio.

B2 17.4. *Haben zu* + infinitivo

Expresa: 1) Una necesidad, obligación, o ley que también puede expresarse con los verbos modales *müssen, sollen* o *nicht dürfen*. Ejemplo:

Die Autofahrer haben die Verkehrsschilder zu beachten.
= Die Autofahrer müssen die Verkehrsschilder beachten.
= Los conductores tienen que observar las señales de tráfico.

2) Una posibilidad (*können*) y tiene sentido activo. Ejemplo:

Was hast du dazu zu sagen?
= Was kannst du dazu sagen?
= ¿Qué puedes decir a esto?

C2 17.5. Posibilidades de traducción al alemán de las perífrasis verbales seguidas de infinitivo en español

a) *Volver a + infinitivo* = wieder, erneut, nie, nicht

Juan volvió a llegar tarde.
= Juan kam wieder zu spät.

El jefe me volvió a decir que fuera puntual.
= Der Chef sagte mir erneut, dass ich pünktlich sein sollte.

¡No vuelvas a llegar tarde!
= Komm nie wieder so spät!

El infinitivo

b) *Ir a + infinitivo* = presente y futuro

    Juan va a venir a las 12.
    = Juan kommt heute um 12.

    Vamos a ver qué pasa por ahí.
    = Wir sehen mal nach, was da los ist.

    Te lo voy a explicar.
    = Ich werde/will es dir erklären.

c) *Ponerse a + infinitivo* = beginnen/anfangen/sich daran machen

    A las 10 de la noche me puse a estudiar.
    = Um 10 Uhr abends machte ich mich daran/begann ich/fing ich an/ zu lernen.

d) *Echarse a + infinitivo*

    María se echó a llorar.
    = Maria brach in Tränen aus.

e) *Llegar a + infinitivo*

    No llego a comprender lo que dices.
    = Ich verstehe nicht ganz, was du sagst.

    Estaba tan enfadado que llegó a pegar al niño.
    = Er war so wütend, dass er das Kind schließlich/sogar schlug.

f) *Acabar de + infinitivo* = gerade

    Acabo de comer.
    = Ich habe gerade gegessen.

    No acabar de + infinitivo = immer noch nicht.

    No acabo de comprender eso.
    = Ich verstehe das immer noch nicht.

g) *Soler + infinitivo* = gewöhnlich, meistens

    Suele levantarse a las 6.
    = Er steht gewöhnlich/meistens um 6 Uhr auf.

h) *Venir a + infinitivo* = bestimmt, nützlich, hilfreich sein für etwas

    La nueva ley viene a resolver el problema del paro.

= Das neue Gesetz ist dazu bestimmt, das Problem der Arbeitslosigkeit zu lösen.

Cuando *venir a + infinitivo* expresa un valor aproximado, la traducción es *etwa, ungefähr*. Ejemplo:

> Viene a ganar 1800,00 € al mes.
> = Er verdient etwa 1800 € im Monat.

Las traducciones de las perífrasis verbales españolas al alemán ponen de manifiesto que la perífrasis verbal es mucho más frecuente en español, y que, en cambio, *el alemán, tiene una gran predilección por el uso adverbial.*

TEMA 18

EL PARTICIPIO DE PRESENTE

PARTIZIP I

B1 **18.1. Formación y uso**

A diferencia del español, que prácticamente no usa ya el participio de presente (salvo en formas fijadas por el uso que son restos del participio de presente latino, como por ejemplo «estimulante», «conveniente», «concerniente», «obediente», «firmante», etc.), en alemán se puede formar con todos los verbos añadiendo una -*d* al infinitivo[1]. Ejemplos:

Infinitivo	*Participio de presente*
spielen	spielend
ankommen	ankommend
sich nähern	sich nähernd

18.2. Funciones

18.2.1. *Adjetivo atributivo*

Frecuentemente, el participio de presente se emplea como adjetivo atributivo y, por consiguiente, se declina como tal. Se coloca inmediatamente delante del sustantivo al que se refiere. Ejemplos:

ein spielendes Kind = ein Kind, das gerade spielt.
= un niño que está jugando.

der ankommende Zug = der Zug, der gerade ankommt.
= El tren que está llegando.

---

1. Excepciones: *seiend* y *tuend*.

die sich nähernden Autos = die Autos, die sich gerade nähern.
= Los coches que se están acercando.

En cuanto adjetivo atributivo, también este participio puede ir precedido de otros elementos. Ejemplos:

Der um 16.05 Uhr auf Gleis 5 ankommende Zug hat 10 Minuten Aufenthalt.
= Der Zug, der um 16.05 Uhr auf Gleis 5 ankommt, hat 10 Minuten Aufenthalt.
= El tren que llega a las 16.05 h por la vía 5 tiene una parada de 10 minutos.

Como se comprueba al sustituirlo por una oración de relativo, el participio de presente siempre expresa acciones activas de carácter imperfectivo.

B1 18.2.2. *Sein* + *participio de presente*

Unos pocos participios de presente pueden utilizarse como adjetivos con el verbo *sein*. En este caso, no se declinan, debido a su condición y posición predicativas. Expresan, sobre todo, un efecto psíquico. Ejemplos:

abstoßend	entspannend	kränkend
= repugnante	= relajante	= insultante, humillante
anregend	entzückend	leidend
= estimulante	= encantador	= doliente
aufregend	erheiternd	reizend
= excitante	= hilarante	= encantador, atrayente
befriedigend	erregend	rührend
= satisfactorio	= emocionante	= conmovedor, emocionante
belastend	erschütternd	spannend
= agravante	= conmovedor	= muy interesante, excitante
beleidigend	faszinierend	störend
= insultante	= fascinante	= molesto
beunruhigend	hinreißend	unterhaltend
= inquietante	= irresistible	= ameno
empörend	irritierend	wütend
= indignante	= irritante	= enfurecido

El participio de presente

Y también los siguientes, aunque no expresen un efecto psíquico:

abwesend
= ausente

bedeutend
= importante

nahe liegend
= evidente

anstrengend
= agotador

erfrischend
= refrescante

schwerwiegend
= de mucho peso

anwesend
= presente

gravierend
= agravante

unzureichend
= insuficiente

ausreichend
= suficiente

Por esta razón se puede decir:

Der Film ist äußerst spannend.
= La película es muy interesante.

Die Reise war ziemlich anstrengend.
= El viaje fue bastante agotador.

Pero, por no pertenecer a este grupo, *no se puede decir*:

Sie ist schreibend.
Der Zug ist ankommend.

Algunos de los participios antes mencionados son susceptibles de gradación. Ejemplos:

Das ist der spannendste Krimi, den ich gelesen habe.
= Es la novela policíaca más interesante que he leído.

Dieser Roman ist der bedeutendste, den er geschrieben hat.
= Esta novela es la más importante que él ha escrito.

18.2.3. *Otras funciones*

El participio de presente puede tener además las siguientes funciones:

a) Puede ser un sustantivo, *pero tiene las desinencias de un adjetivo atributivo*. Ejemplos:

ein Reisender, die Reisenden.
= un viajero.

Tema 18

der Vorsitzende, ein Vorsitzender, eines Vorsitzenden.
= el presidente.

b) Puede ser una *preposición*. Ejemplo:

Den Umständen entsprechend geht es ihr gut.
= Teniendo en cuenta las circunstancias ella está bien.

c) Puede ser un *adverbio de modo*. En este caso no se declina. Ejemplos:

Laut lachend liefen die Kinder auf den Schulhof.
= Riéndose a carcajadas los niños corrieron al patio de la escuela.

Er erreichte schwimmend das Ufer.
= Alcanzó la orilla nadando.

En esta función, es decir, en la de *modificar al verbo como un adverbio de modo, equivale al gerundio español.*

C1 18.2.4. *Participio en frase absoluta*

Puesto que los participios son formas verbales que expresan una acción o un estado, se pueden precisar y determinar mediante otros elementos que se colocan delante de ellos. Estos participios ampliados adquieren, pues, el carácter de oraciones subordinadas u oraciones atributivas. Ejemplos:

Lebhaft über das Thema «Umweltschutz» diskutierend, verließen die Besucher den Saal.
= Discutiendo apasionadamente sobre el tema «protección del medio ambiente», los asistentes abandonaron la sala.

O: Die Besucher verließen den Saal, lebhaft über das Thema «Umweltschutz» diskutierend.
= Los asistentes abandonaron la sala discutiendo apasionadamente sobre el tema «protección del medio ambiente».

El participio, en las frases absolutas, se emplea casi exclusivamente en el estilo literario y con mucha menor frecuencia en la lengua hablada.

El participio de presente

C2 18.3. El gerundio español y algunas posibilidades de traducirlo al alemán

Se ha visto ya que el gerundio español puede coincidir con el participio de presente cuando éste desempeña la función de *adverbio de modo*. Ejemplos:

> Singend kam er zurück.
> = Él volvió cantando.
>
> Kopfschüttelnd verließ er das Zimmer.
> = Él salió de la habitación sacudiendo la cabeza.

De forma análoga, ocurre lo mismo con verbos que expresan una percepción (*Wahrnehmung*). Ejemplo:

> Ich fand ihn schlafend.
> = Le encontré durmiendo.

El español utiliza, además, frecuentemente las siguientes *perífrasis verbales con gerundio*, que sólo admiten una traducción aproximada al alemán:

a) Estar + gerundio = gerade, jetzt, im Begriff sein, dabei sein. Ejemplos:

> Estoy escribiendo una carta a Luis.
> = Ich schreibe gerade einen Brief an Luis.
> Ich bin dabei, einen Brief an Luis zu schreiben.
> Ich bin im Begriff, einen Brief an Luis zu schreiben.

Debe observarse que, en algunos casos, no queda expresado el aspecto durativo de la acción. Ejemplo:

> Ayer te estuve buscando todo el día.
> = Gestern habe ich dich den ganzen Tag gesucht.

b) Ir + gerundio = allmählich, mehr und mehr, langsam, zusehends. Ejemplos:

> El tiempo va mejorando.
> = Das Wetter wird allmählich besser.

c) Seguir, continuar + gerundio = el prefijo weiter-, (immer) noch. Ejemplos:

Sigue lloviendo.
= Es regnet (immer) noch.

A pesar de su herida, el futbolista continuó jugando.
= Trotz seiner Verletzung spielte der Fußballspieler weiter.

d) Venir + gerundio = ununterbrochen, solange, bis, seit. Ejemplos:

Así ha venido usándose desde el siglo XV.
= So ist es Brauch seit dem 15. Jahrhundert.

De la forma en que viene haciéndose hasta nuestros días.
= So, wie man es bis zum heutigen Tag macht.

e) Empezar + gerundio = am Anfang, zuerst;
Acabar + gerundio = dann, schließlich. Ejemplos:

Empezó trabajando de camarero.
= Am Anfang arbeitete er als Kellner.

Acabó estudiando derecho.
= Dann/Schließlich studierte er Rechtswissenschaft.

Como se ve, *el alemán prefiere el empleo de los adverbios*.

f) El gerundio en construcción absoluta puede tener un significado causal, modal, temporal, condicional y concesivo. Se traduce al alemán mediante las correspondientes conjunciones subordinantes: *da, indem, wenn... als, wenn, selbst wenn*. Ejemplo:

Pensando en los posibles peligros, se quedó en casa.
= *Da* er an die möglichen Gefahren dachte, blieb er zu Hause.

Si el gerundio en construcción absoluta coincide con la acción del verbo principal, se traduce al alemán mediante **beim** + *infinitivo sustantivado*. Ejemplo:

Paseando por el campo, escuchaba la radio.
Beim Spazierengehen durch die Natur, hörte er Radio.

g) Gerundio en su función de enlace (función ilativa) *de oraciones coordinadas*. En esta función, el gerundio puede sustituirse por las partículas ilativas «con lo que», «por eso», «así», «pues». En alemán se emplearían, en este caso, las conjunciones *und, und so, somit, dadurch, also*, etcétera. Ejemplos:

El participio de presente

El aeropuerto de Madrid es de gran tráfico, haciendo (así) de esta ciudad un importante centro de comunicaciones.
= Der Madrider Flughafen hat einen regen Verkehr *und* verleiht dieser Stadt den Status eines wichtigen Kommunikationszentrums.

Partiendo, pues, de esta base, se pueden encontrar nuevas posibilidades.
= *Von da* aus lassen sich nämlich neue Möglichkeiten finden.

h) Construcciones de gerundivo con participio de presente. Mediante estas construcciones se expresa en voz activa o en voz pasiva una posibilidad, una imposibilidad o una necesidad. Se forman con

---

zu + *participio de presente*

Zu se coloca delante del participio de presente o, si se trata de un verbo separable, entre el prefijo y el radical. Ejemplos:

Eine nicht zu lösende Aufgabe[2].
= Un problema que no se puede solucionar.

=Eine Aufgabe, die man nicht lösen kann.
Eine Aufgabe, die nicht gelöst werden kann.
Eine Aufgabe, die nicht zu lösen ist.
Eine Aufgabe, die sich nicht lösen lässt.
Eine unlösbare Aufgabe.

Eine anzuerkennende Bemühung.
= Un esfuerzo que hay que reconocer.

=Eine Bemühung, die man anerkennen muss.
Eine Bemühung, die anerkannt werden muss.

---

2. Véanse las formas alternativas para sustituir la voz pasiva, en tema 16.8.

TEMA 19

EL PARTICIPIO DE PASADO

PARTIZIP II

B1 19.1. Sentido general

Al igual que en castellano, el participio de pasado alemán contiene las ideas de pasividad y de tiempo pretérito acabado. Por ello, sirve, sobre todo, para formar los tiempos compuestos del pasado (perfecto y pluscuamperfecto).

Con *werden* forma la voz pasiva, con la que se expresa una acción (*Handlung*), un proceso (*Vorgang*); y con *sein* expresa un estado (*Zustand*), que es el resultado de otra acción o de otro proceso.

B1 19.2. Funciones

Además de su construcción con verbos auxiliares, el participio de pasado tiene, más o menos, las mismas funciones que el participio de presente, a saber:

19.2.1. Adjetivo atributivo

Su significado activo o pasivo depende de la naturaleza del verbo del que procede. Los verbos transitivos dan lugar a participios pasivos, puesto que expresan el resultado de una acción sobre un complemento. Ejemplos:

ein gekochtes Ei = ein Ei, das gekocht (worden) ist.
= un huevo pasado por agua

der verlängerte Ausweis = der Ausweis, der verlängert worden ist.

= el carnet de identidad renovado

die gelesenen Zeitschriften = die Zeitschriften, die gelesen worden sind.
= las revistas leídas

El participio de pasado de los verbos intransitivos y reflexivos tiene significado activo. Ejemplos:

der angekommene Zug = der Zug, der angekommen ist.
= el tren que ha llegado

ein interessierter Leser[1] = ein Leser, der interessiert ist.
= un lector interesado

19.2.2. *Sustantivo con las desinencias de un adjetivo atributivo*

Ejemplos:

der Bekannte, ein Bekannter, die Bekannten, Bekannte
= el conocido, ...

der Verwandte, ein Verwandter, die Verwandten, Verwandte
= el pariente, ...

der Verletzte, ein Verletzter, die Verletzten, Verletzte
= el herido, ...

der Beamte, ein Beamter, die Beamten, Beamte
= el funcionario, ...

19.2.3. *Preposición*

Ejemplo:

Ungeachtet aller Warnungen rauchte er weiter.
= A despecho de todas las advertencias, él siguió fumando.

19.2.4. *Adverbio de modo*

Ejemplos:

Sie ging beleidigt weg.
= Se fue ofendida.

---

1. Los participios de los verbos reflexivos no pueden utilizarse como atributos, salvo unos pocos. Entonces se omite el pronombre reflexivo: *sich aufregen*, pero *eine aufgeregte Frau*.

Wir warteten gespannt auf den Rocksänger.
= Estuvimos esperando con curiosidad al cantante de rock.

19.2.5. Complemento modal

Si va acompañado de un verbo de movimiento. Ejemplo:

Er kommt gesprungen, gelaufen, getanzt, ...
= Él viene saltando, corriendo, bailando, ...

19.2.6. Imperativo

Sólo puede emplearse como una exhortación, dirigida a una persona o a un determinado grupo de personas, que hay que cumplir en seguida. Ejemplos:

(Jetzt aber) aufgepasst!
= ¡(A) prestar atención!

(Nun aber) stillgestanden!
= ¡Firmes! ¡Alto!

C1 ### 19.2.7. Participio de pasado en frase absoluta

Las frases absolutas con participio de pasado son poco frecuentes en alemán. Se encuentran solamente en el estilo literario.

La frase absoluta con participio de pasado expresa, fundamentalmente, una circunstancia de tiempo anterior al momento a que se refiere la acción del verbo en la oración principal. Ejemplo:

In Berlin angekommen, suchten wir zunächst eine Unterkunft.
= Llegados a Berlín, buscamos primero un alojamiento.

Es mucho más corriente decir:

Als/nachdem/sobald wir in Berlin angekommen waren, suchten wir eine Unterkunft.
= Cuando/después que/al punto que llegamos a Berlín, buscamos un alojamiento.

Tales construcciones también pueden tener un sentido modal, causal o concesivo.

El participio de pasado

C2 19.3. Traducción al alemán de las perífrasis verbales españolas con participio de pasado

En alemán apenas existe posibilidad lingüística alguna que corresponda al significado de tales locuciones, pues el idioma alemán no dispone de expresiones tan dinámicas y matizadas para expresar una acción perfectiva.

A continuación se indican las perífrasis españolas más importantes con participio de pasado, acompañadas de una de las diversas traducciones posibles en alemán.

a) *Ir/andar* + *participio*. Ejemplos:

> Mi reloj va adelantado/atrasado.
> = Meine Uhr geht vor/nach.

> De los 50 exámenes, van corregidos 18.
> = Von den 50 Prüfungen sind (bis zu diesem Augenblick) 18 korrigiert worden.

> Luisa anda toda la semana preocupada.
> = Luisa ist schon die ganze Woche besorgt.

b) *Seguir* + *participio* = immer noch. Ejemplo:

> El coche sigue aparcado en la acera.
> = Das Auto ist immer noch auf dem Bürgersteig geparkt.

c) *Quedar* + *participio* (voz pasiva)

Puesto que en castellano esta perífrasis expresa el resultado de una acción, en alemán equivale, en menor o mayor grado, a la voz pasiva. Ejemplos:

> La casa ha quedado totalmente destruida.
> = Das Haus ist total zerstört (worden).

> Cuando este edificio quedó construido...
> = Als dieses Gebäude gebaut wurde...

d) *Tener* + *participio* = haben + participio. Ejemplos:

> Tengo escritas ya 20 páginas.
> = Ich habe bereits 20 Seiten geschrieben.

El médico me tiene prohibido fumar.
= Der Arzt hat mir strikt verboten zu rauchen.

Tengo decidido no irme de vacaciones.
= Ich habe entschieden, nicht in Urlaub zu fahren.

Te tengo dicho que calles cuando yo hablo.
= Ich habe dir gesagt, du sollst den Mund halten, wenn ich spreche.

e) *Llevar + participio*. Ejemplos:

Llevo escritas ya 20 páginas.
= Ich habe bereits 20 Seiten geschrieben.

Lleva puesta una falda bonita.
= Sie hat einen schönen Rock an.

f) *Dejar + participio*. Ejemplo:

Hemos dejado la máquina arreglada.
= Wir haben die Maschine repariert.

g) *Dar(se) por + participio*. Ejemplos:

Doy por terminada la sesión.
= Hiermit schließe ich die Sitzung.

Doy por sabido el régimen de los verbos.
= Ich gehe davon aus, dass die Rektion der Verben bekannt ist.

Doy mi misión por cumplida.
= Ich halte meine Aufgabe für erfüllt.

TEMA 20

EL GÉNERO

DAS GENUS

A1 20.1. El género gramatical en alemán

La mayoría de las veces, los sustantivos van acompañados por un artículo. Éste indica el género del sustantivo.

En alemán, existen *tres géneros gramaticales*: 1) El masculino (*der*), 2) El neutro (*das*) y 3) El femenino (*die*). Para el plural de los tres géneros hay sólo un artículo: *die*. Como, en muchos casos, los géneros de los sustantivos en alemán y en español no se corresponden, y como el género gramatical tiene poco que ver con el género natural, es decir, con el sexo, *hay que aprender el sustantivo en alemán con su género (artículo) y su plural*, ya que la formación de este último es también muy variada.

A1 20.2. Reglas para conocer el género de los sustantivos

Es imposible dar reglas exactas sobre el género de los sustantivos alemanes. He aquí, sin embargo, algunas de carácter general.

20.2.1. *Son masculinos (**der**)*

a) Los nombres de varón, animales machos y profesiones desempeñadas por varones. Ejemplos:

Mann = hombre; Sohn = hijo; Bruder = hermano; Freund = amigo; Hund = perro; Affe = mono; Löwe = león; Lehrer = profesor; Chemiker = químico...

b) *Los nombres de los días, divisiones del día, meses, estaciones del año, fenómenos de la naturaleza y puntos cardinales.* Ejemplos:

Montag = lunes; Mittwoch = miércoles; Sonntag = domingo;
Morgen = mañana; Mittag = mediodía; Abend = tarde;
Mai = mayo; Dezember = diciembre; Januar = enero;
Frühling = primavera; Sommer = verano; Herbst = otoño;
Wind = viento; Regen = lluvia; Schnee = nieve;
Norden = norte; Süden = sur; Osten = este...

Excepción: die Nacht = noche.

c) *Los nombres de bebidas alcohólicas.* Ejemplos:

Wein = vino; Cognac, Wodka, Schnaps = aguardiente...

Excepción: das Bier = cerveza.

d) *Los nombres de piedras, piedras preciosas y minerales.*

Diamant, Rubin, Stein = piedra; Granat, Sand = arena...

e) *Los nombres de marcas de coches* (se sobreentiende *Wagen*). Ejemplos:

Mercedes, Ford, Golf, BMW...

f) *Los sustantivos terminados en*:

- **-and:** Doktorand, Informand...
- **-ant:** Demonstrant = manifestante; Spekulant = especulador...
- **-ar:** Bibliothekar = bibliotecario; Antiquar = anticuario...
- **-ast:** Gymnasiast = estudiante de bachillerato; Phantast = soñador...
- **-ent:** Student = estudiante; Abiturient = bachiller...
- **-er:** Empfänger = destinatario; Anhänger = partidario...
- **-eur:** Friseur = peluquero; Dekorateur = decorador...
- **-ismus:** Realismus = realismo; Deismus = deísmo...
- **-ist:** Realist = realista; Materialist = materialista...
- **-ling:** Frühling = primavera; Schmetterling = mariposa...
- **-oge:** Philologe = filólogo; Biologe = biólogo...
- **-or:** Doktor, Lektor...

g) *La mayor parte de los radicales verbales sin desinencia.* Ejemplos:

Schlag = golpe (schlagen)
Verstand = intelecto, sentido común (verstehen)

El género

Stoß	= empujón	(stoßen)
Begriff	= concepto	(begreifen)
Beginn	= comienzo	(beginnen)
Anfang	= comienzo, principio	(anfangen)
Sprung	= salto	(springen)

20.2.2. Son neutros (*das*)

a) *Los infinitivos, adjetivos, pronombres, etc. usados como sustantivos.* Ejemplos:

Das Essen = el comer
Das Leben = la vida, el vivir
Das Gute = lo bueno
Das Warum = el porqué

Este grupo carece de plural; cf., para los infinitivos, lo dicho en tema 17.1.

b) *Los diminutivos.* Todos terminan en **-chen** o **-lein**. Ejemplos:

Fräulein = señorita; Mädchen = chica; Brötchen = panecillo.

c) *Los nombres de ciudades y países, islas y continentes.* Ejemplos:

das alte Köln = la antigua Colonia; das sonnige Spanien = la España soleada; das grüne Irland = la verde Irlanda; das alte Europa = la vieja Europa.

Excepciones: die Schweiz y los nombres de países terminados en *-ei*, que son femeninos. Son masculinos: Irak, Iran, Libanon, Sudan, Tschad.

d) *Los colores.* Ejemplos:

Blau = azul; Schwarz = negro...

e) *Las notas musicales.* Ejemplos:

das hohe C = do natural, do de pecho; das Fis = fa sostenido...

f) *Las clases de palabras.* Ejemplos:

Adjektiv, Adverb, Pronomen, Verb...

Excepciones: der Artikel, die Präposition.

g) Unidades físicas. Ejemplos:

Bar, Gramm, Kilo, Pfund = libra; Volt, Watt, Phon, Ohm,

Excepciones: die Tonne = la tonelada; der Zentner = el quintal; der/das Meter, der/das Liter.

h) Los nombres de metales y elementos químicos. Ejemplos:

Gold = oro; Silber = plata; Blei = plomo; Salz = sal; Kupfer = cobre; Eisen = hierro.

Excepción: der Stahl = acero; der Schwefel = azufre; die Bronze = bronce.

*i) Los sustantivos terminados en **-tum** y **-um**:*

Altertum = antigüedad; Judentum = judaísmo; Heidentum = paganismo; Eigentum = propiedad; Neutrum, Helium.

Excepción: der Reichtum = riqueza; der Irrtum = error.

*j) Algunos sustantivos terminados en **-ar**:*

Exemplar = ejemplar; Formular = formulario; Honorar = honorarios; Inventar = inventario; Vokabular = vocabulario; Mobiliar = mobiliario; Seminar = seminario, etc.

*k) Los sustantivos terminados en **-ment**:*

Dokument, Element, Instrument, Monument, Parlament.

Excepciones: der/das Moment = momento, factor; der Konsument = consumidor.

l) Las letras del alfabeto:

A, B, C, etc.

*m) Muchos sustantivos con el prefijo **Ge-**:*

Gebirge = cadena montañosa; Gemälde = cuadro; Geschenk = regalo; Geschäft = tienda; Gespräch = conversación; Getränk = bebida.

Excepciones: der Gedanke = pensamiento; der Gebrauch = uso; der Geruch = olor; der Gesang = canto; der Geschmack = gusto; die Geschichte = historia; die Gefahr = peligro; die Geduld = paciencia; die Gewalt = violencia; die Gestalt = forma; die Gebärde = ademán.

El género

n) *Muchos derivados terminados en -nis*:

Bedürfnis = necesidad; Begräbnis = entierro; Ereignis = acontecimiento; Ergebnis = resultado; Erlebnis = experiencia; Erzeugnis = producto; Gedächtnis = memoria; Gefängnis = prisión; Geheimnis = secreto; Vermächtnis = testamento; Versäumnis = negligencia; Verständnis = comprensión; Zeugnis = certificado de notas.

Excepciones: die Finsternis = oscuridad; die Kenntnis = conocimiento; die Erkenntnis = cognición; die Erlaubnis = permiso; die Besorgnis = preocupación; die Bitternis = amargura; die Bedrängnis = apuro; die Beschwernis = agobio; die Fäulnis = putrefacción; die Ersparnis = ahorro (véase 20.2.3.*i*).

20.2.3. *Son femeninos (**die**)*

a) *Los nombres de mujeres, animales hembras y profesiones desempeñadas por mujeres*. Ejemplos:

Frau = mujer; Tochter = hija; Schwester = hermana; Freundin = amiga...; Kuh = vaca; Hündin = perra; Ziege = cabra...; Sekretärin = secretaria; Lehrerin = profesora; Direktorin = directora...

b) *Los nombres de árboles, flores y frutos*. Ejemplos:

Eiche = roble; Tanne = abeto; Rose = rosa; Nelke = clavel; Birne = pera; Apfelsine (Orange) = naranja...

Excepciones: der Ahorn = arce; der Apfel = manzana; der Pfirsich = melocotón.

c) *Muchos sustantivos terminados en -e, especialmente los bisílabos*. Ejemplos:

Woche = semana; Stunde = hora; Sonne = sol; Straße = calle; Fremde = (país) extranjero; Reise = viaje; Klasse = clase...

d) *Los números*. Ejemplos:

Eins = uno; Acht = ocho; Zwölf = doce...

e) *Los nombres de muchos ríos europeos*. Ejemplos:

Mosel = Mosela; Donau = Danubio; Elbe = Elba; Themse = Támesis; Seine = Sena.

Tema 20

Excepciones: der Ebro, der Rhein = Rin; der Neckar, y otros.

f) Los nombres de algunos países, regiones o comarcas que terminan en -ei, -ie y -e. Ejemplos:

Slowakei = Eslovaquia; Türkei = Turquía; Mongolei = Mongolia; Normandie = Normandía; Provence = Provenza...

También: die Schweiz

g) Los sustantivos terminados en:

-ade:	Marmelade, Maskerade, Olympiade...
-age:	Garage, Plantage = plantación; Montage...
-äne:	Fontäne = surtidor; Quarantäne = cuarentena...
-anz:	Arroganz, Allianz, Toleranz...
-ei:	Bäckerei = panadería; Metzgerei = carnicería; Konditorei = pastelería...
-enz:	Konferenz = reunión; Abstinenz = abstinencia...
-erie:	Menagerie = casa/exposición de fieras; Maschinerie = maquinaria...
-esse:	Politesse = una agente de policía; Baronesse = hija de un barón...
-ette:	Serviette = servilleta; Marionette = marioneta...
-euse:	Friseuse = peluquera; Souffleuse = apuntadora...
-heit:	Krankheit = enfermedad; Abwesenheit = ausencia...
-ie:	Industrie = industria; Sympathie = simpatía...
	Excepción: das Genie.
-ik:	Fabrik = fábrica; Politik = política; Logik = lógica...
-in:	Sekretärin = secretaria; Schauspielerin = actriz...
-ine:	Blondine = rubia; Konkubine...
-ion:	Direktion = dirección; Situation, Station = estación...
-isse:	Hornisse = avispón; Diakonisse = diaconisa...
-ive:	Alternative, Offensive, Initiative...
-keit:	Freundlichkeit = amabilidad; Neuigkeit = novedad...
-schaft:	Freundschaft = amistad; Botschaft = mensaje, embajada...
-tät:	Universität = universidad; Brutalität = brutalidad...
-ung:	Übersetzung = traducción; Haltung = actitud; Erkältung = resfriado...
-ur:	Natur = naturaleza; Kultur = cultura...
	Excepción: das Abitur.
-üre:	Broschüre = folleto; Konfitüre = confitura...

El género

*h) Las sustantivaciones de verbos cuando terminan en **-t**.* Ejemplos:

Fahrt	= viaje	(fahren)
Ankunft	= llegada	(ankommen)
Schrift	= letra	(schreiben)
Sicht	= vista	(sehen)

*i) Algunos sustantivos terminados en **-nis**.* Ejemplos:

Erkenntnis	= cognición
Erlaubnis	= permiso
Finsternis	= oscuridad
Kenntnis	= conocimiento
Wildnis	= desierto, tierra salvaje/sin cultivar

j) Nombres de aviones (porque se sobreentiende *Maschine*). Ejemplos:

Die Boing 747, die DC 10...

Excepciones: Der Airbus, der Jet, der Jumbo.

k) Motocicletas (Maschine). Ejemplos:

Die BMW, die Honda, die Kawasaki...

l) Nombres de barcos. Ejemplos:

Gorch Fock, Queen Mary.

m) Cigarrillos y cigarros. Ejemplos:

Die Brasil, die Havanna (Zigarre).
Die Kent, die Stuywesant (Zigarette).

20.3. Otras observaciones generales

a) El género de los sustantivos compuestos es el que corresponde al componente final. Ejemplos:

der Wein	+ der Berg	= der Weinberg	= viña
die Wörter	+ das Buch	= das Wörterbuch	= diccionario
das Auto	+ die Bahn	= die Autobahn	= autopista

b) Algunos sustantivos admiten dos artículos, sin variar de significado:

der/das Meter
der/das Liter
der/das Filter

c) *Hay sustantivos con distinto género según su significado.* Ejemplos:

der Band = tomo	das Band = lazo, cinta
der Bauer = campesino	das Bauer = jaula para pájaros
der Chor = coro = los cantores	das Chor = coro de una iglesia
der Erbe = heredero	das Erbe = herencia
der Gehalt = contenido	das Gehalt = sueldo
der Gummi:	
Radiergummi = goma de borrar	das Gummi = la goma (el material)
Kaugummi = goma de masticar	
der Heide = pagano	die Heide = landa, erial
der Hut = sombrero	die Hut = guardia, vigilancia
der Junge = muchacho	das Junge = hijo de un animal
der Kiefer = mandíbula	die Kiefer = pino
der Kunde = cliente	die Kunde = noticia, información
der Leiter = conductor, director	die Leiter = escalera de mano
der See = lago	die See = mar
das Steuer = timón	die Steuer = impuesto
der Tau = rocío	das Tau = cable, soga
der Tor = estúpido, loco	das Tor = portal, portería (fútbol)
der Verdienst = ganancia	das Verdienst = mérito

Y muchos otros.

TEMA 21

LA FORMACIÓN DEL PLURAL

DIE PLURALBILDUNG

A1 21.1. **Las cinco formas del plural alemán**

En alemán hay *cinco posibilidades para formar el plural. El plural del nominativo y acusativo* del artículo determinado es *die* para todos los géneros.

Con el esquema siguiente no pretendemos dar reglas fijas; se trata más bien de consejos sobre cómo se forma el plural en la mayoría de los casos.

Forma	*Singular*	*Plural*		*Sustantivos que la siguen*
I	das Spiel = juego der Tag = día die Hand = mano	Spiel*e* Tag*e* Händ*e*	***e***	- Masculinos, femeninos y neutros
II	die Rose = rosa der Herr = señor die Frau = mujer der See = lago	Rose*n* Herr*en* Frau*en* See*n*	***(e)n***	- Casi todos los femeninos. - Sustantivos que se declinan con **-n** (véase tema 22.4.). - Sustantivos masculinos terminados en: - ***ant, -at, -ent, -ist, -nom, -or*** - Los neutros: Bett = cama; Hemd = camisa; Herz = corazón; Ohr = oreja.

Forma	Singular	Plural	Sustantivos que la siguen
III	das Buch = libro das Haus = casa	Bücher **er** Häuser	- Los neutros y algunos masculinos: der Geist = espíritu; der Mann = hombre; der Wald = bosque.
IV	der Apfel = manzana der Kuchen = pastel der Lehrer = profesor das Mädchen = chica das Männlein = hombrecillo	Äpfel Kuchen Lehrer Mädchen Männlein	- Sustantivos terminados en: *-el, -en, -er, -chen, -lein.*
V	das Foto das Auto	Fotos Autos **s**	- Muchas palabras extranjeras (das Hotel, der Park, das Team = equipo; der Club, das Kotelett = chuleta... - Los sustantivos terminados en: *-a*: das Sofa, die Oma = abuela *-i*: Ski, Taxi. *-o*: Kino = cine; Büro = oficina.

Obsérvese:
 − a, o, u se convierten generalmente en ä, ö, ü.
 − Por regla general, *los sustantivos femeninos no forman el plural en -er*. Casi siempre llevan una desinencia de plural y forman el plural, en muchos casos, añadiendo una -e, modificando, al mismo tiempo, la vocal (die Hand - Hände).
 − Los *masculinos y los neutros no siempre llevan desinencia de plural*.

B1 21.2. Particularidades de la formación del plural

Del latín y del griego, así como de sus lenguas vecinas, la lengua alemana ha importado numerosas palabras que no forman el plural según las reglas antes indicadas.

La formación del plural

21.2.1. *Neutros terminados en **-um/-ium** que forman el plural en **-en/ien**.*

das Zentrum	die Zentren
= centro	
das Museum	die Museen
= museo	
das Individuum	die Individuen
= individuo	
das Gremium	die Gremien
= gremio	
das Datum	die Daten
= fecha	
das Verbum	die Verben
= verbo	
das Forum	die Foren
= foro	
das Gymnasium	die Gymnasien
= instituto de bachillerato	
das Kriterium	die Kriterien
= criterio	
das Ministerium	die Ministerien
= ministerio	
das Studium	die Studien
= carrera, estudios	
das Stipendium	die Stipendien
= beca	

21.2.2. *Neutros terminados en **-um** que forman el plural cambiando -um por -a*

das Visum	die Visa
= visado	
das Abstraktum	die Abstrakta
= idea abstracta, sustantivo abstracto	
das Femininum	die Feminina
= sustantivo femenino	
das Neutrum	die Neutra
= sustantivo neutro	
das Kompositum	die Komposita
= sustantivo compuesto	

Tema 21

das Kuriosum   die Kuriosa
= curiosidad
das Spezifikum   die Spezifika
= específico
das Periodikum   die Periodika
= periódico

21.2.3. *Masculinos terminados en **-us** que forman el plural en **-en***

der Zyklus   die Zyklen
= ciclo
der Rhythmus   die Rhythmen
= ritmo
der Typus   die Typen
= tipo
der Virus   die Viren
= virus
der Organismus   die Organismen
= organismo

Excepción: der Modus   die Modi

21.2.4. *También forman el plural en **-en** o **-a** los siguientes sustantivos*

das Konto   die Konten
= cuenta bancaria
der Atlas   die Atlanten
= atlas
das Lexikon   die Lexika
= léxico
die Praxis   die Praxen
= consultorio médico
der (Neu)Bau   die (Neu)Bauten
= edificio (en construcción)

21.2.5. *Algunos sustantivos forman el plural en forma compuesta*

das Erbe   o   die Erbschaft   die Erbschaften
= herencia

La formación del plural

das Lob	o	der Lobspruch	die Lobsprüche
= alabanza			
der Rat	o	der Ratschlag	die Ratschläge
= consejo			
das Unglück	o	der Unglücksfall	die Unglücksfälle
= desgracia			
der Sport	o	die Sportart	die Sportarten
= deporte			
der Dank	o	die Danksagung	die Danksagungen
= gracias			
der Kohl	o	der Kohlkopf	die Kohlköpfe
= col			
der Regen	o	der Regenfall	die Regenfälle
= lluvia			

21.2.6. *Los nombres compuestos con **-mann** forman el plural cambiando este elemento por **-leute***

der Kaufmann	die Kaufleute
= comerciante	
der Landsmann	die Landsleute
= compatriota	
der Landmann	die Landleute
= campesino	
der Bergmann	die Bergleute
= minero	

Excepciones: der Staatsmann = die Staatsmänner
   = hombre de estado
der Muselmann = die Muselmänner
   = musulmán
der Hampelmann = die Hampelmänner
   = títere

C1 21.2.7. *Algunos sustantivos homónimos forman el plural de dos (y excepcionalmente tres) formas distintas y tienen, como es lógico, diferente significado*

das Band   die Bande
= lazo, vínculo

Tema 21

das Band	die Bänder
= cinta	
der Band	die Bände
= tomo	
die Bank	die Bänke
= banco para sentarse	
die Bank	die Banken
= banco (casa de banca)	
das Wort	die Wörter
= vocablo	
das Wort	die Worte
= palabra	
der Strauß	die Sträuße
= ramo de flores	
der Strauß	die Strauße
= avestruz	
die Mutter	die Mütter
= madre	
die Mutter	die Muttern
= tuerca	
der Block	die Blöcke
= bloque, lingote, sillar	
der Block	die Blocks
= manzana de casas, bloque de papel	
die Steuer	die Steuern
= impuesto	
das Steuer	die Steuer
= volante	
die Leiter	die Leitern
= escalera	
der Leiter	die Leiter
= director	
das Schild	die Schilder
= letrero	
der Schild	die Schilde
= escudo	

TEMA 22

LA DECLINACIÓN DEL SUSTANTIVO

DIE DEKLINATION DES SUBSTANTIVS

A1 **22.1. La declinación alemana**

En alemán, el sustantivo se declina, es decir, sus distintas funciones en la oración se expresan por medio de desinencias especiales. Sin embargo, en comparación con la declinación del griego, latín o ruso, la del alemán es bastante reducida. La declinación casi ha dejado de ser el vehículo más importante para la diferenciación de los casos. Este cometido lo cumplen, sobre todo, los artículos, los pronombres posesivos y demostrativos, etc. Sin embargo, el orden de colocación de los elementos oracionales tiene mucha importancia.

22.2. Los casos

Se distinguen en alemán cuatro casos: nominativo, acusativo, dativo y genitivo.

22.2.1. *El nominativo (función sintáctica: sujeto)*

Es el sujeto de la oración e indica la persona o cosa que realizan una acción, o sobre las cuales se emite un juicio. Contesta a las preguntas: ¿Quién es el que?, ¿Qué es lo que? En alemán: *wer?* (para personas) y *was?* (para cosas). Ejemplos:

Frau Dupont kommt aus Frankreich.
= La Sra. Dupont viene de Francia.

Er heißt Peter.
= Él se llama Pedro.

Herr Belz ist Mechaniker.
= El Sr. Belz es mecánico.

Der Salat schmeckt ausgezeichnet.
= La ensalada es excelente.

22.2.2. El acusativo (complemento directo)

Indica la persona o cosa sobre las que recae directamente la acción del verbo y contesta a las preguntas: ¿A qué persona?, ¿Qué cosa? En alemán: *wen?* (para personas) y *was?* (para cosas). Ejemplos:

Er bezahlt *das Kotelett*.
= Él paga la chuleta.

Sie trinken *den Wein* nicht.
= Ellos no beben el vino.

Siehst du *die Frau* dort?
= ¿Ves a la mujer allí?

22.2.3 El dativo (complemento indirecto)

Indica la persona o cosa que recibe daño o provecho de la acción del verbo, o el fin a que dicha acción se dirige. Contesta a las preguntas: ¿A quién?, ¿para quién?, ¿a qué? o ¿para qué? En alemán: *wem?* Ejemplos:

	dativo	acusativo
Ich schreibe	*Frau Peter*	*einen Brief.*

= Escribo una carta a la Sra. Peter.

	dativo	acusativo
Wir schenken	*ihr*	*eine Platte.*

= Le regalamos un disco (a ella).

	dativo	acusativo
Ich gebe	*dir*	*das Geld* morgen.

= Te daré el dinero mañana.

La declinación del sustantivo

22.2.4. *El genitivo (complemento de otro sustantivo)*

Indica pertenencia o propiedad (posesión) y contesta a las preguntas: ¿De quién?, ¿de quiénes? o ¿de qué?, tanto en singular como en plural. En alemán: *wessen?* Ejemplos:

Das ist die Tochter *des Malers.*
= Es la hija del pintor.

Den Namen *der Straße* habe ich vergessen.
= He olvidado el nombre de la calle.

A2 ## 22.3. Esquema de la declinación del sustantivo precedido del artículo determinado

Casos	Masculino	*Singular* Neutro	Femenino	*Plural*
Nominativo	de**r** Tisch	da**s** Bild	di**e** Lampe	di**e** Tische
Acusativo	de**n** Tisch	da**s** Bild	di**e** Lampe	di**e** Tische
Dativo	de**m** Tisch	de**m** Bild	de**r** Lampe	de**n** Tische**n**
Genitivo	des Tisch**es**	des Bild**es**	de**r** Lampe	de**r** Tische

Observaciones:
– En singular, solamente el genitivo masculino y el neutro tienen la desinencia -(e)s: Generalmente, se usa sólo -s si se trata de sustantivos polisílabos; se usa -es si se trata de sustantivos monosílabos y en los sustantivos terminados en -s, -ß, -x, -z y -tz. Los sustantivos terminados en -nis doblan la s en el genitivo (das Zeugnis - des Zeugnisses; das Ergebnis - des Ergebnisses).

– El dativo plural de los sustantivos termina en -en. *Excepciones*: los sustantivos cuyo plural termina en -s.

B1 ## 22.4. Declinación *-(e)n* de los masculinos

Hay algunos sustantivos masculinos que en acusativo, dativo y genitivo singular tienen la desinencia -(e)n.
He aquí un esquema de este tipo de declinación.

	Singular	*Plural*
Nominativo	der Kollege	die Kollegen
Acusativo	den Kollegen	die Kollegen
Dativo	dem Kollegen	den Kollegen
Genitivo	des Kollegen	der Kollegen
Nominativo	der Student	die Studenten
Acusativo	den Studenten	die Studenten
Dativo	dem Studenten	den Studenten
Genitivo	des Studenten	der Studenten

Siguen ese tipo de declinación los siguientes sustantivos masculinos.

22.4.1. *Desinencia -n*

a) der Bauer = campesino   Plural: die Bauern
    der Nachbar = vecino   die Nachbarn
    der Ungar = húngaro   die Ungarn

b) Sustantivos masculinos terminados en -e:
   Personas. Ejemplos:

der Bote = mensajero	der Kollege = compañero	der Bulgare = búlgaro
der Experte = experto	der Kunde = cliente	der Franzose = francés
der Genosse = camarada	der Laie = lego, profano	der Däne = danés
der Erbe = heredero	der Lotse = piloto	der Grieche = griego
der Junge = chico	der Pate = padrino	der Pole = polaco
der Knabe = muchacho	der Zeuge = testigo	der Deutsche = alemán
der Sklave = esclavo	der Neffe = sobrino	der Türke[1] = turco

---

1. Además de muchas otras nacionalidades.

La declinación del sustantivo

Animales machos. Ejemplos:

    der Affe = mono   der Hase = liebre   der Bulle = toro
    der Löwe = león   der Ochse = buey

22.4.2. *Desinencia **-en***

a) der Fürst = príncipe   der Graf = conde   der Held = héroe
     der Mensch = hombre   der Herr = señor   der Rebell = rebelde
     der Satellit = satélite

Del mismo modo: todos los terminados en consonante, a excepción de los mencionados en 22.4.1*a*.

b) *Todos los sustantivos masculinos terminados en **-and**, **-ant**, **-ent** e **-ist***. Ejemplos:

    der Doktorand, der Elefant, der Präsident, der Realist...

c) *Los siguientes sustantivos masculinos* —la mayoría de ellos se refieren a profesiones— *terminados en*
    -oge: der Biologe, der Soziologe...
    -at: der Soldat, der Demokrat...
Y der Fotograf, der Seismograph = sismógrafo; der Architekt = Arquitecto; der Philosoph, der Monarch = monarca; der Katholik...

Excepciones:
Algunos sustantivos forman el genitivo singular con la desinencia *-ens*:

    der Buchstabe   des Buchstabens   = letra
    der Gedanke   des Gedankens   = pensamiento
    der Name   des Namens   = nombre
    der Glaube   des Glaubens   = creencia, fe
    der Friede   des Friedens   = paz

    Y el neutro das Herz: nominativo: das Herz = corazón
                               acusativo: das Herz
                               dativo: dem Herzen
                               genitivo: des Herzens

A2 22.5. La declinación de los nombres de personas

Generalmente, los nombres propios de personas *no llevan artículo*. En el lenguaje coloquial, sin embargo, a veces se usa.
El *acusativo* y el *dativo* no se declinan.
El *genitivo* de los nombres propios termina en *-s*. Denominaciones de parentesco, títulos o nombres de pila que preceden al nombre propio no se modifican, excepto la palabra *Herr*. *El genitivo precede siempre al sustantivo al cual se refiere*. Ejemplos:

Carmens Schwester wohnt in Kanada.
= La hermana de Carmen vive en el Canadá.

Herrn Kleins Frau ist Sekretärin.
= La mujer del Sr. Klein es secretaria.

Frau Sommers Tochter hat geheiratet.
= La hija de la Sra. Sommer se ha casado.

Manfred Müllers Bruder studiert Medizin.
= El hermano de Manfred Müller estudia medicina.

El *genitivo* se sustituye frecuentemente por la forma *von* + *dativo*. Ejemplos:

Die Schwester von Carmen wohnt in Kanada.
Die Frau von Herrn Klein...
Die Tochter von Frau Sommer...
Der Bruder von Manfred Müller...

Esta sustitución del genitivo por *von* se aplica sobre todo a sustantivos terminados en *-s* o *-z*. Ejemplos:

Hast du den Bruder von Klaus gesehen?
= ¿Has visto al hermano de Klaus?

Kennst du die Schwester von Franz?
= ¿Conoces a la hermana de Franz?

A2 22.6. La posición del sustantivo –es decir, del nominativo, acusativo, dativo y genitivo– en la oración

Generalmente, el orden de los complementos es: *nominativo, dativo, acusativo, complemento prepositivo o genitivo*. Ejemplos:

La declinación del sustantivo

Posición I	Posición II	Sujeto	Complemento indirecto o directo	Complemento circunstancial	Complemento directo o preposicional	Genitivo	Verbo II o partícula
Der Ober	bringt		den Gästen	jetzt	die Rechnung.		
Der Ober	soll		den Gästen	sofort	die Rechnung		bringen.
Der Ober	dankt		den Gästen		für das Trinkgeld.		
Wir	unterhalten		uns		über das Essen.		
Die Firma	klagte		den Ober			des Betruges	an.

Der Ober bringt den Gästen jetzt die Rechnung.
= Ahora el camarero trae la factura a los clientes.

Der Ober soll den Gästen sofort die Rechnung bringen.
= El camarero debe traer la factura a los clientes enseguida.

Der Ober dankt den Gästen für das Trinkgeld.
= El camarero da las gracias a los clientes por la propina.

Wir unterhalten uns über das Essen.
= Hablamos de la comida.

Die Firma klagte den Ober des Betruges an.
= La empresa acusa al camarero de fraude.

TEMA 23

EL ARTÍCULO

DER ARTIKEL

A1 23.1. El artículo en alemán

El artículo es, como en muchas lenguas indoeuropeas, histórica y funcionalmente, un pronombre demostrativo de significación debilitada. En español no puede usarse independientemente de los sustantivos, pero en alemán sí.

Los artículos sirven, sobre todo, para indicar la función sintáctica de los nombres en la oración y expresar su género, número y caso.

En alemán hay dos clases de artículos: 1) El artículo definido o determinado y 2) el artículo indefinido o indeterminado.

El siguiente esquema muestra la variación morfológica de la declinación del artículo.

A1 23.2. El artículo determinado

	Singular			*Plural*
Casos	*Masculino*	*Neutro*	*Femenino*	*Todos los géneros*[1]
Nominativo	de**r** Mann	da**s** Kind	di**e** Frau	di**e** Leute
Acusativo	de**n** Mann	da**s** Kind	di**e** Frau	di**e** Leute
Dativo	de**m** Mann	de**m** Kind	de**r** Frau	de**n** Leuten
Genitivo	de**s** Mannes	de**s** Kindes	de**r** Frau	de**r** Leute

---

1. El artículo definido plural no expresa la diferencia genérica.

El artículo

De la misma manera se declinan los siguientes *determinantes*[2]:

Nominativo: die**ser** Mann   die**ses** Kind   die**se** Frau   die**se** Leute
= este, esto, esta, estos, estas

je**ner** Mann   je**nes** Kind   je**ne** Frau   je**ne** Leute
= aquel, aquello, aquella, aquellos, aquellas

je**der** Mann   je**des** Kind   je**de** Frau   alle Leute
= cada, todos, todas

man**cher** Mann   man**ches** Kind   man**che** Frau   man**che** Leute
= más de uno o una

wel**cher** Mann   wel**ches** Kind   wel**che** Frau   wel**che** Leute
= ¿cuál? ¿cuáles? ¿qué?

sol**cher** Mann   sol**ches** Kind   sol**che** Frau   sol**che** Leute
= tal, tales

derjenige   dasjenige   diejenige   diejenigen
= el que, lo que, la que, los que, las que

derselbe Mann   dasselbe Kind   dieselbe Frau   dieselben Leute
= el mismo, lo mismo, la misma, los mismos, las mismas

A1 23.3. El artículo indeterminado

	Singular			Plural
Casos	Masculino	Neutro	Femenino	No existe
Nominativo	ein Mann	ein Kind	eine Frau	
Acusativo	ein**en** Mann	ein Kind	eine Frau	
Dativo	ein**em** Mann	ein**em** Kind	ein**er** Frau	
Genitivo	ein**es** Mannes	ein**es** Kindes	ein**er** Frau	

De la misma manera se declinan los pronombres posesivos:

mein, mi
dein, tu
Ihr, su (de Ud.)
sein, su (de él y de ello = *es*)

---

2. Atiéndase a las «señales» que se repetirán en cada declinación.

ihr, su (de ella)
unser, nuestro
euer, vuestro
ihr, su (de ellos, de ellas)
Ihr, su (de Uds.)
y el determinante negativo *kein*.

A1 23.4. El uso del artículo determinado

a) El *artículo determinado precede* a los sustantivos que designan *personas u objetos conocidos o ya mencionados*. Ejemplos:

Das Buch liegt auf *dem* Tisch.
= *El* libro está sobre *la* mesa.

Der Herr dort heißt Bauer.
= *El* señor de allí (aquel señor) se llama Bauer.

b) También se emplea cuando se trata de *personas o cosas en singular que se consideran representativas de una misma especie* o clase. Ejemplos:

Der Hund ist *der* Freund *des* Menschen.
= *El* perro es *el* amigo *del* hombre.

c) Como en español, los *nombres de calles y plazas también llevan el artículo determinado*. Ejemplos:

Die Beethovenstraße liegt im Zentrum.
= *La* calle Beethoven está en el centro.

Es ist auf *dem* Katalonienplatz passiert.
= Sucedió en *la* plaza Cataluña.

A1 23.5. Diferencias entre el artículo alemán y el español

23.5.1. *Artículo determinado en alemán* frente a *omisión del mismo en español*

a) Recuérdese que en alemán el artículo determinado se coloca delante de *nombres de regiones y comarcas*, y de algunos *países y provincias*:

El artículo

die Schweiz, die Bretagne, die Türkei, die Slowakei, die Mongolei, der Irak, der Iran, der Sudan, das Elsass.

b) Los *nombres de los meses* llevan artículo. Ejemplos:

Wieviele Tage hat der März?
= ¿Cuántos días tiene marzo?

Im Mai (in dem).
= En mayo.

B1 23.5.2. *Uso del artículo en los nombres propios*

a) *Generalmente*, los nombres de personas *no llevan artículo*, aunque a veces se emplea en el lenguaje coloquial. Ejemplos:

(Der) Klaus hat gerade angerufen.
= Acaba de llamar Klaus.

(Die) Monika kommt morgen früh.
= Mónica viene mañana por la mañana.

En alemán el empleo del artículo delante de nombres propios tiene algo de familiar, confidencial. En el sur de Alemania es mucho más frecuente que en el norte.

b) También es posible el artículo determinado delante de apellidos. Ejemplos:

Der Meier ist wieder zu spät gekommen.
= (El) Meier ha vuelto a llegar tarde.

Die Schmidt hat angerufen.
= (La) Schmidt ha llamado.

Expresa cierta confianza, pero también puede tener sentido peyorativo:

Was der Meier sagt, ist doch Quatsch.
= Lo que dice (el) Meier es una tontería.

A1 **23.6. Uso del artículo indeterminado**

a) El artículo indeterminado precede a los sustantivos que designan *personas u objetos no conocidos o no mencionados todavía*. Ejemplos:

Auf dem Tisch liegt *ein* Buch.
= Sobre la mesa hay *un* libro.

Dort steht *ein* Taxi.
= Allí hay *un* taxi.

Si ya se han mencionado, se utiliza el artículo determinado:

Das Buch gehört mir.
= *El* libro es mío.

Das Taxi nehmen wir.
= Tomamos *el* taxi.

b) Los *sustantivos en plural no llevan artículo indefinido.* Ejemplos:

Auf dem Tisch liegen Bücher.
= Sobre la mesa hay libros.

Dort stehen Taxis.
= Allí hay taxis.

c) Cuando se quiere *destacar la cantidad*, hay que utilizar un *numeral indefinido*. Ejemplos:

Auf dem Tisch liegen *einige* (algunos) Bücher.
Dort stehen *mehrere* (varios) Taxis.
Gestern war ich mit *ein paar* (algunos) Freunden zusammen ein Bier trinken.

d) El genitivo plural del artículo indefinido se sustituye por **von** + *dativo plural* (cf. 22.5). Ejemplos:

In der Nähe *eines* Hauses.
= Cerca de una casa.

In der Nähe *von* Häusern.
= Cerca de unas casas.

A2 23.7. Diferencias en el uso del artículo indeterminado con respecto al español

Se señala a continuación una serie de casos en que el alemán usa el artículo indeterminado y el español, en cambio, lo omite.

El artículo

a) Verbo *haben*.

En casos como *Ich habe ein Auto, eine Wohnung, ein Telefon, eine Freundin, einen Freund*, el español prefiere: Tengo coche, piso, teléfono, novia, novio, etc.

A2 *b*) El adjetivo *andere, anderer, anderes* va precedido del artículo indeterminado. En español, el adjetivo *otro, otra*, no. Ejemplos:

Das ist *eine andere* Sache.
= Es *otra* cosa.

Dieser Rock ist zu eng. Bitte bringen Sie mir *einen anderen*!
= Esta falda es demasiado estrecha. ¡Por favor, tráigame otra!

No confundir:

otro (más)   = noch ein
otro (distinto)   = ein anderer, eine andere, etc.

Maria hat *noch ein* Mädchen bekommen.
= María ha tenido otra niña.

Dieses Messer schneidet nicht. Gib mir *ein anderes*!
= *Este cuchillo no corta ¡Dame otro!*

B1 *c*) El adjetivo *gewisser, gewisse, gewisses* suele llevar artículo indeterminado. Ejemplo:

Ein gewisser Herr hat gesagt....
= *Cierto* señor ha dicho....

A2 *d*) El adjetivo *halb* requiere el artículo indeterminado. Ejemplos:

Er hat *ein halbes* Glas Whisky getrunken.
= (Él) Ha bebido *medio* vaso de whisky.

Ich muss *eine halbe* Tablette nehmen.
= Tengo que tomar *media* pastilla.

B1 *e*) En alemán, *so, solch*, equivalentes a *tal*, llevan artículo indeterminado. Ejemplos:

Solch eine Sache ist mir noch nie passiert.
Eine solche Sache ist mir noch nie passiert.
= Nunca me ha pasado *tal* cosa.

A1   *f)* Si se quiere negar un sustantivo, se emplea *kein*, que equivale a *ningún* o *nada de* (véase 40.1.c). Ejemplos:

>Geld - kein Geld
>Lust - keine Lust

La negación con *kein* se puede intensificar por medio de los adverbios *gar* o *überhaupt* (en absoluto). Ejemplos:
>Ich habe gar keine Lust, zur Party zu gehen.
>Ich habe überhaupt keine Lust, zur Party zu gehen.
>= No tengo en absoluto ganas de ir a la fiesta.

A2   **23.8. La omisión del artículo en alemán**

En alemán se omite el artículo en los siguientes casos:

a) Cuando los pronombres, los adjetivos o los numerales, en su función de determinantes, ya indican el caso; o cuando el nombre va precedido de un atributo en genitivo. Ejemplos:

>dieser Mann = este hombre; jene Frau = aquella mujer; welches Kind? = ¿qué niño?; irgendeine Zeitung = cualquier periódico; alle Leute = todo el mundo; etwas Gutes = algo bueno; wenig Geld = poco dinero; schönes Wetter = buen tiempo; jeder Mensch = cada hombre/persona; sein Geld = su dinero; Münchens Polizeipräsident = el jefe de la policía de Munich; Frau Kleins Auto = el coche de la señora Klein; Peters Freundin = la amiga de Pedro.

b) Delante de nombres propios. Ejemplos:

>Petra geht tanzen.
>= Petra va a bailar.

>Mozart lebte in Salzburg, Wien und Prag.
>= Mozart vivió en Salzburgo, Viena y Praga.

c) Cuando el sustantivo indica una cantidad indeterminada de una sustancia, materia, especie, o cuando implica un concepto general. Ejemplos:

>Man braucht Milch und Mehl.
>= Se necesita leche y harina.

El artículo

> Wir kaufen Brot.
> = Compramos pan.
>
> Gold glänzt.
> = El oro reluce.
>
> Sauerstoff ist ein Gas.
> = El oxígeno es un gas.

d) Delante de sustantivos que designan profesiones. Ejemplos:

> Er ist Lehrer.
> = Él es profesor.
>
> Fritz arbeitet als Maurer.
> = Fritz trabaja de albañil.
>
> Petra wird Sekretärin.
> = Petra será secretaria.

e) En los nombres de fiestas religiosas. Ejemplos:

> Neujahr = Año Nuevo; Ostern = Pascua de Resurrección; Pfingsten = Pentecostés; Himmelfahrt = Ascensión; Fronleichnam = Corpus Cristi; Allerheiligen = Todos los Santos; Weihnachten = Navidad.

f) Delante de sustantivos en acusativo que forman una unidad con el verbo. Ejemplos:

> Sie spielt sehr gut Klavier.
> = Ella toca muy bien el piano.
>
> Ich höre oft Radio.
> = Escucho a menudo la radio.
>
> Beim Frühstück liest sie Zeitung.
> = Durante el desayuno ella lee el periódico.

En cambio, cuando se especifican los complementos se pone el artículo. Ejemplo:

> Beim Frühstück liest sie die Bildzeitung.
> = Durante el desayuno ella lee el «Bildzeitung».

g) Delante de la mayoría de nombres de continentes, países y ciudades. Ejemplos:

Er kommt aus Spanien.
= Él viene de España.

Sie kommt aus Südamerika.
= Ella viene de América del Sur.

Müllers verbringen ihren Urlaub in Österreich.
= Los Müller pasan sus vacaciones en Austria.

A2 23.9. Diferencias: omisión del artículo en alemán, artículo en español

a) El artículo se omite cuando el sustantivo indica una cantidad indefinida de una materia o sustancia. Ejemplos:

Gold glänzt.
= *El* oro reluce.

Er interessiert sich für Literatur und Musik.
= Él se interesa por *la* literatura y *la* música.

b) Delante de sustantivos que designan asignaturas académicas o ramas del saber. Ejemplos:

Ingenieurwesen ist ein schwieriges Studium.
= *La* ingeniería es una carrera difícil.

Spanisch ist eine sehr schöne Sprache.
= *El* español es una lengua muy bonita.

c) No hay artículo delante de *Herr, Frau, Fräulein* ni delante de títulos en unión con apellidos. Ejemplos:

Herr López, Doktor Schmidt, Graf Lukanor.
= *El* Sr. López, *el* Dr. Schmidt, *el* conde Lucanor.

d) En la indicación de las horas. Ejemplos:

Es ist 11 Uhr.
= Son *las* 11.

Bevor die Uhr zwölf schlägt.
= Antes de que el reloj dé *las* doce.

e) En el caso de *spielen* y sus complementos. Ejemplos:

Er spielt sehr gut Klavier (véase 23.8 *f*).
= Toca *el* piano muy bien.

Heute spielen wir Fußball.
= Hoy jugamos *al* fútbol.

f) Cuando *wir*, *ihr*, etc. van seguidos de un nombre colectivo sin numeral. Ejemplos:

Wir beide arbeiten.
= Trabajamos *los* dos.

Wir Spanier.
= Nosotros *los* españoles.

Ihr Chemiker.
= Vosotros *los* químicos.

g) Delante de números de teléfono. Ejemplo:

Meine Telefonnummer ist 235 71 72.
= Mi número de teléfono es *el* 235 71 72.

h) Delante de %. Ejemplo:

Ich habe 10 % Rabatt bekommen.
= Me han hecho *un* 10 % de descuento.

i) Cuando se hace referencia a partes del cuerpo humano precedidas de un adjetivo. Ejemplo:

Ich habe schmutzige Hände.
= Tengo *las* manos sucias.

Sprich nicht mit vollem Mund!
= ¡No hables con *la* boca llena!

j) Delante de sustantivos en acusativo que forman una unidad con el verbo (véase 23.8*f*).

k) Algunos nombres de países o ciudades, que en español van acompañados generalmente de artículo, van sin artículo en alemán. Ejemplos:

la Argentina	Argentinien
el Brasil	Brasilien
el Japón	Japan
el Perú	Peru
el Tirol	Tirol
El Cairo	Kairo

l) Alle = todos, todas, no va seguido de artículo. Ejemplos:

todos los hombres	= alle Menschen
todas las casas	= alle Häuser

m) Delante de apellidos que se refieren a toda la familia; en este caso, el apellido va en plural con -*s*:

Schmidts sind schon da.
= Los Schmidt ya han llegado.

Wagners kommen später.
= Los Wagner vendrán más tarde.

En alemán el artículo se omite, pues, con mayor frecuencia que en español.

TEMA 24

LA DECLINACIÓN DEL ADJETIVO

DEKLINATION DES ADJEKTIVS

A2 24.1. Funciones del adjetivo

La función peculiar del adjetivo consiste en determinar o calificar al sustantivo, cualquiera que sea el oficio que éste desempeñe en la oración. Se caracteriza, pues, por su dependencia respecto del sustantivo, y de ahí su función fundamental de atributo, junto a la de predicado nominal. Esta última la comparte con el sustantivo, generalmente con un verbo copulativo, es decir, con *sein* y *werden*, pero también con *machen* y *bleiben*. En esta función, o sea, como predicativo, el adjetivo se coloca al final de la frase y es *invariable*. Ejemplos:

Der Platz ist noch *frei*.
= El asiento todavía está libre.

Das Wetter wird *schön*.
= El tiempo será bueno.

Ich mache mich *frisch*.
= Me refresco.

Das Wetter bleibt *schön*.
= El tiempo permanecerá bueno.

En cambio, en su función atributiva *precede siempre* al sustantivo que califica y concuerda con él en género, número y caso. El número de adjetivos que preceden al sustantivo no influye en la declinación: todos ellos llevan la misma desinencia: «Eine klare saubere Stimme.»

A2 24.2. Declinación

Su declinación presenta tres formas diferentes: 1) La declinación débil, 2) la declinación fuerte, y 3) la declinación mixta. Las reglas para la declinación del adjetivo sirven también para el *participio*.

24.2.1. *La declinación débil*

Característica principal: el plural termina en todos los casos en *-en*.

a) Singular. Cuando el adjetivo va precedido del *artículo determinado* o de *dieser, jener, jeder, mancher, solcher, derselbe, welcher*, toma las desinencias siguientes:

	Singular		
Casos	*Masculino*	*Neutro*	*Femenino*
Nominativo	de**r** rot**e** Rock	da**s** grün**e** Hemd	di**e** gelb**e** Bluse
Acusativo	de**n** rot**en** Rock	da**s** grün**e** Hemd	di**e** gelb**e** Bluse
Dativo	de**m** rot**en** Rock	de**m** grün**en** Hemd	de**r** gelb**en** Bluse
Genitivo	de**s** rot**en** Rock**es**	de**s** grün**en** Hemd**es**	de**r** gelb**en** Bluse

Observaciones: *alles* = todo; *einiges* = algo; *manches* = algún, mucho; *irgendwelches* = cualquier; *sämtliches* = todo (en singular), pueden hallarse delante de un adjetivo sustantivado neutro o, en vez del artículo determinado, delante de un sustantivo sin artículo. Ejemplos:

Wir wünschen dir alles Gute!
= Te deseamos que todo vaya bien.

Ich erfuhr einiges Neue und manches Erfreuliche.
= Me enteré de alguna cosa nueva y de muchas agradables.

Ohne irgendwelches nette Wort verließ er uns.
= Él nos dejó sin decir ni una sola palabra amable.

Sämtliches unbrauchbare Zeug werfen wir weg.
= Tiramos todos los chismes inútiles.

La declinación del adjetivo

b) *Plural.* Cuando el adjetivo va precedido de *die, diese, jene, solche, dieselben, welche, beide*[1] , *alle, sämtliche,* de los *pronombres posesivos en plural* (*meine, deine, seine, ihre,* etc.) y del *pronombre indefinido keine,* toma las siguientes desinencias del plural:

Plural			
Casos	*Masculino*	*Neutro*	*Femenino*
Nominativo	die rot*en* Röcke	die grün*en* Hemden	die gelb*en* Blusen
Acusativo	die rot*en* Röcke	die grün*en* Hemden	die gelb*en* Blusen
Dativo	de*n* rot*en* Röck*en*	de*n* grün*en* Hemden	de*n* gelb*en* Blusen
Genitivo	de*r* rot*en* Röcke	de*r* grün*en* Hemden	de*r* gelb*en* Blusen

24.2.2. *La declinación fuerte*

Su característica principal es que, en el plural, el nominativo y el acusativo terminan en *-e.*

a) *Singular.* El adjetivo que no se halla precedido del artículo ni de ninguno de los determinantes antes mencionados, toma las desinencias del artículo determinado, a excepción del genitivo singular masculino y neutro (desinencia *-en*).

Singular			
Casos	*Masculino*	*Neutro*	*Femenino*
Nominativo	gut*er* Wein	frisch*es* Brot	rot*e* Farbe
Acusativo	gut*en* Wein	frisch*es* Brot	rot*e* Farbe
Dativo	gut*em* Wein	frisch*em* Brot	rot*er* Farbe
Genitivo	gut*en* Weines	frisch*en* Brotes	rot*er* Farbe

De esta misma forma se declinan los adjetivos precedidos de los siguientes pronombres indefinidos, cuando éstos no tienen ninguna desinencia (véase esquema, tema 32.12).

    allerlei   allerlei altes Spielzeug
                                    = toda clase de juguetes viejos

---

1. *Beide* puede colocarse en vez del artículo determinado, o se puede utilizar como adjetivo con este mismo artículo: Beide jungen Mädchen.
    Die jungen Mädchen.

Tema 24

etwas	etwas trockenes Brot
	= un poco de pan seco
manch	manch schöne Stunde
(sin desinencia)	= algunas horas felices
mancherlei	mancherlei interessante Geschichte
	= toda clase de historias interesantes
mehr	mehr frisches Brot
(sin desinencia)	= más pan recién hecho
viel	viel frisches Obst
(sin desinencia)	= mucha fruta fresca
wenig	wenig fettes Fleisch
(sin desinencia)	= poca carne grasa
solch	solch altes Zeug
(sin desinencia)	= chismes tan viejos
welch	welch guter Mensch!
(sin desinencia)	= ¡qué persona más buena!

Nichts, etwas y los pronombres indefinidos antes mencionados van a menudo seguidos de un adjetivo sustantivado —que, como se recordará, es neutro—. Éste se declina exactamente igual, pero se escribe con mayúscula:

Auf der Reise haben wir viel *Interessantes* gesehen.
= Durante el viaje vimos muchas cosas interesantes.

Er erzählte mir nichts *Neues*.
= Él no me contó nada nuevo.

Ich hätte gerne etwas *Billiges*.
= Quisiera algo barato.

b) Plural.

	Plural		
Casos	*Masculino*	*Neutro*	*Femenino*
Nominativo	gut**e** Weine	frisch**e** Brote	rot**e** Farben
Acusativo	gut**e** Weine	frisch**e** Brote	rot**e** Farben
Dativo	gut**en** Wein**en**	frisch**en** Brot**en**	rot**en** Farben
Genitivo	gut**er** Weine	frisch**er** Brote	rot**er** Farben

La declinación del adjetivo

El adjetivo toma estas mismas desinencias del plural cuando va precedido de un número cardinal o de algún pronombre indefinido. Ejemplos:

    zwei   zwei gute Freunde.
                 = dos buenos amigos.

    andere   andere nette Leute.
                 = otra gente amable.

    einige   einige nette Leute.
                 = alguna gente amable.

    etliche   etliche wertvolle Bilder.
                 = algunos cuadros valiosos.

    manche   manche ältere Menschen.
                 = algunas personas mayores.

    mehrere: mit mehreren guten Freunden.
                 = con varios buenos amigos.

    verschiedene   verschiedene neue Häuser.
                 = varias casas nuevas.

    viele   viele herzliche Grüße.
                 = muchos cordiales saludos.

    wenige   wenige junge Menschen.
                 = pocos jóvenes.

A2   c) *La declinación del adjetivo sin artículo* —es decir, la *declinación fuerte del adjetivo*— se da en los siguientes casos:

aa) Cuando se trata de *cantidades indefinidas* y de difícil cuantificación, que por esta razón, carecen de plural. Entre ellas cabe destacar:

– Materiales y líquidos, como Holz = madera; Gold = oro; Silber = plata; Eisen = hierro; Milch = leche; Wasser = agua; Öl = aceite, etcétera. Ejemplos:

    aus rein*em* Gold
    = de oro puro

    mit frisch*er* Milch
    = con leche fresca

– Cualidades, sentimientos, como Liebe = amor; Ehrgeiz = ambición; Angst = miedo, etcétera. Ejemplos:

mit groß*er* Angst
= con un gran miedo

aus rein*em* Ehrgeiz
= por pura ambición

bb) Cuando un nombre propio en genitivo precede al adjetivo. Ejemplos:

Das ist *Karls* neuer Wagen.
= Es el coche nuevo de Karl.

Der Verlag brachte *Goethes* Gesammelte Werke heraus.
= La editorial publicó las Obras Completas de Goethe.

cc) Adjetivos precedidos del pronombre interrogativo *wessen*. Ejemplos:

Wessen leer*es* Glas ist das?
= ¿De quién es este vaso vacío?

Für wessen hübsch*e* Schwester interessiert er sich?
= ¿Por la hermana guapa de quién se interesa él?

dd) Adjetivos precedidos del pronombre relativo en genitivo *dessen* y *deren*. Ejemplos:

Die Frau, deren alt*es* Auto eine Panne hatte,...
= La mujer cuyo coche viejo tuvo una avería...

Der Nachbar, dessen tollwütig*er* Hund, ...
= El vecino cuyo perro rabioso...

ee) Adjetivos precedidos de un pronombre personal utilizado como apóstrofe (*Anrede*). Ejemplos:

Du arm*es* Kind!
= ¡Pobrecito!

Uns jung*en* Menschen wird nicht geholfen.
= A nosotros, los jóvenes, no nos ayudan.

A2 24.2.3. *La declinación mixta*

Es una mezcla de las declinaciones débil y fuerte del adjetivo.
Es fuerte, si los adjetivos van precedidos del artículo indefinido o de

La declinación del adjetivo

pronombres *sin desinencia* (mein, dein, sein, ihr, unser, euer, ihr, Ihr, kein).

Es débil, si los adjetivos van precedidos de los pronombres antes mencionados, pero *con desinencia*.

a) Singular (declinación fuerte).

Casos	Masculino	Neutro	Femenino
Nominativo	ein rot**er** Rock	ein blau**es** Kleid	eine schwarz**e** Hose
Acusativo	einen rot**en** Rock	ein blau**es** Kleid	eine schwarz**e** Hose
Dativo	einem rot**en** Rock	einem blau**en** Kleid	einer schwarz**en** Hose
Genitivo	eines rot**en** Rock**es**	eines blau**en** Kleid**es**	einer schwarz**en** Hose

b) Plural (declinación fuerte).

Nominativo	rot**e** Röcke	blau**e** Kleider	schwarz**e** Hosen
Acusativo	rot**e** Röcke	blau**e** Kleider	schwarz**e** Hosen
Dativo	rot**en** Röcken	blau**en** Kleidern	schwarz**en** Hosen
Genitivo	rot**er** Röcke	blau**er** Kleider	schwarz**er** Hosen

c) Plural (declinación débil).

Nominativo	meine rot**en** Röcke	meine blau**en** Kleider	meine schwarz**en** Hosen
Acusativo	meine rot**en** Röcke	meine blau**en** Kleider	meine schwarz**en** Hosen
Dativo	meinen rot**en** Röcken	meinen blau**en** Kleidern	meinen schwarz**en** Hosen
Genitivo	meiner rot**en** Röcke	meiner blau**en** Kleider	meiner schwarz**en** Hosen

A2 24.3. Particularidades

a) Los adjetivos terminados en *-el* y *-er pierden la -e-* en la declinación y en la comparación (véase tema 25). Ejemplos:

    dunkel   ein dunkles Zimmer
                 das dunkle Zimmer
                 = la habitación oscura

edel   ein edler Wein
= un vino noble

eitel   ein eitler Mensch
= una persona vanidosa

sauer   ein saurer Apfel
= una manzana ácida

teuer   ein teures Auto
= un coche caro

Pero nótese:
bitter: bit*t*ere Schokolade
= chocolate amargo

finster: ein fins*t*erer Flur
= un pasillo oscuro

b) En el adjetivo *hoch*, empleado como atributo, la -*ch* se convierte en -*h*. Ejemplo:

Das Gebäude ist hoch = ein ho*h*es Gebäude
= El edificio es alto   = un edificio alto

c) Algunos adjetivos terminados en -*a* o -*e* (en la mayoría de los casos se trata de palabras extranjeras) *no suelen declinarse*. Ejemplos:

lila: ein lila Rock
= una falda de color lila

rosa: eine rosa Bluse
= una blusa rosa

prima: eine prima Idee
= una excelente idea

orange = naranja y creme = crema suelen componerse con *-farbig* o *-farben*. Ejemplo:

ein orangefarbenes/orangefarbiges Kleid.
= un vestido de color naranja.

d) Los adjetivos derivados de nombres de ciudades, terminan en -*er*. No suelen declinarse y se escriben con mayúscula:

der Kölner Dom
= la catedral de Colonia

La declinación del adjetivo

die Frankfurter Innenstadt
= el centro de Francfort

Wiener Würstchen
= salchichas de Viena

e) Los adjetivos sustantivados se declinan como los adjetivos seguidos de un sustantivo. Ejemplos:

ein Blinder (Mann) = un (hombre) ciego
mit einem Blinden = con un ciego
der Blinde = el ciego
eine Blinde (Frau) = una (mujer) ciega
die Blinden (Leute) = los ciegos

ein Deutscher, der Deutsche, eine Deutsche, die Deutschen.

f) El número de adjetivos que pueda preceder al sustantivo no influye en su declinación. Todos ellos tienen la misma desinencia. Ejemplos:

ein guter spanischer Wein
= un buen vino español

fließendes kaltes und warmes Wasser
= agua corriente fría y caliente

A2 24.4. Síntesis

A modo de resumen, ofrecemos aquí un cuadro de conjunto de las tres formas de declinación: *débil*, *fuerte* y *mixta*.

	Singular			*Plural*
Casos	*Masculino*	*Neutro*	*Femenino*	*Común para los 3 géneros*
N.	der rote Rock	das grüne Hemd	die gelbe Bluse	die weißen Schuhe
	roter Rock	grünes Hemd	gelbe Bluse	weiße Schuhe
	ein roter Rock	ein grünes Hemd	eine gelbe Bluse	weiße Schuhe
A.	den roten Rock	das grüne Hemd	die gelbe Bluse	die weißen Schuhe
	roten Rock	grünes Hemd	gelbe Bluse	weiße Schuhe
	einen roten Rock	ein grünes Hemd	eine gelbe Bluse	weiße Schuhe
D.	dem roten Rock	dem grünen Hemd	der gelben Bluse	den weißen Schuhen
	rotem Rock	grünem Hemd	gelber Bluse	weißen Schuhen
	einem roten Rock	einem grünen Hemd	einer gelben Bluse	weißen Schuhen
G.	des roten Rocks	des grünen Hemds	der gelben Bluse	der weißen Schuhe
	roten Rocks	grünen Hemds	gelber Bluse	weißer Schuhe
	eines roten Rocks	eines grünen Hemds	einer gelben Bluse	weißer Schuhe

Tema 24

Aislando las desinencias correlativas, obtenemos el esquema siguiente:

	Singular			Plural
Casos	Masculino	Neutro	Femenino	Común 3 géneros
Nominativo	r e	s e	e e	e en
Acusativo	n en	s e	e e	e en
Dativo	m en	m en	r en	n en
Genitivo	s en	s en	r en	r en

TEMA 25

LA COMPARACIÓN DEL ADJETIVO

DIE KOMPARATION DES ADJEKTIVS

A2 **25.1. La gradación del adjetivo**

Puesto que los adjetivos expresan a menudo juicios y valoraciones de cualidades, la determinación de éstas puede hacerse por comparación con otros sustantivos que también las poseen. Se trata, pues, en este caso, de la gradación de los adjetivos, es decir, del *comparativo* y del *superlativo*.

La gradación del adjetivo alemán es sintética: se hace mediante los morfemas *-er* (*comparativo*) y *-(e)st* (*superlativo*) y, en los adjetivos monosílabos, *mediante diéresis*. En español, la gradación es analítica, en cuanto que se hace mediante los adverbios «más», «menos», «tan».

A2 **25.2. El comparativo**

Se forma mediante la desinencia *-(e)r*. La mayor parte de los adjetivos monosílabos añaden, además, una diéresis a la vocal de la raíz. Obsérvese que los adjetivos terminados en *-el* y *-er pierden la -e- en la comparación*. Ejemplos:

Grado positivo	*Grado comparativo*		
leise	leise**r**	=	más silencioso
klein	klein**er**	=	más pequeño, menor
tief	tief**er**	=	más profundo
lang	läng**er**	=	más largo
groß	größ**er**	=	más grande, mayor, más alto

klug   klüger[1]   = más listo
dunkel   dunkler   = más oscuro
teuer   teurer   = más caro

Ein kleines Haus.   Ein kleineres Haus.
In einem kleinen Haus. In einem kleineren Haus.
= En una casa pequeña. = En una casa más pequeña.
Das Haus ist klein.   Unser Haus ist kleiner[2].

A2 25.3. El superlativo

25.3.1. *En forma atributiva*

El superlativo atribuye a un objeto el *grado máximo* de la cualidad, en relación con la de los demás objetos con que se le compara. Por eso, se utiliza siempre con el artículo determinado. El superlativo se forma mediante las desinencias *-st* o *-est*. Ejemplos:

Grado positivo	*Grado comparativo*	*Grado superlativo*
klein	kleiner	der, die, das kleinste
tief	tiefer	der, die, das tiefste
lang	länger	der, die, das längste
groß	größer	der, die, das größte
klug	klüger	der, die, das klügste

Se añade *-este*, cuando el adjetivo acaba en *-d, -t, -z, -tz, -sch, -ß, -x*. Ejemplos:

wild	wilder	der, die, das wildeste
alt	älter	der, die, das älteste
kurz	kürzer	der, die, das kürzeste
spitz	spitzer	der, die, das spitzeste
hübsch	hübscher	der, die, das hübscheste
heiß	heißer	der, die, das heißeste
fix	fixer	der, die, das fixeste

---

1. Asimismo: alt; arg = malo; arm = pobre; dumm = estúpido; gesund = sano; grob = grosero; hart = duro; jung = joven; kalt = frío; krank = enfermo; kurz = corto; scharf = cortante; stark = fuerte; schwach = débil; warm = templado, etc.
2. Se declina en función atributiva; en función predicativa permanece lógicamente invariable.

La comparación del adjetivo

Excepciones: En los siguientes casos se debe emplear la desinencia -*ste* en lugar de -**este**:

a) groß größer der, die, das größ**te**

b) Adjetivos terminados en -*isch*. Ejemplos:

sympathisch   sympathischer   der, die, das sympathisch**ste**
neidisch   neidischer   der, die, das neidisch**ste**
= envidioso

c) Adjetivos derivados de participios de presente. Ejemplos:

spannend   spannender   der, die, das spannend**ste**
= muy interesante

anstrengend   anstrengender   der, die, das anstrengend**ste**
= fatigoso

d) Adjetivos derivados de participios de pasado de los verbos débiles que terminan en -*ert*, -*elt* o -*tet*. Ejemplos:

begeistert   begeisterter   der, die, das begeistert**ste**
= entusiasmado

verzweifelt   verzweifelter   der, die, das verzweifelt**ste**
= desesperado

verachtet   verachteter   der, die, das verachtet**ste**
= despreciado

25.3.2. *En forma adverbial*

Se forma con *am* ...... *sten*. Es invariable y se usa cuando el adjetivo se halla después de un verbo. Ejemplos:

Peter schwimmt am schnellsten.
= Peter es el que nada más rápidamente.

Vorigen Monat waren die Benzinpreise am höchsten.
= El mes pasado los precios de la gasolina fueron los más elevados.

25.3.3. *Diferencias entre la forma atributiva y la adverbial*

a) Peter ist in seiner Klasse der schnellste.
b) Peter ist in seiner Klasse am schnellsten.

a) La forma con el artículo determinado se utiliza cuando se piensa en un número determinado de personas o cosas; es decir, que Peter, en este caso, comparado con los demás chicos de la clase, es el más rápido.

b) La forma con *am* se utiliza cuando se atiende a una cualidad determinada. Por lo tanto, si se quieren comparar cualidades diferentes, siempre hay que escoger la forma con *am*. Hay que decir, pues:

Peter ist schnell im Hundertmeterlauf,
im Hürdenlauf ist er noch schneller, aber im Marathonlauf
ist er am schnellsten.

Se comparan, pues, varias cualidades de Peter.

A2 25.4. Comparativos y superlativos irregulares

Los adjetivos siguientes forman el comparativo y el superlativo de una manera irregular:

hoch	höher	der, die, das höchste am höchsten
nah	*näher*	der, die, das nächste am nächsten
gut	*besser*	der, die, das *beste* am *besten*
viel	*mehr*	der, die, das *meiste* (véase tema 38) am *meisten*
gern	*lieber*	der, die, das *liebste* am *liebsten*

Puesto que, hablando en general, el español no posee una forma especial para el superlativo, *hay que prestar mucha atención para no confundir el comparativo y el superlativo* en alemán. Ejemplo:

«El más viejo» puede traducirse por: 1) der ältere,
                                                 2) der älteste.

La comparación del adjetivo

«La casa más vieja» =   1) das ältere Haus,
   2) das älteste Haus.

A2 25.5. Observaciones generales

a) La *comparación de igualdad* se expresa por medio de (*nicht*) *so ... wie* ([*no*] *tanto, tan ... como*). El adjetivo se mantiene en el grado positivo. Ejemplos:

   Ich möchte so gut aussehen wie du.
   = Quiero tener tan buen aspecto como tú.

   Er läuft (halb, doppelt, noch einmal, dreimal) so schnell wie sein Vater.
   = Él corre (la mitad, dos veces, tres veces) tan rápido como su padre.

b) Para expresar una *desigualdad* se emplea el comparativo seguido de *als*. Ejemplo:

   Sie sind (ein bisschen, ein wenig, etwas, viel, weit[aus], bei weitem, erheblich, bedeutend, wesentlich) schlanker als ich.
   = Ud. es (un poco, algo, mucho, muchísimo, considerablemente) más delgada que yo.

c) Cuando *als* introduce una oración subordinada como segundo elemento de la comparación, corresponde en español a «del que», «de lo que». Ejemplos:

   Das Auto war teurer, *als* ich gedacht hatte.
   = El coche era/fue más caro *de lo que* yo había pensado.

   Der Film war besser, *als* man erwartet hatte.
   = La película fue mejor *de lo que* se había esperado.

d) La *comparación gradual* (cada vez más/menos) se expresa en alemán por medio de *immer* + *comparativo*. Ejemplo:

   Es kommen *immer* wenig*er* Schüler zum Unterricht.
   = *Cada vez* vienen *menos* alumnos a clase.

e) También puede *repetirse el comparativo* (sobre todo cuando ponemos énfasis en lo que relatamos). Ejemplos:

   Der Saal wurde voller und voller.
   = La sala se llenaba más y más.

Der Wind wurde stärker und stärker.
= El viento soplaba cada vez con más fuerza.

f) Las expresiones «*cuanto más,...* (*tanto*) *más*» se traducen al alemán por: *je...desto/um so* (véase tema 48). Ejemplos:

Je älter wir werden, desto/um so erfahrener werden wir.
= Cuanto mayores nos hacemos, (tanta) más experiencia tenemos.

Je frischer das Brot ist, desto/um so besser schmeckt es.
= Cuanto más fresco es el pan, (tanto) mejor sabe.

A2 25.6. Formas de comparación absolutas

25.6.1. *El comparativo absoluto*

El comparativo absoluto contiene una idea de comparación implícita y se refiere al antónimo del positivo. Esta particularidad queda limitada a ciertos adjetivos, a saber:

jünger, älter; reicher, ärmer; länger,
kürzer; größer, kleiner; besser:

Ein älterer Herr ist kein alter Herr, sondern jünger als ein alter Herr[3].
= Un señor mayor no es un señor viejo, sino que es más joven que un señor viejo.

Eine längere Fahrt dauert nicht so lange wie eine lange Fahrt.

Eine größere Stadt ist kleiner als eine große Stadt.

B1 25.6.2. *El superlativo absoluto*

El superlativo absoluto expresa un grado de comparación muy elevado.

a) Se utiliza generalmente sin artículo. Ejemplos:

Liebste Veronika!
Herzlichsten Dank für alles!
Mit größtem Vergnügen

---

3. Según Helbig/Buscha: *ein junger Mann* tiene de 15 a 30 años, *ein jüngerer Mann* de 30 a 45, *ein älterer Mann* de 50 a 65, *ein alter Mann* más de 70.

La comparación del adjetivo

b) También puede expresarse el superlativo absoluto anteponiendo el adverbio *aufs*, lo que indica el mejor grado posible. Ejemplo:

Der Tisch war aufs festlichste gedeckt.

c) El grado más elevado del superlativo absoluto se forma con *aller*, unido al adjetivo en grado superlativo. Ejemplos:

Das war der allerschönste Tag meines Lebens.
Sie ist die Allerschönste.

Sie weiß immer das Allerneueste.

d) El superlativo absoluto puede formarse también mediante los adverbios *sehr* = muy; *besonders* = especialmente; *äußerst* = extremadamente, etcétera. Ejemplos:

Das war ein sehr guter Film.

Das war ein besonders guter Film.

Das war ein äußerst guter Film.

e) También puede formarse mediante la *composición*, pero este procedimiento queda limitado a cierto número de adjetivos. Su traducción al español ofrece algunas dificultades:

steinreich, todkrank, todmüde, hundemüde, schneeweiß, kerngesund, blitzsauber, blitzschnell, sternhagelvoll, stocktaub, strohdumm, hundeelend, bärenstark, spindeldürr, bettelarm, hochmodern, pudelwohl, klitzeklein, putzmunter, quicklebendig. Ejemplos:

Nach der langen Fahrt waren wir alle hundemüde.
= Después del largo viaje todos estábamos hechos polvo.

Wir arbeiten mit hochmodernen Maschinen.
= Trabajamos con máquinas ultramodernas.

Nachdem sie geputzt hatte, war die Küche blitzsauber.
= Después de que ella hubo limpiado, la cocina relucía de limpia.

B1 25.7. Particularidades de la comparación

a) Para expresar una desigualdad, se utiliza *anders* (distinto) y la conjunción *als*. Ejemplo:

Heute lebt man anders als vor 50 Jahren.
= Hoy en día se vive de otra forma que hace 50 años.

b) Algunos adverbios de lugar se pueden convertir en adjetivos declinables mediante la desinencia *-er*. Se utilizan como atributos delante de un nombre. Pueden formar el superlativo, pero no el comparativo:

	Adverbio	*Positivo*	*Superlativo*
exterior	außen	äußer...	der, die, das äußerste...
interior	innen	inner...	der, die, das innerste...
detrás	hinten	hinter...	der, die, das hinterste...
delante	vorn	vorder...	der, die, das vorderste...
arriba	oben	ober...	der, die, das oberste...
abajo	unten	unter...	der, die, das unterste...
en medio	mitten	mittler...	der, die, das mittelste...

Er sitzt in der vorder(st)en Reihe.
= Él está sentado en la primer(ísim)a fila.

Das Buch steht im ober(st)en Regal.
= El libro está en el estante superior.

c) Algunos adjetivos no permiten la comparación, puesto que expresan ya unas cualidades absolutas. Ejemplos:

mündlich = oral; schriftlich = por escrito; gelb = amarillo (y los adjetivos de colores), tot = muerto; lebendig = vivo; nackt = desnudo; viereckig = cuadrado; dreieckig = triangular; rechts = a la derecha; links = a la izquierda; halb = medio; ganz = entero; jetzig = actual; hiesig = de aquí; dortig = de allí, etc.

TEMA 26

EL RÉGIMEN DE LOS ADJETIVOS

REKTION DER ADJEKTIVE

B1 **26.1. Régimen del adjetivo**

Al igual que los verbos, los adjetivos pueden ir acompañados de complementos (dativo, acusativo, genitivo, complementos prepositivos) o de oraciones subordinadas.

26.2. Adjetivos que rigen dativo

En español suelen requerir un complemento prepositivo introducido por «a» o «para».

ähnlich	= semejante	gewachsen	= que está a la altura (de)
angenehm	= agradable	gleich	= igual
behilflich	= útil	gleichgültig	= indiferente
bekannt	= conocido	hinderlich	= embarazoso
bewusst	= consciente	klar	= claro
böse	= enojado, enfadado	langweilig	= aburrido
dankbar	= agradecido	lästig	= molesto
dienlich	= provechoso	lieb	= querido, simpático
egal	= igual	möglich	= posible
einerlei	= indiferente	nahe	= estar próximo, cercano
entsprechend	= correspondiente	neu	= nuevo
ergeben	= leal	nützlich	= útil
fremd	= extraño	peinlich	= desagradable, penoso
geläufig	= corriente	recht	= conveniente
gelegen	= interesado en (que)	schwer	= difícil
gemäß	= adecuado	sympathisch	= simpático

Tema 26

treu	= leal, fiel	verhasst	= odiado
überlegen	= superior	verständlich	= comprensible
unerträglich	= insoportable	wichtig	= importante
unheimlich	= inquietante	willkommen	= bienvenido
unterlegen	= inferior	zuwider	= opuesto a, antipático
verbunden	= agradecido		

C2 26.3. Adjetivos que rigen genitivo

Los complementos en genitivo son cada vez menos frecuentes en la lengua alemana actual. Se utilizan, sobre todo, en un nivel de lenguaje más elevado y se van sustituyendo por complementos prepositivos.

El genitivo precede normalmente al adjetivo. Ejemplo:

(sich) (einer Sache) bewusst sein   Du bist dir wohl der Bedeutung
= tener conciencia (de una cosa)   dieser Sache nicht bewusst.
                                                                          = No eres consciente de la importancia
                                                                          de este asunto.

De esta misma manera se construyen:

(einer Sache) fähig	(sein)	= (ser) capaz (de una cosa)
(sich) (einer Sache) gewiss	(sein)	= (estar) seguro (de una cosa)
(einer Sache) müde	(sein)	= (estar) cansado (de una cosa)
(sich) (einer Sache) sicher	(sein)	= (estar) seguro (de una cosa)
(einer Sache) überdrüssig	(sein)	= (estar) harto (de una cosa)
(einer Sache) verdächtig	(sein)	= (ser) sospechoso (de una cosa)
(einer Sache) wert	(sein)	= (ser) merecedor (de una cosa)
(einer Sache) würdig	(sein)	= (ser) digno (de una cosa)

B1 26.4. Adjetivos que rigen acusativo

El acusativo precede al adjetivo. Indica la medida o la cantidad.

alt (sein)	= (tiene)... de edad	Das Baby ist erst einen Monat alt.
breit	= ancho	
dick	= grueso	
entfernt	= alejado	
groß	= alto (personas), grande	
hoch	= alto (cosas)	
lang	= largo	

El régimen de los adjetivos

schwer = pesado
tief = hondo, profundo
weit = alejado, lejos
wert = digno, apreciado

B1 26.5. Adjetivos con preposiciones

26.5.1. *An + dativo*

arm = pobre en   Diese Früchte sind arm an Vitaminen.

beteiligt = implicado en
gelegen = interesado en (que) = importar
interessiert = interesado en
reich = rico en
schuld = culpable de

26.5.2. *An + acusativo*

gebunden = ligado a   Die Verhandlungen sind an keinen festen Termin gebunden.

gewöhnt = acostumbrado a

26.5.3. *Auf + acusativo*

angewiesen = dependiente de   Wir sind auf Ihre Hilfe angewiesen.

aufmerksam	= atento	gespannt	= tenso, impaciente
bedacht	= deseoso	neidisch	= envidioso
begierig	= ávido	neugierig	= curioso
bezogen	= referido	scharf	= codicioso de
böse	= enojado	stolz	= orgulloso
eifersüchtig	= celoso	wütend	= rabioso, sañudo
eingebildet	= engreído	zornig	= encolerizado
gefasst	= preparado		

26.5.4. Bei + dativo

behilflich	= (ser) útil	Er war mir bei der Arbeit sehr behilflich.
beliebt	= apreciado	
verhasst	= odiado	

26.5.5. Für + acusativo

angenehm	= agradable	Für die Fußballspieler war es nicht angenehm, bei dem schlechten Wetter spielen zu müssen.

bedeutsam	= importante	genug	= suficiente
bedeutungslos	= insignificante	geschaffen	= creado
bekannt	= conocido	gut	= bueno
bestimmt	= destinado	interessant	= interesante
bezeichnend	= característico	nachteilig	= desfavorable
charakteristisch	= característico	nötig	= necesario
dankbar	= agradecido	notwendig	= necesario
empfänglich	= receptivo	nützlich	= útil
entscheidend	= decisivo	offen	= abierto
geeignet	= adecuado		

26.5.6. Gegen + acusativo

allergisch	= alérgico (a)	Unser Sohn ist allergisch gegen Hausstaub.

empfindlich	= sensible
gut	= bueno
immun	= inmune
misstrauisch	= desconfiado
streng	= severo

26.5.7. In + dativo

ähnlich	= parecido/semejante	Die Geschwister sind sich im Wesen ziemlich ähnlich.
einig	= acorde, unánime	

El régimen de los adjetivos

erfahren = experimentado
geschickt = hábil
gut = bueno, eficiente

26.5.8. *In + acusativo*

verliebt = enamorado   Tina ist in einen Schauspieler verliebt.

26.5.9. *Mit + dativo*

befreundet	= amigo (de)	Sie ist mit einem Schauspieler befreundet.	
bekannt	= conocido	verheiratet	= casado (con)
beschäftigt	= ocupado (con)	vertraut	= familiarizado (con)
einverstanden	= conforme, acorde	verwandt	= pariente (de)
fertig	= terminado	zufrieden	= contento (con)
vergleichbar	= comparable (con)		

26.5.10. *Über + acusativo*

Se trata, sobre todo, de adjetivos que expresan emociones. Ejemplos:

ärgerlich	= enojado	Sie war sehr ärgerlich über den Misserfolg.	
beschämt	= avergonzado	entzückt	= encantado
bestürzt	= perplejo	erfreut	= contento
betroffen	= atónito	erstaunt	= asombrado
böse[1]	= disgustado	froh	= contento
einig	= acorde, conforme	glücklich	= feliz
entrüstet	= indignado	traurig	= triste
entsetzt	= horrorizado		

26.5.11. *Um + acusativo*

besorgt = preocupado   Die Eltern sind sehr besorgt um die Kinder.
bemüht = solícito

---
1. *Böse auf* = personas; *böse über* = cosas.

26.5.12. Von + dativo

abhängig	= dependiente	Das ist von den Umständen abhängig.

entfernt	= distante, alejado (de)	unabhängig	= independiente
enttäuscht	= decepcionado	verlassen	= abandonado
frei	= libre (de)	verschont	= (quedar) libre (de)
nett[2]	= amable	voll	= lleno (de)
überzeugt	= convencido		

26.5.13. Vor + dativo

sicher = seguro   Hier ist das Geld vor Dieben sicher.

26.5.14. Zu + dativo

bereit	= dispuesto	Das Gerät ist zur Benutzung bereit.

entschlossen	= decidido (a)
fähig	= capaz
freundlich	= amable
geeignet	= apropiado
gut	= bueno
nett	= amable
verpflichtet	= obligado

---

2. El adjetivo *nett* siempre precede a la preposición: «Das ist nett von dir.»

TEMA 27

LOS ADJETIVOS NUMERALES

ZAHLADJEKTIVE

27.0. Los adjetivos numerales

Hablaremos 1) de los numerales cardinales, 2) de los ordinales y 3) de otros numerales.

A1 **27.1. Numerales cardinales (*Grundzahlen*)**

Indican un número o una cantidad determinados. Se pregunta por la cantidad con *wie viel*? (¿cuánto?) y por el número con *wie viele*? (¿cuántos?).
Los números cardinales son:

0 = Null	16 = sechzehn
1 = eins	17 = siebzehn
2 = zwei	18 = achtzehn
3 = drei	19 = neunzehn
4 = vier	20 = zwanzig
5 = fünf	21 = einundzwanzig (1 + 20)
6 = sechs	22 = zweiundzwanzig (2 + 20)
7 = sieben	23 = dreiundzwanzig (3 + 20)
8 = acht	24 = vierundzwanzig (4 + 20)
9 = neun	25 = fünfundzwanzig (5 + 20)
10 = zehn	30 dreißig
11 = elf	40 vierzig
12 = zwölf	50 fünfzig
13 = dreizehn	60 sechzig
14 = vierzehn	70 siebzig
15 = fünfzehn	80 achtzig

Tema 27

90	neunzing	1006	tusendsechs
100	(ein) hundert	1101	tausendeinhunderteins
101	hunderteins		
110	hundertzehn		
131	hunderteinunddreißig	999999	neunhundertneunund-
200	zweihundert		neunzigtausendneun-
300	dreihundert		hundertneunundneunzig
		1000000	eine Million
1000	(ein) tausend	2000000	zwei Millionen
		1000000000	eine Milliarde (mil millones).

27.1.1. *Observaciones*

a) Las unidades van delante de las decenas y se enlazan con éstas mediante *und*.

b) Los *años* se leen de la siguiente manera:

1992 = neunzehnhundertzweiundneunzig.
(Im Jahr) 1992 waren die Olympischen Spiele in Barcelona

Los números de los años entre 1000 y 1099 se leen como números normales: 1066 = (ein)tausendsechsundsechzig. Lo mismo ocurre a partir del año 2000, por ejemplo 2006 = zweitausendsechs

c) «Quince días» son «14 (vierzehn) Tage».

d) Para distinguir entre *zwei* y *drei* (por ejemplo, hablando por teléfono) se dice, en vez de *zwei*, zwo. Sin embargo, siempre se escribe *zwei*.

e) El número *eins* delante de las decenas pierde la -*s*, pero la conserva al final de un número. Ejemplos:

21 einundzwanzig
31 einunddreißig
41 einundvierzig
101 hunderteins
1001 tausendeins

f) Lo siguientes números son nombres femeninos, y en plural tienen la desinencia -*en*:

1000000 eine Million
2000000 zwei Millionen
1000000000 eine Milliarde (=1000 Millionen)

Los adjetivos numerales

  1000000000000 eine Billion (1000 Milliarden)

Estos números, escritos en palabras, se separan de los números más bajos. Ejemplo:

  1200000 eine Million zweihunderttausend

 g) Los *importes* siempre se leen de la forma siguiente:

  17,50 € siebzehn Euro fünfzig.
  0,80 € achtzig Cent.
  8,20 € acht Euro zwanzig.

 h) Para preguntar e indicar la *hora* se emplea la forma impersonal *es ist*, siempre en singular[1].

La pregunta por la hora siempre se formula así:

Wie spät ist es?
Wie viel Uhr ist es?

Para indicar la hora se puede escoger una doble forma:

— *Forma oficial*: El día se divide en 24 horas. Se indican los minutos después de las horas. Ejemplos:

  Es ist 7.30 Uhr sieben Uhr dreißig (Minuten)
  Es ist 12.40 Uhr zwölf Uhr vierzig (Minuten)
  Es ist 19.20 Uhr neunzehn Uhr zwanzig (Minuten)
  Es ist 23.35 Uhr dreiundzwanzig Uhr fünfunddreißig (Minuten)
  Es ist 0.15 Uhr null Uhr fünfzehn (Minuten)

— *Forma coloquial*: Los minutos se indican antes de las horas. Cuando se emplean las preposiciones *vor* y *nach* se indica, por lo general, el intervalo de tiempo más corto con relación a la hora entera o a la media. Ejemplos:

  6.00 Uhr sechs (Uhr)
  6.05 Uhr fünf (Minuten) nach sechs
  6.10 Uhr zehn (Minuten) nach sechs
  6.15 Uhr Viertel nach sechs
  6.25 Uhr fünf vor halb sieben
  6.30 Uhr halb sieben
  6.35 Uhr fünf nach halb sieben
  6.40 Uhr zwanzig vor sieben

---

 1. Como en francés *il est*, o en inglés *it is*.

Tema 27

Para evitar malentendidos entre mañana y noche se utilizan los correspondientes adverbios temporales. Ejemplo:

> Er kommt mit dem Zug um 9 Uhr abends.
> = Él viene con el tren de las 9 (horas) de la noche.

Las horas en punto se indican como sigue:

> 13.00 Uhr = es ist ein Uhr, o   es ist eins.
> 14.00 Uhr = es ist zwei Uhr, o   es ist zwei.

i) No deben confundirse *Uhr* y *Stunde*.

> Son las 6 (horas) = Es ist 6 *Uhr* (hora indicada en el reloj).
> Necesito 6 horas = Ich brauche 6 *Stunden* (hora = 60 minutos).

j) Los *problemas de matemáticas* se leen de la siguiente forma:

> $5 + 8 = 13$ fünf und acht *ist* dreizehn.
> fünf plus acht *ist* dreizehn.
>
> $16 - 9 = 7$ sechzehn weniger neun *ist* sieben.
> sechzehn minus neun *ist* sieben.
>
> $2 \times 2 = 4$ zwei mal zwei *ist* vier.
>
> $15 : 3 = 5$ fünfzehn (geteilt) durch drei *ist* fünf.
>
> $6^2 = 36$ sechs hoch zwei *ist* sechsunddreißig.
>
> $\sqrt{36} = 6$ Quadratwurzel aus sechsunddreißig gleich sechs.

B1 27.1.2. *El adjetivo numeral «uno»*

a) El artículo indeterminado *ein...* se puede utilizar como un numeral y sigue las reglas de la declinación de aquél. A diferencia del artículo indeterminado, se acentúa al hablar. Ejemplos:

> Es war nur *ein* Schüler da.
> = Había solamente un alumno.
>
> Die Prüfung hat *einen* Tag gedauert.
> = El examen ha durado un día.

b) El número cardinal *eins* lleva, como numeral independiente, las desinencias del artículo determinado. Ejemplos:

Los adjetivos numerales

Nur *einer* der Reisenden war da.
= Solamente uno de los viajeros estaba allí.

Ich ging mit *einem* von ihnen ins Kino.
= Fui con uno de ellos al cine.

c) Cuando *ein*..., como numeral, sigue a un artículo determinado, a un pronombre demostrativo, a un pronombre posesivo o a un pronombre relativo, se utiliza y se declina como un adjetivo normal. Ejemplos:

Der eine und der andere.
Ich habe mit dem einen gesprochen, der neulich da war.
Dieser eine Satz genügt.
Das Mädchen geriet mit seiner einen Hand in die Maschine.
Das ist die Frau, deren eine Tochter abends immer in der Disco ist.

B2 27.1.3. *Los números cardinales 2 y 3*

a) Los números cardinales 2 y 3 suelen declinarse solamente en genitivo y dativo. Ejemplos:

Wir haben viele Bekannte: mit zweien/dreien haben wir ständig Kontakt.
In diesem Gebäude ist das Konsulat zweier/dreier Länder.

b) Cuando nos referimos a dos personas o cosas antes mencionadas, utilizamos el adjetivo *beide*[3]. Además de la forma en plural, existe el singular *beides*, que se refiere únicamente a cosas o a hechos. Ejemplos:

Eben sind zwei Studenten gekommen. Beide wollen sich einschreiben.
Nehmen Sie das Hähnchen oder den Fisch?
Ich nehme beides (= ambas cosas).

c) El sustantivo *das Paar/die Paare* (con mayúscula) significa dos personas o dos cosas que forman una pareja. Ejemplos:

ein Paar Schuhe.
ein Paar Strümpfe.
zwei Paar Socken.
Inge und Thomas sind ein nettes Paar.

---

3. Obsérvese que, en alemán, *beide* o *letzte* preceden al número ordinal:
«*Die beiden ersten Kapitel.*»
= Los dos primeros capítulos.

d) Ein paar (con minúscula) significa «algunas personas o cosas». Ejemplos:

> Es waren nur ein paar Personen da.
> Ich habe ein paar Flaschen Wein gekauft.

B2 27.1.4. *Los números cardinales sustantivados*

a) Todos los números cardinales pueden sustantivarse. En este caso, se escriben con mayúscula. Siempre son femeninos. En singular son invariables, y en plural tienen la desinencia *-en*, excepto el 7. Ejemplos:

> Michael hat in Mathematik eine Zwei bekommen[4].
> Die Sechs (línea de autobús, tranvía o metro) hält da vorne.
> Sie ist Anfang/Mitte/Ende Fünfzig.

b) Los números cardinales también pueden formar sustantivos masculinos terminados en *-er* que hay que declinar. Se utilizan para indicar el número de un grupo determinado, billetes, monedas, sellos, o para indicar el año o la edad aproximados. Ejemplos:

> Geben Sie mir eine Zehnerpackung Zigaretten!
> Können Sie mir einen Hunderter in fünf Zwanziger wechseln?
> Bitte drei Achtziger und zehn Zehner (Briefmarken)!
> Die Ölkrise begann in den Siebzigern (in den 70er Jahren).
> Als Sechziger hatte er seine ersten schriftstellerischen Erfolge.
> Die schriftstellerischen Erfolge eines Sechzigers (eines Mannes zwischen 60 und 70 Jahren).

c) Con *cien, mil,* etc. se pueden indicar grandes cantidades. En este caso, se comportan como sustantivos en plural declinables. Ejemplos:

> Seit der Katastrophe leben noch Tausende in Baracken.
> Bei der nächsten Demonstration rechnet die Polizei mit Tausenden.
> Die Verluste gehen in die Millionen.

---

4. Las notas en Alemania son las siguientes:
   1 = sehr gut (sobresaliente)
   2 = gut (notable)
   3 = befriedigend (satisfactorio)
   4 = ausreichend (suficiente)
   5 = mangelhaft (deficiente)
   6 = ungenügend (insuficiente)

Los adjetivos numerales

A2 27.2. Numerales ordinales *(Ordnungszahlen)*

Son los numerales que se aplican a las personas o cosas que ocupan, en una serie, el lugar correspondiente a cierto número. Los ordinales del 2 al 19 tienen la desinencia *-t*, y, a partir de 20, *-st*. Se declinan como adjetivos:

    1. = der, die, das ers*te*
    3. = der, die, das drit*te*
    8. = der, die, das ach*te*

Los ordinales escritos en cifras van seguidos de un punto. Se dice:

    1. = der, die, das ers*te*
    2. = der, die, das zwei*te*
    3. = der, die, das drit*te*
    4. = der, die, das vier*te*
    5. = der, die, das fünf*te*

    11. = der, die, das elf*te*
    12. = der, die, das zwölf*te*
    13. = der, die, das dreizehn*te*

    20. = der, die, das zwanzig*ste*
    21. = der, die, das einundzwanzig*ste*

    80. = der, die, das achtzig*ste*

    100. = der, die, das hundert*ste*
    101. = der, die, das hundertunders*te*

    1000. = der, die, das tausend*ste*

Wir wohnen im 10. (zehnten) Stockwerk.
Gehen Sie geradeaus, dann die 4. (vierte) Straße links!
Beim Motorradrennen wurde er zweiter.

27.2.1. *Observaciones*

a) Se pregunta por un número ordinal con: *der, die* o *das wievielte?* Ejemplos:

    Im wievielten Stock wohnt ihr?
    Im 7. (siebten) Stock.

b) Para indicar la *fecha*, se utiliza la forma masculina de los números ordinales, ya que se refieren al sustantivo *Tag*. Siempre se indica el día antes de poner el mes. Ejemplos:

> Der wievielte ist heute?
> Heute ist der 13. 5. (dreizehnte fünfte).
>
> Den wievielten haben wir heute?
> Heute haben wir den 13. 5. (dreizehnten fünften).

En el encabezamiento de una carta se escribe:

> Köln, den 26. 6. 19... (sechsundzwanzigsten sechsten).

B1 *c*) Los *nombres de soberanos* o *papas* van seguidos de números ordinales romanos. Ejemplo:

Se escribe:		*Se lee*:
Nominativo	Karl V.	Karl der Fünfte
Acusativo	Karl V.	Karl den Fünften
Dativo	Karl V.	Karl dem Fünften
Genitivo	Karl V.	Karls des Fünften

C2 *d*) Para indicar una *prelación* determinada, se juntan los números ordinales, sin desinencia, con superlativos. Ejemplos:

> Der zweitschnellste Fahrer kam aus Österreich.
> Bei den Wettkämpfen war sie die drittbeste.

C2 *e*) El número ordinal, sin desinencia, seguido de la preposición *zu*, indica el número de un grupo de personas. Ejemplos:

> Wir arbeiten in Gruppen zu dritt oder zu viert.
> Auf der Party waren wir nur zu sechst.

C2 *f*) Para indicar un *orden de sucesión determinado*, se coloca el pronombre indefinido *jed...* delante del numeral ordinal. Ejemplos:

> Sie kommt jeden zweiten Tag.
> Jede dritte Woche wird ein Test geschrieben.

A2 *g*) Al principio de una sucesión figura *der, die, das erste*, y al final *der, die, das letzte*. Ejemplo:

Los adjetivos numerales

Das A ist der erste Buchstabe, das Z der letzte Buchstabe des Alphabets.

B1 27.3. Otros numerales

27.3.1. *Numerales fraccionarios (Bruchzahlen)*

a) Estos numerales designan partes de la unidad. Se han originado por contracción de los números ordinales y del sustantivo *Teil* (der dritte Teil = drittel = un tercio). Se forman, partiendo de los números ordinales, con la desinencia *-el*. No se declinan, salvo *halb*. Cuando tienen la función de un sustantivo, son neutros:

Se escribe: Se lee:

    1/3   ein Drittel: Ein Drittel der Schüler sind berufstätig.
    2/5   zwei Fünftel: Zwei Fünftel der Bevölkerung fanden eine Stelle.

Das erste Viertel des Weges war angenehm.
Ich habe das erste Drittel des Buches gelesen.

Los números quebrados acompañados de un número entero se leen de la siguiente forma:

    6 3/4 Stunden: Die Fahrt dauerte sechs dreiviertel Stunden[5].
    2 1/3 Kilogramm: Das sind zwei eindrittel Kilogramm.

b) El número partitivo *halb* es un adjetivo y, como tal, debe declinarse. Ejemplo:

Sie war ein halbes Jahr im Ausland.

Cuando *halb* sigue a un número entero, el conjunto se escribe en una sola palabra y no se declina. El sustantivo está en plural, si no se trata de medidas (Liter, kg, m, etc.). Ejemplos:

Das Studium dauerte 6 1/2 (sechseinhalb) Jahre.
Ich habe zweieinhalb Kilo Birnen gekauft.

En vez de *eineinhalb*, se dice también *anderthalb*. Ejemplo:

Seit anderthalb Jahren lerne ich Deutsch.

---

[5]. Cuando tienen la función de adjetivos, se suele escribir el numerador y el denominador en una palabra.

Tema 27

B1 27.3.2. *Los numerales enumerativos (Einteilungszahlen)*

Los numerales enumerativos designan un orden de sucesión en las enumeraciones.
Se forman añadiendo -*ens* a los números ordinales. No se declinan:

1. erst*ens*
2. zweit*ens*
3. dritt*ens*
4. viert*ens*

11. elft*ens*
12. zwölft*ens*

20. zwanzigst*ens*
21. einundzwanzigst*ens*

Ejemplos:

Für die Reise brauchen wir: erstens ein Visum, zweitens Medikamente, drittens Devisen, viertens geeignete Kleidung,...

B1 27.3.3. *Los numerales repetitivos (Wiederholungszahlen)*

a) Contestan a la pregunta *wie oft?* (¿cuántas veces?) o *wievielmal?* Se forman añadiendo a los números cardinales la desinencia -*mal*. En este caso funcionan como adverbios y no se declinan. Ejemplos:

Ich bin schon viermal in Berlin gewesen.
Wir haben dreimal geklingelt, aber niemand hat aufgemacht.
Ich habe schon *x*mal (muchísimas veces) gewählt, aber niemand meldet sich.

b) También se pueden utilizar como adjetivos añadiendo -*malig* y la correspondiente desinencia del adjetivo. Ejemplos:

Diese einmalige Gelegenheit müssen wir ausnutzen.
Nach dreimaligem Fragen hatte er das Rätsel erraten.

c) Los números repetitivos indefinidos son: *mehrmals, oftmals, vielmals*. Ejemplos:

Ich danke Ihnen vielmals.
Wir haben Sie mehrmals/oftmals daran erinnert.

Los adjetivos numerales

C2 27.3.4. *Los numerales múltiplos (Vervielfältigungszahlen)*

a) Los números múltiplos indican cosas de las que hay varios ejemplares o que ocurren varias veces. Se forman añadiendo la desinencia *-fach* a los números cardinales. Se pregunta por ellos con *wie oft?* o, a veces, con *wievielfach?* Se responde: einfach, zweifach o doppelt, dreifach, zehnfach, etc. Pueden funcionar como adverbios y como adjetivos. En este último caso se declinan por medio de las correspondientes desinencias de caso, número y género.

— *Como adverbios:*
  (No se declinan)   Das Formular muss dreifach (por triplicado) ausgefüllt werden.
  Er verdient zweimal (doppelt) so viel wie ich.

— *Como adjetivos:*
  (Se declinan)   Man muss die Bescheinigung in fünffacher Ausfertigung vorlegen.

b) Los numerales múltiplos indefinidos son *mehrfach* y *vielfach*. Ejemplos:

   Er ist mehrfacher deutscher Meister im Hürdenlauf.
   Diese Veranstaltung wird auf vielfachen Wunsch wiederholt.

C2 27.3.5. *Los numerales genéricos (Gattungszahlen)*

Los números genéricos indican una cantidad integrada por varias clases de elementos. Se forman añadiendo a los números cardinales la desinencia *-erlei*[6]. No se declinan.

Se pregunta mediante *wievielerlei?* (¿de cuántas clases?). Cuando el nombre que le sigue se refiere a una materia o a una medida, siempre está en singular. Ejemplos:

   Der Pullover ist aus zweierlei (dos clases de) Wolle.
   Er hat zweierlei Schuhe an.
   Es gibt noch hunderterlei Gelegenheiten.

---

[6]. En analogía con los numerales genéricos, se forman los adverbios numerales con la desinencia *-erlei*: allerlei, mancherlei, vielerlei.

TEMA 28

LOS PRONOMBRES PERSONALES

PERSONALPRONOMEN

A1 **28.0. El pronombre y sus clases**

Con respecto a otras clases de palabras, *los pronombres forman un grupo heterogéneo y con límites poco precisos en algunas de sus clases.* Mientras los sustantivos y los adjetivos tienen una significación constante y fija, los pronombres se caracterizan —por lo menos en parte— por la carencia de un sentido constante, fijo y determinado. Y la diferencia más importante entre ellos es que, mientras en unos cada situación concreta permite saber exactamente a quién representan, en otros la significación es esencialmente indeterminada, como en los interrogativos e indefinidos.

Los pronombres se nos presentan *en clases más perfiladas e independientes que las de los sustantivos y los adjetivos.* No puede olvidarse que el número de las palabras pronominales es limitado: cada clase tiene sus formas determinadas. Las diferentes clases tienen una marcada autonomía, de suerte que algunas de ellas se pueden considerar independientes de los pronombres. Lo cierto es que, bajo la denominación de «pronombres», comprendemos distintos grupos de elementos significativos que, a pesar de sus caracteres comunes, no se dejan reducir fácilmente a una sola categoría.

Entre los pronombres, distinguiremos los *personales* (tema 28),
           los *posesivos* (tema 29),
           los *reflexivos* (tema 30),
           los *interrogativos* (tema 31),
           los *indefinidos* (tema 32),
           los *demostrativos* (tema 33) y
           los *relativos* (tema 34).

Los pronombres personales

A1 28.1. Pronombres personales

En primer lugar, la denominación de *personales* sólo es parcialmente acertada, pues existen formas que no designan necesariamente a personas, o a seres personificados.

Así, tanto en español como en alemán, vemos cómo las dos primeras personas son realmente «personales», pero no la tercera, porque puede designar también seres «no personales». Esta denominación se basa en las personas que pueden intervenir en el coloquio, que son, por lo menos, dos: la que habla (*ich*) y aquella a quien se habla (*du, Sie*). Pero la tercera persona puede referirse tanto a personas como a cosas de quienes/de las que se habla (*er, sie, es*; plural *sie*) o a conceptos, conjuntos de cosas e ideas complejas (*es*). Así, pues, sólo los pronombres de primera o segunda persona[1]: *ich, du, wir, ihr, Sie*, en nominativo, acusativo y dativo, pueden considerarse verdaderamente pronombres personales.

A1 28.2. Declinación

La *declinación del pronombre personal* según caso, número, género y persona es la siguiente:

Persona	Nominativo	Acusativo	Dativo	Genitivo[2]
1.ª singular	ich	mich	mir	meiner
2.ª singular	du	dich	dir	deiner
2.ª singular	Sie	Sie	Ihnen	Ihrer
3.ª singular	er	ihn	ihm	seiner
	sie	sie	ihr[3]	ihrer
	es	es	ihm	seiner
1.ª plural	wir	uns	uns	unser
2.ª plural	ihr	euch	euch	eurer
2.ª plural	Sie	Sie	Ihnen	Ihrer
3.ª plural	sie	sie	ihnen	ihrer

---

1. Aunque, desde un punto de vista formal, el pronombre *Sie* (Ud., Uds.) pertenece a la 3.ª persona del plural, desde un punto de vista semántico, hay que considerarlo como de 2.ª persona.
2. El genitivo de los pronombres personales está en desuso. Sólo se utiliza con algunos verbos que rigen un complemento en genitivo, por ejemplo, *gedenken*: Überall wurde seiner gedacht.
3. En alemán se distingue entre dativo femenino y masculino. En castellano: *Le* doy el libro = en alemán: Ich gebe *ihm* das Buch, o Ich gebe *ihr* das Buch.

215

A1 28.3. La segunda persona

Tanto el español como el alemán poseen «formas de distancia» o de tratamiento. Ambas lenguas distinguen entre una forma de distancia y otra de no distancia. Lo más importante es que en alemán la diferencia entre *du* y *Sie* es mayor que entre «tú» y «Usted». Por regla general, *du* se utiliza entre familiares, amigos, a veces entre compañeros de trabajo de la misma categoría, en conversaciones de adultos con niños, y de niños pequeños con adultos.

La *forma de tratamiento* para las demás personas es, en singular y plural, el pronombre personal *Sie*. La correspondiente forma verbal es la 3.ª persona del plural. *Sie*, y sus correspondientes pronombres posesivos, se escriben con mayúscula en todos los casos de la declinación. Ejemplos:

Haben Sie morgen Zeit?
Wie geht es Ihnen und Ihrer Familie?

A1 28.4. La tercera persona

Como ya se ha indicado, los pronombres personales de la 3.ª persona (singular: *er, sie, es*; plural: *sie*) pueden referirse tanto a personas como a cosas, conjuntos de cosas o ideas complejas. La utilización de los pronombres de 3.ª persona depende del género del sustantivo al que se refiere el pronombre. Ejemplos:

Der Fisch ist nicht frisch.
= El pescado no es fresco.

Er ist nicht frisch.
= Él no es fresco.

Ich esse den Salat nicht.
= Yo no como la ensalada.

Ich esse ihn nicht.
= No la como.

Die Suppe ist ausgezeichnet.
= La sopa es excelente.

Los pronombres personales

Warum isst du sie nicht?
= ¿Por qué no la comes?

Das Bier ist warm.
= La cerveza está caliente.

Es ist warm.
= Ella está caliente.

Ich möchte das Bier nicht.
= No quiero la cerveza.

Ich möchte es nicht.
= No la quiero.

A2 28.5. Los adverbios preposicionales (pronominales)

28.5.1. *Con complemento prepositivo referido a cosas*

Cuando un complemento prepositivo se refiere a *cosas, conceptos, conjuntos de cosas e ideas complejas* se sustituye el pronombre personal por el adverbio *da-* o *dar-* (si coinciden dos vocales) seguido de la preposición correspondiente, formando así los llamados «adverbios preposicionales» o «adverbios pronominales». Ejemplos:

Ich interessiere mich *für die Literatur des 19. Jahrhunderts.*
= Me intereso por la literatura del siglo XIX.

Ich interessiere mich auch *dafür.*
= Yo también me intereso por ella.

Auf die Reise freue ich mich.
= Me alegro pensando en el viaje.

Darauf freue ich mich auch.
= Yo también me alegro (pensando en él [es decir, el viaje]).

Die Leute ärgern sich *über das Programm.*
= La gente se enfada por el programa.

Die Leute ärgern sich *darüber.*
= La gente se enfada por ello.

En las preguntas, el adverbio interrogativo *wo(r)-* se une a la preposición correspondiente, al igual que el adverbio *da/dar-*. Ejemplos:

Pregunta	Respuesta
Wofür interessierst du dich?	*Für die Literatur des 19. Jahrhunderts.*
	Dafür.
Worauf freust du dich?	*Auf die Reise.*
	Darauf.
Worüber ärgern sich die Leute?	*Über das Programm.*
	Darüber.

28.5.2. Con complemento prepositivo referido a personas

En cambio, cuando los complementos prepositivos se refieren *a personas*, se utiliza la preposición con el pronombre personal en tercera persona y en el caso que la preposición exige. Si es una pregunta, la preposición va delante del pronombre interrogativo. Ejemplos:

Für wen interessierst du dich?	*Für den* neuen Lehrer.
	Für ihn.
Über wen ärgert sie sich?	*Über ihren* Chef.
	Über ihn.
An wen denkst du?	*An meine* Freundin.
	An sie.

Los adverbios preposicionales pueden anticipar bien una oración subordinada con la conjunción *dass* (que), bien una oración de infinitivo (véase el tema 43).

Las preposiciones *ohne*, *gegenüber*, *seit* y las preposiciones que rigen el genitivo (véase tema 35.3.4) no pueden unirse con *wo(r)...* ni con *da(r)...* En estos casos, se utilizan los pronombres personales. Ejemplos:

Die Sparkasse ist in der Adlerstraße.
Ihr gegenüber ist die Post.

A1 28.6. La posición del pronombre personal en la oración

a) Los pronombres personales en función de complementos se colocan *detrás* del verbo conjugado, y no *delante*. La posición del pronombre

Los pronombres personales

es, pues, distinta en alemán y en español, excepto en el imperativo, en el que la posición es la misma en ambas lenguas. Ejemplos:

> Er gibt mir das Buch.
> = Él me da el libro.
>
> Er hat mir das Buch gegeben.
> = Él me ha dado el libro.
>
> Gib mir das Buch!
> = ¡Dame el libro!

b) Cuando hay dos complementos expresados por pronombres personales, *el acusativo* (complemento directo) *precede al dativo* (complemento indirecto). Ejemplo:

> Er gibt mir das Buch.
> Er gibt es mir.

c) A diferencia del español, la anticipación del complemento por medio de un pronombre átono no es posible en alemán. Ejemplos:

> Lo compran todo.
> = Sie kaufen alles.
>
> Esta frase no la entiendo.
> = Diesen Satz verstehe ich nicht.

A1 28.7. El pronombre personal *es*

Aparece, sobre todo, en tres funciones sintácticas diferentes, que hay que distinguir al traducirlo al español:

1. Como sustituto de una palabra.
2. Como correlato.
3. Como sujeto y objeto formal.

A1 28.7.1. *Es como sustituto de una palabra*

a) Sustituye a un *sustantivo neutro* en nominativo (sujeto) o en acusativo (complemento directo). En el primer caso, puede colocarse al principio o en el interior de la oración. En el segundo caso, solamente en el interior. Ejemplos:

Wo ist das Buch? Es steht im Regal.
= ¿Dónde está el libro? Está en el estante.

Wann gibst du mir das Geld? Ich brauche es sofort.
= ¿Cuándo me das el dinero? Lo necesito enseguida.

b) También puede sustituir a un *infinitivo sustantivado neutro* que se refiere al predicado de la oración anterior. Ejemplos:

Er kommt immer zu spät, aber es (das Zuspätkommen) macht ihm nichts aus.
= Él siempre llega tarde, pero (ello) no le importa.

c) Puede sustituir a un *predicado nominal* o a un *adjetivo predicativo*. Ejemplos:

Der Vater ist Rechtsanwalt, der Sohn wird es auch.
= El padre es abogado, el hijo también lo será.

Alle waren traurig, ich war es nicht.
= Todos estaban tristes, pero yo no (lo estaba).

d) En oraciones con el verbo *sein* (en la 3.ª persona) + *sustantivo predicativo*, *es* sustituye al sujeto masculino y femenino (también en el plural). Ejemplos:

Was für ein Wagen ist das? Es ist ein Opel Senator.
= ¿Qué clase de coche es? Es un Opel Senator.

Was für eine Zeitung ist das? Es ist eine spanische.
= ¿Qué clase de periódico es? Es un periódico español.

Cuando el sujeto es una persona, se puede emplear también el correspondiente pronombre personal:

Was ist das für eine Frau?   Es ist eine Französin.
= ¿Qué clase de mujer es?   Es una francesa.

   Sie ist (eine) Französin.
   = Ella es una francesa.

A2 28.7.2. *Es* como correlato

a) Correlato de un sustantivo (sujeto sintáctico) En este caso, *es* se coloca solamente al principio de la oración. Ejemplos:

Es sind nicht viele Leute gekommen.
Nicht viele Leute sind gekommen.
= No ha venido mucha gente.

Es verging der Sommer, und es begann der Herbst.
Der Sommer verging und der Herbst begann.
= Pasó el verano y empezó el otoño.

b) Correlato de un sustantivo (sujeto lógico y complemento sintáctico). Ejemplos:

Es friert mich.
Mich friert (es).
= Tengo frío.

Es graut mir.
Mir graut (es).
= Me causa horror.

Es ist mir kalt.
Mir ist (es) kalt.
= Tengo frío.

c) Correlato de oraciones subordinadas:
— *Oración subjetiva*. Ejemplo:

Es freut mich, dass wir uns wiedergesehen haben.
Mich freut (es), dass wir uns wiedergesehen haben.
= Me alegra que nos hayamos vuelto a ver.

— *Oración objetiva*: En este caso, *es* nunca puede ocupar la posición I de la oración principal. Su uso, dentro de la oración, es facultativo. En vez de *es* se puede utilizar *das* en la posición I. Ejemplos:

Ich bedauere (es) sehr, dass Sie meinen Brief nicht erhalten haben.
= Siento mucho que Ud. no haya recibido mi carta.

Das bedauere ich sehr, dass Sie meinen Brief nicht erhalten haben.
= Siento mucho que Ud. no haya recibido mi carta.

A2 28.7.3. *Es como sujeto y objeto formales*

Es es el *sujeto formal* de un grupo de verbos que no señalan al autor de la acción. En otro grupo muy reducido de verbos, *es* es el *objeto formal*.

Como *sujeto formal, es* puede colocarse al principio o en el interior de la oración; como *objeto formal* se halla solamente en el interior. Ejemplos:

> Plötzlich klingelte es (sujeto formal).
> Es klingelte plötzlich.
> = De repente llamaron.
>
> Ich habe es eilig (objeto formal).
> = Tengo prisa.

Desde el punto de vista semántico, los verbos sin agente forman dos grupos:

A2 *a)* Los *verbos que expresan fenómenos de la naturaleza* (los llamados *verbos impersonales auténticos*). Conllevan siempre el *es*.

> — *Fenómenos de la naturaleza*. Ejemplos:
>
> Es regnet = llueve; es schneit = nieva; es reift = está escarchando; es friert = hiela; es hagelt = graniza; es donnert = truena; es blitzt = relampaguea; es wetterleuchtet = relampaguea sin trueno; es stürmt = sopla un fuerte viento; es taut = deshiela; es zieht = hay corriente de aire; etc.

— *Con sein, bleiben, werden + sustantivo o adjetivo* (numeral). Ejemplos:

> Es ist Morgen; es ist früh; es wird hell; es tagt.
> Es ist Tag; es ist hell.
> Es wird Abend; es wird dunkel.
> Es ist spät.
> Es ist 12 Uhr; es ist 25 Grad.
> Es bleibt kalt; es wird wärmer.
> Es ist Sommer; es wird Herbst.
> Es ist Ostern; etc.

A2 *b)* Los *verbos que expresan estados, procesos y acciones que producen efecto sobre los sentidos*. En estos casos, el *es* se puede sustituir por el objeto causante del efecto, con lo que el verbo deja de ser impersonal. Ejemplos:

> | Es schmeckt | = Die Suppe schmeckt. |
> | Es schlägt | = Die Uhr schlägt Mitternacht. |
> | Es braust | = Der Wind braust über die Felder. |

Los pronombres personales

    Es klingelt   = Ich klingele an der Haustür.
    Es klopft   = etc.
    Es knallt
    Es kracht
    Es läutet
    Es lärmt
    Es pfeift
    Es rauscht
    Es riecht
    Es glänzt
    Es leuchtet
    Es strahlt
    Es brennt
    Es raucht
    Es qualmt

Otro grupo de verbos tiene el sujeto impersonal *es* y un complemento directo, generalmente un pronombre. La mayoría de las veces los verbos van seguidos de una oración con *dass* o de infinitivo. *Es* puede sustituirse por un sustantivo. Ejemplos:

    Es ärgert mich, (dass)...
    Es beleidigt mich, (dass)...
    Es beunruhigt mich, (dass)...
    Es erschreckt mich, (dass)...
    Es freut mich, (dass)...
    Es langweilt mich, (dass)...
    Es macht mich froh, traurig etc., (dass)...
    Es wundert mich, (dass)...
    Es ist vorbei mit.....
    Es kommt an auf (acusativo).
    Es kommt zu...
    Es steht + adj. + mit (um)
    Es gibt (acusativo).

Importante: Hay = es gibt = disponibilidad o existencia.
                  = ... ist/sind = presencia.

Ejemplos:

En Barcelona *hay* muchos taxis   = In B. *gibt es* viele Taxis.

Delante de la puerta *hay* un taxi   = Vor der Tür *ist* (*steht*) ein Taxi.

TEMA 29

LOS PRONOMBRES POSESIVOS

POSSESSIVPRONOMEN

A1 29.1. Forma y función

Los pronombres posesivos indican la posesión o la pertenencia. Al igual que los pronombres personales, presentan formas distintas según se trate de la 1.ª, 2.ª o 3.ª persona. En función de adjetivos atributivos, llevan las desinencias del artículo indefinido.

La desinencia del pronombre posesivo siempre se refiere a la persona o la cosa que se encuentra *detrás* del pronombre posesivo. Hay que tener en cuenta:

— El caso: nominativo, acusativo, dativo, genitivo.
— El género: masculino, femenino o neutro.
— El número: singular o plural.
— En la 3ª persona, el poseedor.

A1 29.2. La declinación

Personas / Casos	*Singular*			*Plural*
	Masculino	*Neutro*	*Femenino*	*Los tres géneros*
ich Nom. Acus. Dat. Gen.	mi mein Mantel meinen Mantel meinem Mantel meines Mantels	mi mein Hemd mein Hemd meinem Hemd meines Hemdes	mi meine Bluse meine Bluse meiner Bluse meiner Bluse	mis meine Schuhe meine Schuhe meinen Schuhen meiner Schuhe
du Nom. Acus.	tu dein Mantel deinen Mantel	tu dein Hemd dein Hemd	tu deine Bluse deine Bluse	tus deine Schuhe deine Schuhe

Los pronombres posesivos

	Dat.	deinem	Mantel	deinem	Hemd	deiner	Bluse	deinen	Schuhen
	Gen.	deines	Mantels	deines	Hemdes	deiner	Bluse	deiner	Schuhe
		su (de Ud.)		su (de Ud.)		su (de Ud.)		sus (de Ud.)	
Sie	Nom.	Ihr	Mantel	Ihr	Hemd	Ihre	Bluse	Ihre	Schuhe
	Acus.	Ihren	Mantel	Ihr	Hemd	Ihre	Bluse	Ihre	Schuhe
	Dat.	Ihrem	Mantel	Ihrem	Hemd	Ihrer	Bluse	Ihren	Schuhen
	Gen.	Ihres	Mantels	Ihres	Hemdes	Ihrer	Bluse	Ihrer	Schuhe
		su (de él)		su (de él)		su (de él)		sus (de él)	
er	Nom.	sein	Mantel	sein	Hemd	seine	Hose	seine	Schuhe
	Acus.	seinen	Mantel	sein	Hemd	seine	Hose	seine	Schuhe
	Dat.	seinem	Mantel	seinem	Hemd	seiner	Hose	seinen	Schuhen
	Gen.	seines	Mantels	seines	Hemdes	seiner	Hose	seiner	Schuhe
		su (de ella)		su (de ella)		su (de ella)		sus (de ella)	
sie	Nom.	ihr	Mantel	ihr	Hemd	ihre	Hose	ihre	Schuhe
	Acus.	ihren	Mantel	ihr	Hemd	ihre	Hose	ihre	Schuhe
	Dat.	ihrem	Mantel	ihrem	Hemd	ihrer	Hose	ihren	Schuhen
	Gen.	ihres	Mantels	ihres	Hemdes	ihrer	Hose	ihrer	Schuhe
		su (de ello)		su (de ello)		su (de ello)		sus (de ello)	
es	Nom.	sein	Mantel	sein	Hemd	seine	Hose	seine	Schuhe
	Acus.	seinen	Mantel	sein	Hemd	seine	Hose	seine	Schuhe
	Dat.	seinem	Mantel	seinem	Hemd	seiner	Hose	seinen	Schuhen
	Gen.	seines	Mantels	seines	Hemdes	seiner	Hose	seiner	Schuhe
		nuestro		nuestro		nuestra		nuestros/as	
wir	Nom.	unser	Mantel	unser	Hemd	unsere	Hose	unsere	Schuhe
	Acus.	unseren	Mantel	unser	Hemd	unsere	Hose	unsere	Schuhe
	Dat.	unserem	Mantel	unserem	Hemd	unserer	Hose	unseren	Schuhen
	Gen.	unseres	Mantels	unseres	Hemdes	unserer	Hose	unserer	Schuhe
		vuestro		vuestro		vuestra		vuestros/as	
ihr	Nom.	euer	Mantel	euer	Hemd	eure	Hose	eure	Schuhe
	Acus.	euren	Mantel	euer	Hemd	eure	Hose	eure	Schuhe
	Dat.	eurem	Mantel	eurem	Hemd	eurer	Hose	euren	Schuhen
	Gen.	eures	Mantels	eures	Hemdes	eurer	Hose	eurer	Schuhe
		su (de Uds.)		su (de Uds.)		su (de Uds.)		sus (de Uds.)	
Sie:		véase anteriormente							
		su (de ellos/as)		su (de ellos/as)		su (de ellos/as)		sus (de ellos/as)	
sie	Nom.	ihr	Mantel	ihr	Hemd	ihre	Hose	ihre	Schuhe
	Acus.	ihren	Mantel	ihr	Hemd	ihre	Hose	ihre	Schuhe
	Dat.	ihrem	Mantel	ihrem	Hemd	ihrer	Hose	ihren	Schuhen
	Gen.	ihres	Mantels	ihres	Hemdes	ihrer	Hose	ihrer	Schuhe

En comparación con el alemán, el *su* español ofrece una gran polisemia. «Su libro» puede tener los siguientes significados:

su = de él	= sein Buch
su = de ello	= sein Buch (neutro)
su = de ella	= ihr Buch
su = de Ud.	= Ihr Buch
su = de Uds.	= Ihr Buch
su = de ellos	= ihr Buch
su = de ellas	= ihr Buch

En alemán hay, pues, fónicamente dos formas y gráficamente tres formas: sein Buch (des Jungen), sein Buch (des Kindes), ihr Buch (der Schwester), ihr Buch (der Eltern) e Ihr Buch (el del interlocutor o los interlocutores, cuando el tratamiento es de «usted»).

A1 29.3. Frecuencia de uso

En alemán, el pronombre posesivo se utiliza con mucha más frecuencia que en español. Un ejemplo ilustrativo es:

Meine Hände sind schmutzig.
= Tengo las manos sucias.

Mein Bein tut weh.
= Me duele la pierna.

29.4. Pronombre posesivo en función de sujeto u objeto

Cuando el pronombre posesivo se emplea sin artículo, es decir, en función de sujeto u objeto, tiene las desinencias del artículo determinado:

Personas / Casos	Singular			Plural
	Masculino	Neutro	Femenino	Los tres géneros
	el mío	lo mío	la mía	los míos/las mías
ich Nom.	meiner	meins	meine	meine
Acus.	meinen	meins	meine	meine
Dat.	meinem	meinem	meiner	meinen
Gen.	meines	meines	meiner	meiner
du Nom. etcétera.	deiner	deins	deine	deine

Los pronombres posesivos

Ejemplos:

    Hier steht ein Schirm. Ist das deiner?
    —Nein, meinen habe ich zu Hause gelassen.

    Hier liegt ein Buch. Das ist meins.

TEMA 30

LOS PRONOMBRES REFLEXIVOS

REFLEXIVPRONOMEN

A2   30.1. Forma y funciones

Desde el punto de vista sintáctico, el pronombre reflexivo tiene dos funciones: junto con los verbos puramente reflexivos, tiene función de complemento directo o indirecto; en otras ocasiones, el pronombre reflexivo expresa la identidad con un sujeto.

En alemán existe solamente el pronombre reflexivo *sich* (tercera persona de singular y plural) que siempre es invariable, tenga la función que tenga. Para la primera y segunda personas, tanto en singular como en plural, se emplean las formas correspondientes de los pronombres personales.

A2   30.2. Declinación

Para el empleo de los casos, véase tema 5: Los verbos reflexivos.

Personas	*Singular*	
	Acusativo	*Dativo*
1.ª (ich)	mich	mir
2.ª (du)	dich	dir
2.ª (Sie)	sich	sich
3.ª (er)	sich	sich
3.ª (sie)	sich	sich
3.ª (es)	sich	sich

Los pronombres reflexivos

	Plural	
1.ª (wir)	uns	uns
2.ª (ihr)	euch	euch
2.ª (Sie)	sich	sich
3.ª (sie)	sich	sich

B2 **30.3. Otros usos del pronombre reflexivo**

a) El pronombre reflexivo se utiliza para expresar que *una acción se realiza por sí misma*, sin autor o sin causa conocidos. Ejemplos:

    Plötzlich öffnete sich die Tür (von selbst).
    Der Fußboden hat sich (von selbst) gesenkt.

b) El *uso pasivo del pronombre reflexivo* queda limitado, en alemán, a aquellos casos que expresan el modo como se realiza la acción verbal mediante un adjetivo o un adverbio. Así, pues, se puede decir:

    Die Bücher verkaufen sich jetzt gut.
    Die Maschine bedient sich leicht.

Pero no se puede decir:

    Die Bücher verkaufen sich jetzt.

c) El pronombre reflexivo *se emplea también después de una preposición*. Ejemplos:

    Sie hatten kein Geld bei sich.
    Jeder zahlt für sich.

d) Hay ciertas *expresiones idiomáticas* que se utilizan solamente en el lenguaje coloquial. Ejemplos:

    Die Sache (etwas) macht sich.
    = El asunto (algo) va/marcha bien.

    Jemand macht sich.
    = Alguien va progresando.

    Es tut sich etwas (es geschieht etwas).
    = Se está tramando algo.

e) Para *destacar la identidad*, se emplea *selbst* o *selber*, seguidos del pronombre reflexivo. Ejemplos:

Wir helfen uns selbst (selber).
Viele Leute kennen sich nicht einmal selbst (selber).

f) *En español* hay una forma reflexiva con valor subjetivo enfático que no existe en alemán. Ejemplos:

Ella se toma una taza de café.
Sie trinkt eine Tasse Kaffee.

Me salí del despacho.
Ich ging aus dem Büro.

g) *Sich lassen* (véase tema 3). Recuérdese que *sich lassen* puede tener los significados siguientes:

1) *Mandar hacer algo*. Ejemplos:

Ich lasse mir das Haar schneiden.
Ich habe mir eine Brille verschreiben lassen.

y 2) *Como sustituto de la voz pasiva* (véase tema 16.8). Ejemplos:

Die Schrift lässt sich nicht lesen.
= Die Schrift kann nicht gelesen werden.

TEMA 31

LOS PRONOMBRES INTERROGATIVOS

INTERROGATIVPRONOMEN

31.1. Sentido general y posición

Mediante la interrogación apelamos al interlocutor o interlocutores para que nos informen sobre personas, cosas, conceptos o hechos. Estos pronombres *se colocan siempre en el primer lugar de la oración* y van precedidos solamente de preposiciones cuando se trata de complementos prepositivos.

A1 31.2. *Wer*

Wer = ¿Quién? ¿Quiénes? Sirve indistintamente para el singular y el plural. Siempre pregunta por la identidad de las personas:

Nominativo:	**Wer?**	*Wer* ist am Apparat?
		= ¿Quién está al teléfono?
Acusativo:	**Wen?**	*Wen* hast du gefragt?
		= ¿A quién has preguntado?
Dativo:	**Wem?**	*Wem* schenkst du das Briefpapier?
		= ¿A quién regalas el papel de cartas?
Genitivo:	**Wessen?**	*Wessen* Buch ist das?
		= ¿De quién es este libro?

31.3. *Was*

Was = ¿Qué? Sirve para preguntar por la identidad de las cosas, conceptos o hechos. *No se declina.* Se utiliza también para el acusativo.

Tema 31

Nominativo: *Was* ist das?
Acusativo: *Was* möchten Sie?

A2 31.4. Pregunta con preposición

Cuando se pregunta por un complemento prepositivo, hay que distinguir entre *personas* y *cosas* (véase tema 28.5). Cuando se trata de personas, la preposición precede al pronombre interrogativo. Cuando se trata de cosas o hechos, se utiliza el adverbio interrogativo *wo(r)-* unido a la preposición correspondiente. Ejemplos:

Personas:

An wen denkst du?
= ¿En quién estás pensando?

Von wem hast du geträumt?
= ¿Con quién has soñado?

Über wen hast du dich geärgert?
= ¿Con quién te has enfadado?

Cosas:

Woran denkst du?
= ¿En qué estás pensando?

Wovon hast du geträumt?
= ¿Con qué has soñado?

Worüber hast du dich geärgert?
= ¿De qué te has enfadado?

31.5. *Welch...*

Con *welch.* = ¿Qué? ¿Cuál?, se pregunta por una persona o cosa determinada que forma parte de un grupo determinado de personas o cosas. Tiene las mismas desinencias que el artículo determinado.

Casos	Singular			Plural
	Masculino	Neutro	Femenino	Los tres géneros
Nom.	welch*er* (Rock)?	welch*es* (Kleid)?	welch*e* (Hose)?	welch*e* (Schuhe)?
Ac.	welch*en* (Rock)?	welch*es* (Kleid)?	welch*e* (Hose)?	welch*e* (Schuhe)?
Dat.	welch*em* (Rock)?	welch*em* (Kleid)?	welch*er* (Hose)?	welch*en* (Schuhen)?
Gen[1].	welch*en* (Rocks)?	welch*en* (Kleids)?	welch*er* (Hose)?	welch*er* (Schuhe)?

Ejemplos:

Hier sind zwei Röcke: Welcher Rock gefällt Ihnen am besten?
— Der rote.
Welcher gefällt Ihnen am besten?

---

1. En desuso.

Los pronombres interrogativos

Welchen Rock nehmen Sie?
— Den roten.
Welchen nehmen Sie?

31.6. *Was für ein...*

a) Con *was für ein...* (singular) y *was für* (plural) se pregunta por una cualidad de una persona o cosa = ¿Qué clase? ¿Qué tipo de?

  Distínganse: *Welchen* Rock möchten Sie? Den roten.
       Was für einen Rock möchten Sie? Einen Minirock.

       Welche Zeitung suchen Sie? Die Bildzeitung.
       Was für eine Zeitung suchen Sie? Eine deutsche.

b) Cuando *was für ein...* precede a un sustantivo, tiene, en singular, las desinencias del artículo indeterminado. Ejemplos:

  Was für einen Rock suchen Sie?
  Was für ein Mensch ist er?

c) Delante de sustantivos que se emplean sin artículo (es decir, cuando indican una cantidad indeterminada de una sustancia, materia, especie, etc.), tampoco se usa aquí el artículo. Ejemplos:

  Was für Wein möchten Sie? Rotwein, Weißwein oder Rosé?
  Was für Leute sind das?

d) Cuando *was für ein...* aparece solo, *ein* tiene las desinencias del artículo determinado. Con sustantivos sin artículo y en plural, se sustituye *ein* por *welch....*

Declinación:

Casos	Singular			Plural
	Masculino	*Neutro*	*Femenino*	*Los tres géneros*
Nom.	was für ein*er*?	was für ein*s*?	was für ein*e*?	was für welch*e*?
Acus.	was für ein*en*?	was für ein*s*?	was für ein*e*?	was für welch*e*?
Dat.	was für ein*em*?	was für ein*em*?	was für ein*er*?	was für welch*en*?
Gen.	was für ein*es*?	was für ein*es*?	was für ein*er*?	No existe

Ejemplos:

> Wir haben uns einen Wagen gekauft.
> — Was für einen?
> — Einen Jeep.

> Ich hätte gern eine Zeitung.
> — Was für eine?
> — Eine spanische.

> Wir suchen Briefmarken.
> — Was für welche?
> — Sonderbriefmarken von der Olympiade 1992.

e) *Welch...* y *was für ein...* pueden emplearse también como *exclamativos*. Cuando el sustantivo va acompañado de un adjetivo atributivo, el artículo indefinido después de *welch* puede suprimirse. Ejemplos:

> Welch eine schöne Wohnung!
> Welch schöne Wohnung!
> Was für eine schöne Wohnung!
> = ¡Qué piso más bonito!

TEMA 32

LOS PRONOMBRES INDEFINIDOS

UNBESTIMMTE PRONOMEN

A2 32.1. Pronombres indefinidos en general

Los pronombres indefinidos se refieren a personas o cosas no bien concretadas o cuya determinación no interesa a los interlocutores. Algunos de estos pronombres se refieren solamente a personas: *man, jemand, niemand, irgendwer*. Otros se refieren solamente a cosas: *nichts, etwas*. Otro grupo puede referirse tanto a personas como a cosas: *alle, einige, einer, jeder, viele*, etcétera.

Para que quede clara su relación, cuando los pronombres indefinidos se refieren a personas, llevan las desinencias femeninas y masculinas; cuando se refieren a cosas, tienen las desinencias neutras. Pueden funcionar como *pronombres* (sin sustantivo) o como *atributos* (con sustantivo).

Para la declinación del adjetivo seguido de un pronombre indefinido, véase el esquema que aparece en 32.12.

A2 32.2. *Alle*

32.2.1. *Alle (plural) en función pronominal (sin sustantivo)* = *todos*

Se refiere a personas y cosas conocidas o mencionadas antes.

Declinación		*Ejemplos*
Nom.	alle	Wo sind die Leute? Alle sind nach Hause gegangen
Acus.	alle	Wir haben keine Eier mehr. Wir haben alle verkauft
Dat.	allen	Es allen recht zu machen, ist schwer
Gen.	aller	Er hat im Namen aller gratuliert

Cuando *alle* (plural) no se refiere a un sustantivo o pronombre antes mencionado, *siempre designa a personas*. Ejemplos:

Diese Sendung ist für alle (Leute).
Ich habe mit allen (Leuten) gesprochen.
Es war der Wunsch aller (Leute).

32.2.2. *Alles* (singular), neutro, en función pronominal = todo

a) Se refiere, en general, solamente a cosas y hechos.

Declinación		Ejemplos
Nom.	alles	Alles ist klar
Acus.	alles	Wir haben alles verkauft
Dat.	allem	Ich bin mit allem einverstanden
Gen.	No existe	

b) *Alles en nominativo*, también puede designar la totalidad de un grupo de personas. Ejemplos:

Alles hat gelacht.
Alles einsteigen, bitte!

32.2.3. *All...* en función atributiva = todo

a) Se declina como el artículo determinado:

Casos	Singular			Plural
	Masculino	Neutro	Femenino	Los tres géneros
Nom.	aller	alles	alle	alle
Acus.	allen	alles	alle	alle
Dat.	allem	allem	aller	allen
Gen.	alles	alles	aller	aller

Ejemplos:

Aller Anfang ist schwer.

Los pronombres indefinidos

Er hat allen Mut verloren.
Sie ist mit allen Wassern gewaschen.

b) Cuando *alle* (plural) precede a un artículo o a un pronombre (posesivo o demostrativo) se puede omitir la desinencia. Ejemplos:

All das hat er mir gesagt.
All unsere Verwandten sind zu Besuch gekommen.
Ich muss all diese Bücher lesen!

c) *All...*, como atributo de un pronombre personal, se coloca detrás de éste y se declina. Ejemplos:

Er hat uns alle eingeladen.
Ich wünsche euch allen viel Glück.
Das ist unser aller Wunsch.

d) ¡Ojo! «Todo» no se traduce siempre por *alles*. Si tiene el sentido de «todo entero», se utiliza *ganz*. Ejemplos:

Der 12. Oktober ist in ganz Spanien Feiertag.
Er war fast ein ganzes Jahr arbeitslos.

A2 32.3. *Ein...* (uno/a), *kein...* (ninguno/a, ningunos/as), *welch...* (unos/as) en función pronominal

Como pronombres —es decir, sin sustantivo—, *ein...* y *kein...* se refieren a sustantivos mencionados antes. Hacen referencia a una persona que forma parte de un grupo, o a una cosa entre otras muchas cosas. Tienen las *desinencias del artículo determinado*.

Cuando el pronombre *ein...* se refiere a sustantivos sin artículo (singular y plural), también se utiliza *welch* (declinación: véase tema 31.5.).

Declinación:

Masculino				
Singular	Nom.	ein*er*	kein*er*	welch*er*
	Acus.	ein*en*	kein*en*	welch*en*
	Dat.	ein*em*	kein*em*	welch*em*
	Gen.	En	desuso	
Plural	Nom.		kein*e*	welch*e*
	Acus.		kein*e*	welch*e*
	Dat.		kein*en*	welch*en*

Femenino				
Singular	Nom. Acus. Dat.	ein*e* ein*e* ein*er*	kein*e* kein*e* kein*er*	welch*e* welch*e* welch*er*
Plural	Nom. Acus. Dat.		kein*e* kein*e* kein*en*	welch*e* welch*e* welch*en*

Neutro				
Singular	Nom. Acus. Dat.	ein*s* ein*s* ein*em*	kein*s* kein*s* kein*em*	welch*es* welch*es* welch*em*
Plural	Nom. Acus. Dat.		kein*e* kein*e* kein*en*	welch*e* welch*e* welch*en*

Ejemplos:

Ist hier kein Telefon?
— Doch, im Sekretariat ist eins.

Hat jemand einen Taschenrechner?
— Ja, ich habe einen.

Hast du auch Bier mitgebracht?
— Nein, es ist doch noch welches im Kühlschrank.

Möchtest du noch Pommes Frites? Es sind noch welche da.

32.4. *Einige…*, *einzelne…*, *etliche…*, *mehrere…* en función pronominal y atributiva

a) Todos estos pronombres son de suyo *plurales* y siguen las mismas reglas de declinación. Se refieren a *personas* o *cosas mencionadas antes*.

Los pronombres indefinidos

Declinación		Ejemplos
Nom.	einige	Waren alle Schüler da? — Nein, einige (Schüler) haben gefehlt
Acus.	einige	Wir haben erst einige Lektionen besprochen
Dat.	einigen	Hast du schon mit allen Leuten gesprochen? — Nein, erst mit einigen (Leuten)
Gen.	einiger	Die Eltern einiger Schüler sind nicht gekommen

b) *Einige* se usa también en singular en algunas *expresiones hechas*. Ejemplos:

Seit/Vor/Nach einiger Zeit.
In einiger Entfernung.

c) *Einiges* (neutro, singular). Sólo se refiere a *cosas*.

Declinación		Ejemplos
Nom.	einiges	Einiges hat mir nicht gefallen
Acus.	einiges	Sie hat mir einiges (Interessante) von ihm erzählt
Dat.	einigem	Das ist recht gut, mit einigem bin ich aber nicht einverstanden
Gen.	En desuso	

32.5. *Etwas/nichts* (algo/nada)

a) Se utilizan para cosas y hechos. Siempre están en singular. Son invariables. Ejemplos:

Darf ich dich etwas fragen?
Wir haben leider nichts gewonnen.

La forma abreviada de *etwas* es *was*. Ejemplo:

Hat er was gesagt?

b) *Etwas* y *nichts* pueden ir seguidos de un infinitivo con *zu*. Ejemplos:

Hast du etwas zu essen?
= ¿Tienes algo de comer?

Ich brauche etwas zum Schreiben.
= Necesito algo para escribir.

Er hat nichts zu sagen.
= Él no tiene nada que decir.

32.6. *Irgendwer (irgendjemand)* = cualquier persona

a) Irgendwer (irgendjemand) se refiere a una o varias personas no bien determinadas. *Wer* lleva las desinencias del pronombre interrogativo.

	Singular	*Plural*
Nom.	irgendw*er*	irgendwelch*e*
Acus.	irgendw*en*	irgendwelch*e*
Dat.	irgendw*em*	irgendwelch*en*

Ejemplos:

Irgendwer (irgendjemand) hat das gesagt.

Konntest du mit irgendwem (irgendjemandem) in der Firma sprechen?

b) Los pronombres con *irgend-* tienen el significado de algo indeterminado (cualquiera). Ejemplos:

Irgendeiner wird mich schon im Auto mitnehmen.
Wir werden wohl irgend etwas finden.

32.7. *Jede...* = todo(s), toda(s), cada

a) Jede... no tiene plural propio. En plural se utiliza *alle* o, si se quiere dar más énfasis, *sämtliche*. En *función atributiva* (con sustantivo), lleva las mismas desinencias que el artículo determinado:

Los pronombres indefinidos

	Singular			*Plural*
Casos	*Masculino*	*Neutro*	*Femenino*	*Los tres géneros*
Nom.	jeder Tag	jedes Jahr	jede Stunde	alle 2 Stunden
Acus.	jeden Tag	jedes Jahr	jede Stunde	alle 2 Stunden
Dat.	jedem Tag	jedem Jahr	jeder Stunde	allen 2 Stunden
Gen.	jedes Tages	jedes Jahres	jeder Stunde	aller 2 Stunden

¡Ojo! *Cada* = *jed...* (singular) o *alle...* (plural). Ejemplos:

El tren circula *cada* hora.
= Der Zug verkehrt *jede* Stunde (singular).

El tren circula *cada* 20 minutos.
= Der Zug verkehrt *alle* 20 Minuten (plural).

b) El pronombre *jede...* se encuentra, a veces, como atributo delante de sustantivos abstractos. Y si va acompañado de *ohne* significa «sin ningún(o)/a», o simplemente «sin». Ejemplos:

Er hat die Arbeit ohne jede Schwierigkeit abgeschlossen.
Die Feierlichkeiten verliefen ohne jeden Zwischenfall.

c) *Jede...* (singular) en función pronominal (sin sustantivo) *cada uno*. Las *formas masculinas y femeninas* se refieren solamente a personas. No tiene genitivo.

Nom.	jeder	Hier muss jeder mithelfen
Acus.	jeden	Ich habe jeden gefragt
Dat.	jedem	Von jedem haben wir eine Antwort bekommen

Para reforzar *jede...* se puede utilizar el atributo *einzeln*. Ejemplos:

Jeder Einzelne sollte seine Meinung sagen.
Die Polizei hat jeden Einzelnen gefragt.

d) *Equivalencias de **jede...** en español*. Según el contexto, *jede...* puede traducirse al español mediante *todo/a, cada* o *cualquier/a*. Mientras que *todo/a* es colectivo, *cada* es distributivo, en el sentido de «cada uno» = *jeder Einzelne*. Ejemplos:

Jede Arbeit braucht Zeit.
= Todo trabajo necesita tiempo.

Jedes Mitglied muss bezahlen.
= Todo(s) —y cada uno de los— socio(s) tiene(n) que pagar.

Jeder Anfang hat ein Ende.
= Todo principio tiene un final.

In jeder Familie gibt es Probleme.
= En todas (y cada una de) las familias hay problemas.

Jeden Tag habe ich Unterricht.
= Cada día (todos los días) tengo clase.

Jeder könnte diese Rechenaufgabe lösen.
= Cualquiera podría solucionar este problema de aritmética.

Jeder wird dir sagen, dass das zu teuer ist.
= Cualquiera te dirá que esto es demasiado caro.

e) Obsérvense las siguientes *expresiones idiomáticas*:

¡Me pasa cada cosa!
= Mir passieren die tollsten (komischsten) Sachen.

¡Dice cada bobada!
= Der/die sagt einen Blödsinn.

A2 32.8. *Jemand/niemand* = alguien/nadie

Sólo funcionan como pronombres. Designan a una o más personas desconocidas. Estos dos pronombres carecen de plural. *Las desinencias en el acusativo y el dativo pueden omitirse.*

Declinación		
Nominativo	jemand	niemand
Acusativo	jemand(*en*)	niemand(*en*)
Dativo	jemand(*em*)	niemand(*em*)
Genitivo	jemand*es*	niemand*es*

Ejemplos:

Kennst du jemand(en), der mir Auskunft geben könnte?
Wir haben niemand(en) gesehen.

Los pronombres indefinidos

B2 32.9. *Man* = uno

Man se refiere a un número de personas desconocidas o a un público indefinido. Solamente se utiliza en nominativo y corresponde a la tercera persona del singular. Para el acusativo y el dativo se emplean las formas de *ein*.

Declinación		*Ejemplos*
Nom.	man	Da kann man wirklich verrückt werden
Acus.	einen	Das kann einen verrückt machen.
Dat.	einem	Das kann einem nicht egal sein

Correspondencias de **man** *en español*. A *man* puede corresponder en español:

a) La llamada *pasiva refleja*. Ejemplos:

Man spricht Spanisch.
= Se habla español.

Das tut man nicht.
= Esto no se hace.

b) La *3.ª persona de plural*. Ejemplos:

In der Schule hat man dich sehr gelobt.
= En el colegio te han alabado mucho.

c) *Uno/una*. Es menos indefinido que *man* y se halla más próximo a «yo». Es más bien un sustituto de «yo». Ejemplos:

Aquí uno/una no puede decir nada.
= Hier kann man nichts sagen.

A veces uno se siente deprimido.
= Manchmal fühlt man sich deprimiert.

d) La *2.ª persona de singular*, desde una perspectiva formal. Ejemplo:

Desde arriba tienes una vista magnífica.
= Von dort oben hat man eine herrliche Aussicht.

e) La *1.ª persona del plural*, también desde una perspectiva puramente formal. Ejemplos:

> Podemos partir de este punto de vista.
> = Man kann von diesem Standpunkt ausgehen.

B2 32.10. *Manche...* = algunos, varios

a) Puede desempeñar *funciones pronominales y atributivas* y designa a una o varias personas o cosas no concretas.

Declinación				
	Singular			*Plural*
Casos	*Masculino*	*Neutro*	*Femenino*	*Los tres géneros*
Nom.	mancher	manches	manche	manche
Acus.	manchen	manches	manche	manche
Dat.	manchem	manchem	mancher	manchen
Gen.	manches	manches	mancher	mancher

Ejemplos:

> Mancher (Mensch) wäre froh, wenn er sich solch eine Reise leisten könnte.
> Manchen Menschen ist nie zu helfen.
> Ich habe mit manchem diskutiert.

b) Si *manch...* precede al artículo indeterminado, *no se declina*. Ejemplos:

> Manch einer hat den großen Preis gewonnen.
> Schon manch einem ist dieses Experiment misslungen.

c) *Manches* (neutro) se refiere únicamente a cosas o conceptos.

> Manches hat mir nicht gefallen.
> Wir haben manches (Schöne) gesehen.
> Mit manchem waren wir nicht einverstanden.

Los pronombres indefinidos

B2 **32.11.** *Viel.../wenig...=mucho(s)-mucha(s)/poco(s)-poca(s)*

a) Viele/wenige, en plural, tiene funciones pronominales y atributivas.

Declinación		Ejemplos
Nom.	viele	Viele (Menschen) sind arbeitslos geworden
Acus.	viele	Es gibt viele (Menschen), die keine Stelle finden
Dat.	vielen	Vielen (Menschen) zahlt der Staat Sozialhilfe
Gen.	vieler	Nach Ansicht vieler (Menschen) sollte die Schnellstraße nicht gebaut werden

También pueden referirse a cosas, pero solamente si se han mencionado antes. Ejemplos:

Habt ihr Videokassetten von Spielfilmen?
— Ja, wir haben viele.

b) Viel/wenig (singular) *en función atributiva.* Cuando están delante de sustantivos que designan una materia o conceptos abstractos, *no suelen declinarse*, pero sí, los adjetivos que les siguen. Ejemplos:

Zur Zeit habe ich wenig Freizeit.
Ich wünsche euch viel Spaß.
Mit viel gutem Willen werden Sie es schon schaffen.

c) Cuando *viel* o *wenig* van *detrás de un artículo*, un *pronombre posesivo* o *demostrativo, se declinan* como adjetivos. Ejemplos:

Das viele Geld nützt ihm nichts.
In meiner wenigen freien Zeit kann ich nicht viel unternehmen.
Mit diesem wenigen Geld kannst du nichts machen.

Si *viel* o *wenig* están solos *delante de un sustantivo masculino o neutro*, aceptan también la *declinación en dativo*. Ejemplos:

Mit vielem Dank.
Wir sind mit wenigem Geld in Urlaub gefahren.

d) Delante de *wenig* se puede poner el artículo *ein*, que no se declina. Ejemplos:

Tema 32

Wir brauchen nur ein wenig Glück, um die Prüfung zu bestehen. Hilfst du mir ein wenig?

e) *Vieles/weniges* (singular) neutro se refiere a cosas.

Declinación		Ejemplos
Nom.	vieles	Vieles war noch ungeklärt
Acus.	vieles	Es gibt vieles, womit wir nicht einverstanden sind
Dat.	vielem	Mit vielem waren wir nicht zufrieden

32.12. La declinación de los adjetivos precedidos de los pronombres indefinidos estudiados en este tema

Declinación débil (el plural termina en todos los casos en -*en*)		*Declinación fuerte* (el plural del nominativo y acusativo termina en -*e*)	
Singular	*Plural*	*Singular*	*Plural*
alles technische Wissen	alle technischen Kenntnisse	—	—
		anderes wertvolles Material	andere wertvolle Materialien
	beide jungen Mädchen		
einiges technische Wissen*		einiger guter Wille**	einige angenehme Nachrichten
	keine netten Worte	kein nettes Wort	
jeder junge Mensch	alle jungen Menschen		
mancher schnelle Entschluß			manche schnelle Entschlüsse
sämtliches alte Material	sämtliche alten Materialien		
solches seltene Tier	solche seltenen Tiere		
vieles dumme Gerede*		vieler wertvoller Schmuck** weniges schlechtes Essen	viele wertvolle Ketten wenige alte Menschen

* El neutro singular sigue la declinación débil.
** El masculino singular sigue la declinación fuerte.

TEMA 33

LOS PRONOMBRES DEMOSTRATIVOS

DEMONSTRATIVPRONOMEN

A1 33.1. **Función característica**

Como indica su mismo nombre, se caracterizan por la función deíctica o mostrativa, que les es esencial. Pueden tener un valor sustantivo y otro adjetivo; en el primer caso sustituyen a un sustantivo y, en el segundo, lo acompañan; se declinan como el artículo determinado.

A1 33.2. *Der, die, das*

Son los pronombres demostrativos más breves y de mayor empleo.

a) Declinación. Tienen las *mismas desinencias que el artículo determinado,* excepto el genitivo singular y de plural y en el dativo de plural.

Casos	Singular			Plural
	Masculino	Neutro	Femenino	
Nom.	der	das	die	die
Acus.	den	das	die	die
Dat.	dem	dem	der	denen
Gen.	dessen[1]	dessen	deren	deren, derer

---
1. El genitivo de los pronombres demostrativos se usa raras veces. Casi siempre se puede sustituir por un pronombre posesivo.

b) Los pronombres demostrativos *se emplean* en nominativo, acusativo y dativo como sujeto u objeto autónomos, y *se colocan al principio de la oración*. El sustantivo al que se refieren tiene que haber sido mencionado antes. Ejemplos:

>Ist Anton zu Hause?
>—Nein, *der* ist ins Kino gegangen.
>
>Verstehst du diesen Satz?
>—Nein, den verstehe ich überhaupt nicht.
>
>Kennst du Herrn Welter schon?
>—Ja, mit *dem* habe ich gestern telefoniert.

c) En oraciones con *sein* y *werden*, el pronombre demostrativo *das* también puede referirse a sustantivos masculinos y femeninos y a sustantivos en plural. Ejemplos:

>*Das* sind die Zwillingsschwestern Hanni und Nanni.
>Wer ist das? *Das* ist Thomas Winter.
>Das ist eine Unverschämtheit.
>*Das* wird bestimmt ein toller Urlaub.

B1 *d*) *Das* también puede referirse a una *oración entera mencionada antes*. Ejemplos:

>Ihr seid wieder gesund? *Das* freut mich.
>Du hast die Stelle nicht bekommen? *Das* tut mir leid.

B1 *e*) A veces, *das* va acompañado del pronombre indefinido *alles* (todo eso) o *all*. Ejemplos:

>*Das alles* ist zu übersetzen?
>*All das* ist zu übersetzen?

C1 *f*) Los pronombres demostrativos en genitivo *dessen* y *deren* se emplean, sobre todo, para poner de manifiesto una relación posesiva. Se suelen sustituir por pronombres posesivos. Ejemplos:

>Ich habe nicht mit dem Direktor gesprochen, sondern mit *dessen* (*seinem*) Stellvertreter.

Sin embargo, hay que emplear *dessen* y *deren* para evitar malentendidos, puesto que un pronombre posesivo no siempre pone claramente de manifiesto de quién se habla. Ejemplos:

Los pronombres demostrativos

Ich habe mit dem Direktor, seinem Stellvertreter und *dessen* Sekretärin gesprochen (*dessen* = die Sekretärin des Stellvertreters).

C2 *g)* La forma especial *derer* (de los) del genitivo plural es señal de que sigue una oración de relativo. El pronombre relativo que sigue a *derer* sólo puede referirse a personas. Ejemplo:

Hier auf der Liste stehen die Namen *derer* (de aquellos/as), die schon bezahlt haben.

A1 **33.3. Dieser, diese, dieses = éste/este, ésta/esta, esto; *jener, jene, jenes* = aquél/aquel, aquélla/aquella, aquello**

Estos pronombres pueden emplearse en función de sustantivos o de adjetivos.

a) Declinación. Tienen las mismas desinencias que el artículo determinado, al que pueden sustituir.

Casos	Singular			Plural
	Masculino	*Neutro*	*Femenino*	*Los tres géneros*
Nom.	dieser Tag	dieses Jahr	diese Woche	diese Wochen
Acus.	diesen Tag	dieses Jahr	diese Woche	diese Wochen
Dat.	diesem Tag	diesem Jahr	dieser Woche	diesen Wochen
Gen.	dieses Tages	dieses Jahres	dieser Woche	dieser Wochen

b) En alemán solamente existen dos términos que se basan en la dualidad *proximidad* (diese...) y *no proximidad* (jene...). *Jene...* no suele utilizarse en el lenguaje corriente. El alejamiento se expresa añadiendo *da, dort*, a *diese...* (diese Dame da, dieser Herr dort).

En la *lengua escrita*, se utiliza *jener* para establecer una diferenciación o para señalar una alternativa. Ejemplo:

Dieser Wagen verbraucht im Vergleich zu jenen, die bis jetzt auf dem Markt waren, viel weniger Benzin.
= Este coche gasta, en comparación con (aquel)los que hasta ahora había en el mercado, mucha menos gasolina.

C1 33.4. Derselbe, dieselbe, dasselbe = el mismo, la misma, lo mismo

Derselbe, etc., son pronombres compuestos del artículo determinado *der*, *die*, *das*, y de *-selb*... Se emplean tanto en función de sustantivos como de adjetivos. Indican una persona o una cosa que es la misma que otra mencionada antes.

a) Declinación. Los dos componentes se declinan; el primero, como el artículo determinado y, el segundo, como el adjetivo que le sigue.

Casos	Singular			Plural
	Masculino	Neutro	Femenino	Los tres géneros
Nom.	derselbe	dasselbe	dieselbe	dieselben
Acus.	denselben	dasselbe	dieselbe	dieselben
Dat.	demselben	demselben	derselben	denselben
Gen.	desselben	desselben	derselben	derselben

Ejemplos:

Wir sind nicht jeden Tag dieselben.
Sie ist in derselben Klasse wie ich.
Wir können ruhig aus demselben Glas trinken.

b) ¡Ojo! No confundir *der-*, *das-*, *dieselbe* con *der*, *die*, *das gleiche*.
En español, normalmente se utiliza en ambos casos «el mismo...». *Der*, *die*, *das gleiche* indica una persona o cosa que se parece mucho a la mencionada antes, pero que no es idéntica a ella. Ejemplos:

Monika trägt das *gleiche* Kleid wie ihre Schwester Gudrun.
(= semejanza)
Heute trägt sie *dasselbe* Kleid wie gestern.
(= identidad).

A veces pueden coincidir la semejanza y la identidad. En este caso, se puede utilizar o *selb*... o *gleich*... Ejemplos:

Wir sind *derselben* (der *gleichen*) Meinung.
Wir sind zur *selben* (*gleichen*) Zeit fertig geworden.

Los pronombres demostrativos

C1 **33.5. *Derjenige, diejenige, dasjenige* = el/aquel (que), la/aquella (que), lo/aquello (que)**

Se declina del mismo modo que *derselbe*, es decir, la primera parte se declina como el artículo determinado, y la segunda, *jenig..*, sigue la declinación del adjetivo. A *derjenige*, tanto en función de sustantivo como de adjetivo, le sigue normalmente una oración de relativo. Ejemplos:

Auf dem Foto sind diejenigen (aquellos/los que), die einen Preis gewonnen haben.

Ich möchte mit demjenigen sprechen, der meine Tasche gefunden hat.

B2 **33.6. *Solcher, solche, solches* = tal**

a) El pronombre demostrativo *solcher, solches, solche,* plural *solche,* indica ciertas particularidades o características de una persona o cosa. Se emplea tanto en función de sustantivo como de adjetivo. Cuando precede a un sustantivo sin artículo o a un adjetivo numeral indefinido se declina como el artículo definido. Ejemplos:

Solchen Tabak habe ich noch nie geraucht.
Solche Tiere sieht man selten.

b) Solch... precedido de un artículo indefinido se declina como el adjetivo precedido por aquél. Ejemplos:

Mit einem solchen Wagen würde ich nicht fahren.
Ein solches Gerät haben wir auch.

c) Se pueden omitir las desinencias de *solch* cuando éste precede a un adjetivo atributivo. En este caso, el adjetivo sigue la declinación fuerte (sin artículo). Ejemplos:

Solch alte Häuser sollte man unter Denkmalschutz stellen.
Wer kann solch hohe Mieten bezahlen?

TEMA 34

LOS PRONOMBRES RELATIVOS

RELATIVPRONOMEN

A2 34.1. **Función de enlace**

Los *pronombres relativos* establecen el enlace de las oraciones subordinadas adjetivas de las que forman parte con la oración principal, donde se encuentra su antecedente. Las *oraciones* subordinadas adjetivas se llaman también *de relativo*, porque se vinculan a la oración principal mediante la relación que existe entre los pronombres relativos y sus antecedentes. Sobre las oraciones de relativo, véase tema 44.

A2 34.2. *Der, die, das*

Es el pronombre relativo más usado.

34.2.1. *Declinación*

Casos	Singular			Plural
	Masculino	Neutro	Femenino	Los tres géneros
Nom.	der	das	die	die
Acus.	den	das	die	die
Dat.	dem	dem	der	denen
Gen.	dessen	dessen	deren	deren

Los pronombres relativos

Se declina como el pronombre demostrativo homónimo (véase tema 33.2). Concierta con su antecedente en género y número. El caso depende de su función en la oración de relativo de que forma parte.

Ejemplos:

Nominativo: Das ist der junge Mann. Der (junge Mann) kommt aus Krefeld.
= Es el joven. Él (joven) viene de Krefeld.

Oración de relativo:
Das ist der junge Mann, der aus Krefeld kommt.
= Es el joven que viene de Krefeld.

Acusativo: Das ist der junge Mann. Den (jungen Mann) will ich heiraten.
= Es el joven. Quiero casarme con él (joven).

Oración de relativo:
Das ist der junge Mann, den ich heiraten will.
= Es el joven con el que me quiero casar.

Dativo: Das ist der junge Mann. Mit dem (jungen Mann) bin ich verlobt.
= Es el joven. Estoy prometida con él (joven).

Oración de relativo:
Das ist der junge Mann, mit dem ich verlobt bin.
= Es el joven con el que estoy prometida.

Genitivo: Das ist der junge Mann. Dessen (seine) Sekretärin ruft jeden Tag an.
= Es el joven. Su secretaria llama cada día.

Oración de relativo:
Das ist der junge Mann, dessen Sekretärin jeden Tag anruft.
= Es el joven cuya secretaria llama cada día.

34.2.2. *Observaciones*

a) El pronombre relativo en genitivo *dessen* y *deren* concuerda con el antecedente, es decir, con el *poseedor*, en *género* y *número*, mientras que el español «cuyo(s)», «cuya(s)» concierta con la *cosa poseída*. Ejemplos:

Veo una casa cuyas ventanas están cerradas.
= Ich sehe ein Haus, *dessen* Fenster geschlossen sind.

He visitado la ciudad de cuyo museo te hablé.
= Ich habe die Stadt besichtigt, von *deren* Museum ich dir erzählt habe.

b) Detrás del pronombre relativo en genitivo, *el sustantivo se emplea sin artículo*. Por lo tanto, los adjetivos atributivos que aparezcan siguen la declinación fuerte (sin artículo). Ejemplos:

Der Nachbar, *dessen* ältester Sohn nächste Woche heiratet, hat uns zur Hochzeit eingeladen.
= El vecino, cuyo hijo mayor se casará la semana que viene, nos ha invitado a la boda.

c) Cuando en la oración de relativo hay un *complemento prepositivo, la preposición se coloca delante del pronombre* relativo. Ejemplos:

Da kommt der Bus, auf den ich 30 Minuten gewartet habe.
= Allí viene el autobús que he estado esperando durante 30 minutos.

Gestern ist dein Brief, über den ich mich sehr gefreut habe, angekommen.
= Ayer llegó tu carta, que me ha alegrado mucho.

d) En los *complementos circunstanciales de lugar*, la preposición y el pronombre relativo pueden sustituirse por *wo* (= *in* + *dativo*), o *wohin* (= *in* + *acusativo*), dependiendo de la situación. Ejemplos:

Das ist die Stadt, *in der* ich studiert habe.
= Es la ciudad en la que yo he estudiado.

Das ist die Stadt, *wo* ich studiert habe.
= Es la ciudad, donde yo he estudiado.

Der Ort, in den wir fahren, ist bekannt für seinen Wein.
= El pueblo al que viajamos es conocido por su vino.

Der Ort, wohin wir fahren, ist bekannt für seinen Wein.
= El pueblo a donde viajamos es conocido por su vino.

e) Incluso en los *complementos circunstanciales de tiempo*, la preposición *in* o *an* + pronombre relativo puede sustituirse por *wo*. Ejemplos:

Das war in der Zeit, *in der* wir in Sevilla wohnten.

Los pronombres relativos

Das war in der Zeit, *wo* wir in Sevilla wohnten.
= Fue en la época en que vivíamos en Sevilla.

Sie kam ausgerechnet an dem Tag, *an dem* ich die Prüfung hatte.
Sie kam ausgerechnet an dem Tag, *wo* ich die Prüfung hatte.
= Ella vino precisamente el día en que yo tenía el examen.

f) El adverbio relativo *wo* se utiliza siempre que el complemento circunstancial sea un nombre geográfico. Ejemplos:

Wir fahren nach Köln, wo ich 2 Jahre studiert habe.
= Viajamos a Colonia, donde yo he estudiado durante 2 años.

Sie ist gestern aus Bad Nauheim zurückgekommen, wo sie eine Kur gemacht hat.
= Ayer volvió ella de Bad Nauheim, donde ha estado en un balneario.

B2 34.3. *Wer, wen, wem*

Se refieren a personas no especificadas. En la oración principal aparece el pronombre demostrativo correspondiente *der, den, dem* como correlato. Ejemplos:

Wer rastet, der rostet.
Wen das nicht interessiert, dem kann ich nicht helfen.
Wem das nicht schmeckt, der braucht nichts davon zu essen.

Cuando el pronombre relativo y el demostrativo están en el mismo caso, se puede suprimir el pronombre demostrativo. Ejemplos:

Wer die Sätze nicht verstanden hat, (*der*) soll bitte zu mir kommen.
Wer im Glashaus sitzt, (*der*) sollte nicht mit Steinen werfen (proverbio).

B2 34.4. *Was* = (lo) que

a) El pronombre relativo *was* es invariable y sólo se utiliza como sujeto o complemento directo.

Hay que utilizarlo después de *das, dasselbe*; después de los pronombres indefinidos *etwas, nichts, einiges, vieles, manches, allerlei, mancherlei, vielerlei, allerhand, folgendes*; y después de un superlativo. Ejemplos:

Nominativo: Das ist das, was mir gefällt.
Das ist etwas, was mir gefällt.
Das ist das Günstigste, was dir passieren konnte.

Acusativo: Das ist dasselbe, was wir schon gehört haben.
Das ist etwas, was ich noch nicht kannte.
Das ist das Schönste, was ich je gesehen habe.

b) Por ser invariable, en las funciones del dativo se sustituye por *dem*, y en las del genitivo, por *dessen*. Ejemplos:

Dativo: Das ist etwas, dem ich nicht widerstehen kann.

Genitivo: Das ist etwas, dessen Wirkung noch unerforscht ist.

c) Cuando el verbo de la oración relativa rige una preposición determinada, no se utiliza *was*, sino el adverbio relativo *wo(r)-* y la preposición correspondiente. Ejemplos:

Das ist etwas, wofür sich viele Leute interessieren.
Das ist etwas, worüber man sich leicht aufregt.

TEMA 35

LAS PREPOSICIONES

PRÄPOSITIONEN

A1 **35.1. Función y problemas que plantea su estudio**

La función propia de toda preposición consiste en servir de nexo entre un elemento sintáctico cualquiera y su complemento. El elemento sintáctico relacionado es el inicial de la relación; su complemento es el terminal, independientemente del orden con que uno y otro se construyan.

Podemos decir, por ejemplo: «Er kommt aus Berlin» o «Aus Berlin kommt er», sin que *kommt* deje de ser el elemento inicial y *Berlin* el término de relación. Por este motivo, la preposición va siempre unida a su término, formando con él una unidad sintáctica que no puede destruirse sin alterar el sentido.

Para el estudiante de lenguas extranjeras, *la preposición es una de las categorías gramaticales más complejas*, puesto que el gran número de posibilidades de su uso hace difícil una clara sistematización. Sólo un estudio de varios años del idioma en cuestión hace posible el dominio intuitivo de esta clase de palabras. Sin embargo, el estudiante no tiene por qué desmoralizarse.

Para el estudiante de alemán, las preposiciones presentan, sobre todo, dos dificultades:

1. La *elección de la preposición adecuada*, de acuerdo con el sentido del enunciado.

2. La *elección del caso de la declinación*, que viene, precisamente, regido por la preposición.

Cabe señalar que la elección de una preposición no siempre viene determinada por el sentido del enunciado, sino que *su uso obedece muchas veces a reglas fijas*; éste es el caso de expresiones formadas por medio de una preposición, por ejemplo: «ir *en* tren» = ***mit*** *dem Zug fahren*, o el caso de verbos o adjetivos que rigen una preposición determinada («participar *en*» = *teilnehmen* **an**; «preocupado *por*» = *besorgt* **um**, etcétera).

B1 35.2. **Posición de las preposiciones**

La preposición no siempre hace honor a su etimología, es decir, a la «posición anterior, o precedente». Tanto en español como en alemán, esta colocación es la general; aunque en algunos casos la preposición se halla *pospuesta*. En estos casos se trata más bien de antiguos adverbios con valor preposicional. Ejemplos:

Den Fluss entlang	= a lo largo del río.
Dem Kino gegenüber	= enfrente del cine.
Umständehalber	= debido a las circunstancias.

También existe la *circumposición*, es decir, el caso de un sustantivo con una preposición delante y otra detrás. Ejemplos:

Um (Gottes) willen	= por amor de (Dios).
Von (heute) an	= a partir de (hoy).
Von (Staats) wegen	= por orden del (Estado).
Von (Barcelona) aus	= desde (Barcelona).
auf (Mitternacht) zu	= hacia (medianoche).
auf (den Baum) zu	= en dirección a, hacia (el árbol).

Una preposición puede *unirse también a otra preposición*. Ejemplos:

Der Bus fährt bis zum Hafen.	= El autobús va hasta el puerto.
Ich komme von zu Hause.	= Vengo de casa.
Eine Arbeit von über 600 Seiten	= Un trabajo de más de 600 páginas.

35.3. Régimen de las preposiciones

En alemán, las preposiciones exigen determinados casos gramaticales, caracterizando así la relación que establecen con su término.

Las preposiciones

A1 35.3.1. *Preposiciones que rigen acusativo*

bis[1] = hasta; durch = por; entlang[2] = a lo largo de; für = por/para; gegen = contra; ohne = sin; um = alrededor de.

A1 35.3.2. *Preposiciones que rigen dativo*

ab[3] = a partir de; aus = de, außer = excepto; bei = cerca de/en casa de; binnen = dentro de; dank =gracias a; entgegen = en contra de; fern = lejos de; längs = a lo largo de; laut[4] = según; gegenüber = enfrente de; gemäß = según; mit = con; nach = a, hacia; nahe = cerca; samt = con; seit = desde; von = de; zu = a, hacia; zufolge = según; zuliebe = por amor a.

Las preposiciones *gemäß, entgegen, gegenüber, zufolge* y *zuliebe* suelen posponerse al sustantivo. Ejemplos:

Ihrem Schreiben gemäß übersende ich Ihnen hiermit das gewünschte Exemplar.
Wir wohnen dem Schlosspark gegenüber.
Ich tue es dir zuliebe.
Dem Gesetz zufolge haben Sie sich strafbar gemacht.

Cuando *zufolge* precede al sustantivo, exige el genitivo. Ejemplo:

Zufolge des Gesetzes haben Sie sich strafbar gemacht.

A1 35.3.3. *Preposiciones que rigen acusativo o dativo*

an = a, en, junto a, al borde de; auf = sobre; hinter = detrás; in = en; neben = al lado de; über = encima de; unter = debajo de; vor = delante de; zwischen = entre.

Son las llamadas *Wechselpräpositionen*, ya que el caso —acusativo o dativo— viene determinado por el verbo que se usa.

El *acusativo* se emplea para expresar *una dirección*, un punto de destino o un movimiento hacia un lugar. Responde a la pregunta *wohin?* = ¿a dónde? Ejemplo:

---

1. A menudo, *bis* va acompañada de otra preposición que, a su vez, determina la forma de la declinación: Der Bus fährt bis zum gotischen Viertel. Er hat bis in die Nacht gearbeitet.
2. *Entlang* puede regir también dativo: Entlang der Straße standen viele Leute.
3. En sentido temporal, *ab* puede usarse también con acusativo: Ab nächsten Monat ist sie nicht mehr berufstätig.
4. *Binnen, dank, längs* y *laut* suelen emplearse también con genitivo.

Tema 35

Wohin geht ihr?
Wir gehen in den Zoo, ins Kino, in die Bibliothek.

El *dativo* se emplea para expresar *una situación*, un estado. Responde a la pregunta *wo?* = ¿dónde? Ejemplo:

Wo ist Klaus?
Er ist im Zoo, im Kino, in der Bibliothek.

Pero, recuérdese: Cuando estas preposiciones no tienen sentido local, *auf* y *über* exigen el acusativo y las demás preposiciones dativo. Ejemplos:

Auf jeden entfallen 60,00 €.
Wir fahren über das Wochenende in die Berge.
Unter den Studenten waren vier Japaner.

Con valor temporal, *an, in, vor* siempre rigen dativo. Ejemplos:

Am Dienstag fällt der Unterricht aus.
In einer Woche gibt es Ferien.
Vor einer Stunde ist er angekommen.

C1 35.3.4. *Preposiciones que rigen genitivo*

abseits	= apartado de	innerhalb	= dentro de
anlässlich	= con motivo de	jenseits	= al otro lado de
(an)statt[5]	= en vez de	kraft	= en virtud de
anstelle	= en vez de	mangels	= por falta de
aufgrund	= a causa de	mittels	= mediante
außerhalb	= fuera de	oberhalb	= más arriba de
bezüglich	= referente a	seitens	= de parte de
diesseits	= a este lado de	trotz	= a pesar de
einschließlich	= inclusive	um .... willen	= por amor de
halber[6]	= a causa de	ungeachtet[7]	= a despecho de
hinsichtlich	= respecto a	unterhalb	= más abajo de
infolge	= a consecuencia de	unweit	= no lejos de
inklusive	= inclusive	vermittels	= por medio de
inmitten	= en medio de	von ...wegen	= por orden de

---
5. *(An) statt, trotz, wegen* también pueden utilizarse con dativo.
6. *Halber* siempre se pospone.
7. *Ungeachtet* y *wegen* pueden posponerse, pero siempre con genitivo.

Las preposiciones

während	= durante	zufolge	= en virtud de
wegen	= a causa de	zugunsten	= a favor de
zeit	= durante	zwecks	= con el fin de

A1 35.4. La contracción del artículo determinado con preposiciones

Den (acusativo del masculino), *das* (acusativo del neutro), *dem* (dativo del masculino y del neutro) y *der* (dativo del femenino) pueden contraerse con una preposición. Existen las siguientes formas de contracción:

an	+ dem	= am
bei	+ dem	= beim
hinter	+ dem	= hinterm[8]
in	+ dem	= im
über	+ dem	= überm[8]
unter	+ dem	= unterm[8]
von	+ dem	= vom
vor	+ dem	= vorm[8]
zu	+ dem	= zum
zu	+ der	= zur
an	+ das	= ans
auf	+ das	= aufs[8]
durch	+ das	= durchs[8]
für	+ das	= fürs[8]
hinter	+ das	= hinters[8]
in	+ das	= ins
über	+ das	= übers[8]
um	+ das	= ums[8]
unter	+ das	= unters[8]
vor	+ das	= vors[8]
hinter	+ den	= hintern[8]
über	+ den	= übern[8]
unter	+ den	= untern[8]

La contracción depende del grado de énfasis del artículo. *No se efectúa cuando el artículo tiene cierto valor demostrativo.* Ejemplos:

---

8. Formas usadas, por lo general, solamente en el lenguaje coloquial.

Wir waren gestern im Kino.
Warst du schon in dem neuen Kino?

Komm doch am Sonntag!
An dem Sonntag habe ich keine Zeit.

La contracción no es posible cuando el sustantivo va complementado mediante una oración relativa:

Wir waren in dem Restaurant, das vor kurzem eröffnet worden ist.
= Estuvimos en el restaurante que han abierto hace poco.

Bis zu der Kapelle, die Sie dort oben sehen, sind es etwa 40 Minuten.
= Hasta la capilla que Ud. ve arriba hay aproximadamente 40 minutos.

B1 35.5. Uso de cada una de las preposiciones y su traducción más frecuente

35.5.1. **Ab** *(dativo)* = *a partir de*

a) *Sentido local* = comienzo, punto de partida. Pregunta: *Von wo ab?* = ¿A partir de dónde? Ejemplo:

Ab diesem Weg kann man nicht weiterfahren.

b) *Sentido temporal* (acusativo o dativo) = comienzo de un espacio de tiempo. Pregunta: *Ab wann?* = ¿A partir de cuándo? Ejemplos:

Ab nächster Woche ist das Büro geschlossen.
O bien: Ab nächste Woche ist das Büro geschlossen.

Ab erstem Mai sind wir wieder zu Hause.
O bien: Ab ersten Mai sind wir wieder zu Hause.

C1 35.5.2. **Abseits** *(genitivo)* = *apartado de*

Sentido local. Pregunta: *Wo?* = ¿Dónde? Ejemplo:

Die Kapelle steht abseits des Weges.

A1 35.5.3. **An** *(acusativo o dativo)* = *a, en, junto a, al borde de*

a) *Sentido local*. Indica un movimiento lateral, o de abajo arriba, que produce un contacto real o aparente entre personas y/o cosas.

Las preposiciones

Acusativo. Pregunta: *Wohin?* = (¿A dónde?), con verbos que expresan un movimiento hacia un lugar. Ejemplos:

> Juan setzt sich ans Fenster.
> Ich hänge das Bild an die Wand.
> Wir fahren an den Rhein, an den Strand, an die Küste, etc.

Dativo. Pregunta: *Wo?* = (¿Dónde?), con verbos que expresan una situación, un estado. Ejemplos:

> Juan sitzt am Fenster.
> Das Bild hängt an der Wand.
> Wir waren am Rhein, am Strand, an der Küste, etc.

b) *Sentido temporal* (con dativo) = en, por. Se utiliza para indicar los días de la semana, las horas del día, las fechas, etc. Pregunta: *Wann?* = ¿cuándo? Ejemplos:

> Er kommt am Montag, am Wochenende, etc.
> Am Morgen, am Mittag, am Nachmittag, am Abend (*pero*: in der Nacht).
> Am 24. Juli habe ich Geburtstag.
> An Feiertagen wird nicht gearbeitet.
> Am Anfang hatte ich oft Heimweh.

B1 35.5.4. *(An)statt (genitivo) = en vez de*

> (An)statt der Arbeiter werden bald Roboter die Arbeit verrichten.

A1 35.5.5. *Auf (acusativo o dativo) = sobre, en, a, encima de*

a) *Sentido local*. Acusativo: Pregunta: *Wohin?* Ejemplos:

> Ich lege das Buch auf den Tisch.
> Stell bitte die Blumen auf den Balkon!
> Ich würde gern auf den Montblanc steigen.
> Dienstags gehe ich auf den Markt.
> Von hier haben Sie einen schönen Blick auf die Stadt
> Am Abend gehen viele Leute auf die Straße.

Dativo: Pregunta: *Wo?* Ejemplos:

> Das Buch liegt auf dem Tisch.

Die Blumen stehen auf dem Balkon.
Viele Leute sind auf der Straße.
Peter war im Urlaub auf dem Montblanc.

b) Sentido temporal con acusativo = por, para, a. Pregunta: *Wie lange?* = ¿cuánto tiempo? *Auf welche Zeit?* = ¿hasta cuándo? Ejemplos:

Wir könnten sie auf den Abend einladen.
= Podríamos invitarlos para la noche.

Ich muss auf einen Augenblick verschwinden.
= Tengo que irme por un momento.

Auf morgen!
= ¡Hasta mañana!

Es war Liebe auf den ersten Blick.
= Fue amor a primera vista.

Dieses Jahr fällt der 1. November auf einen Freitag.
= Este año el 1 de noviembre cae en viernes.

In der Nacht von Dienstag auf Mittwoch wurde bei ihm eingebrochen.
= Durante la noche del martes al miércoles robaron en su casa.

A1 35.5.6. *Aus (dativo)* = de

a) Sentido local = saliendo del interior hacia fuera, origen. Pregunta: *Woher?* = ¿De dónde? Ejemplos:

Wir kamen um 22 Uhr aus dem Kino.
Pedro kommt aus Brasilien.
Er geht morgens um 7.00 Uhr aus dem Haus.

b) Sentido temporal = origen. Pregunta: *Aus welcher Zeit?* = ¿De qué época? Ejemplo:

Das ist ein Roman aus dem 18. Jahrhundert.

c) Sentido causal = por. El sustantivo que sigue va sin artículo. Pregunta: *Warum?* = ¿Por qué? Ejemplos:

Ich lese das Buch aus Langeweile.
Er hat nur aus Höflichkeit geantwortet.

d) Sentido modal. Para indicar la materia: (hecho) de. El sustantivo que sigue va sin artículo. Pregunta: *Woraus?* = ¿De qué materia? Ejemplos:

> Der Ring ist aus Gold.
> Die Tasche ist aus Leder.

B1 35.5.7. *Außer (dativo)* = *fuera de, a excepción de:*

a) Sentido local. El sustantivo que sigue va sin artículo. Pregunta: *Wo?* Ejemplo:

> Herr Winter ist leider außer Hause.

b) Sentido modal. El sustantivo que sigue va sin artículo. Pregunta: *Wie?* = ¿Cómo? Ejemplos:

> Der Aufzug ist außer Betrieb.
> Dass ich dir helfe, steht außer Frage.

c) Excepto de, excepción. Pregunta: *Außer wem?*, si se trata de personas, y *außer was?*, si se trata de cosas. Ejemplos:

> Hast du außer ihnen noch Bekannte getroffen?
> Niemand außer ihr hat die Prüfung mit «sehr gut» bestanden.

d) Inclusive, además de. Se refuerza, a menudo, mediante *auch*, *auch noch*. Ejemplo:

> Außer den allgemeinen Büroarbeiten muss man auch hin und wieder Botengänge machen.

B1 35.5.8. *Außerhalb (genitivo)* = *fuera de, en las afueras de*

a) Sentido local. Pregunta: *Wo?* Ejemplo:

> Die Universität liegt außerhalb der Stadt.

b) Sentido temporal. Pregunta: *Wann.* Ejemplo:

> Außerhalb der Dienststunden ist das Büro nicht besetzt.

A1 35.5.9. ***Bei*** *(dativo)* = *cerca de*

a) *Sentido local.* Pregunta: *Wo?* Ejemplos:

Wesseling liegt bei Köln.
Wir wohnen bei der Universität.

En casa de, con, en (visita o estancia en casa de alguien). Pregunta: *Bei wem? Wo?* = ¿Con quién? ¿Dónde? Ejemplos:

Sie arbeitet bei der Firma Schneider & Co.
Am Wochenende war ich bei meinen Eltern.
Bei uns wird viel Wein getrunken.
Ich habe kein Geld bei mir.

Estancia que tiene un determinado propósito = *en*. Ejemplos:

Gestern war ich beim Zahnarzt.
Maria ist beim Friseur.

b) *Sentido temporal.* Pregunta: *Wann?* = durante, al. Ejemplo:

Bei unserer Ankunft schneite es.

También puede indicar la simultaneidad de dos acciones. Pregunta: *Wobei?* = durante. Ejemplos:

Beim Essen sehen wir fern.
Bei der Arbeit rauche ich nicht.

c) *Sentido condicional* = si, en el caso de. Pregunta: *Wann? Unter welchen Bedingungen?* = ¿Cuándo? ¿En qué circunstancias? Ejemplos:

Bei Stromausfall muss man die Ruhe bewahren.
Bei schlechtem Wetter bleiben wir zu Haus.

d) *Sentido concesivo: bei (all)* = a pesar de. Ejemplo:

Bei all seinem Geld ist er nicht glücklich geworden.

C1 35.5.10. ***Binnen*** *(genitivo o dativo)* = ***innerhalb*** = *dentro de*

Sentido temporal. Pregunta: *In welcher Zeit?* = ¿Dentro de cuánto tiempo? Ejemplo:

Bitte bezahlen Sie die Rechnung binnen 14 Tagen!

Las preposiciones

A1 35.5.11. *Bis* *(acusativo)* = *hasta*

a) Sentido local. Pregunta: *Bis wohin?* = ¿Hasta dónde? Delante de sustantivos sin artículo, *bis* se emplea solo. Ejemplo:

Der Zug fährt bis Madrid.

Pero, la mayoría de las veces, *bis* va acompañado de las preposiciones *zu*, *nach* y otras, que son las que determinan el caso. Ejemplos:

Der Zug fährt bis zum gotischen Viertel.
Man kann bis auf den Grund sehen.

b) Sentido temporal. Pregunta: *Bis wann?* = ¿Hasta cuándo? Ejemplos:

Ich bleibe noch bis nächsten Sonntag.
Bis zum 15. muss ich das Geld überweisen.

c) Bis auf (acusativo) = *außer* (salvo). Ejemplo:

Alle bis auf einen haben die Prüfung bestanden.

A1 35.5.12. *Durch* *(acusativo)* = *a través*

a) Sentido local. Indica el movimiento espacial de un lado a otro, de un extremo al otro, o el punto por el que se puede entrar en un lugar determinado. Ejemplos:

Wir haben eine Reise durch Deutschland gemacht.
Sonntags machten sie immer einen Spaziergang durch den Wald.

b) Sentido temporal = durante todo el tiempo. Pregunta: *Wie lange?* = ¿Cuánto tiempo?
La preposición *durch* sigue entonces al sustantivo. En vez de *durch*, también se usa *hindurch*. Ejemplos:

Die ganze Nacht (hin)durch hat es geregnet.
Dort herrschen das ganze Jahr (hin)durch milde Temperaturen.

c) Sentido causal. Pregunta: *Wodurch?* = ¿Por qué causa? Ejemplos:

Durch den starken Regen hat es Überschwemmungen gegeben.
Er ist durch einen Unfall invalide geworden.

Tema 35

d) Medio. Pregunta: *Durch wen?* (personas) o *wodurch?* (cosas). Ejemplos:

> Wir haben das Haus durch einen Makler gefunden.
> Sie hat sich durch Heimarbeit etwas Geld verdient.

C1 35.5.13. **Entgegen** *(dativo) = en contra de*

> Entgegen meinen Erwartungen verlief alles sehr ruhig.

A veces, esta preposición se puede prosponer.

B1 35.5.14. **Entlang** *(dativo, genitivo, acusativo) = a lo largo de*

Sentido local. Pregunta: *Wo? Wo entlang?* = ¿Dónde? ¿A lo largo de qué?
Dativo o genitivo: *antepuesta al sustantivo*. Ejemplos:

Entlang dem Fluss stehen alte Bäume.
Entlang des Flusses stehen alte Bäume.

Acusativo: *después del sustantivo*. Ejemplos:

Den Fluss entlang stehen alte Bäume.
Wir machen eine Radtour den Rhein entlang.

A1 35.5.15. **Für** *(acusativo) = para, por*

a) Finalidad, destino = para. Pregunta: *Für wen?* (personas) = ¿Para quién? y *wofür?* (cosas) = ¿Para qué? Ejemplos:

> Er arbeitet für seine Familie.
> Brauchst du sonst noch etwas für die Reise

b) Sentido temporal = para. Pregunta: *Wann? Für wie lange?* = ¿Cuándo? ¿Por cuánto tiempo? Ejemplos:

> Ich gehe für ein Jahr nach Paris.
> Wir wollen nicht für immer hier bleiben.
> Ich habe die Wohnung für drei Jahre gemietet.

Las preposiciones

c) Interés, favor, dedicación, en beneficio de, en pro de = por. Pregunta: *Für wen?* (personas) = ¿para quién? y *wofür?* (cosas) = ¿para qué? Ejemplos:

> Ich tue das für dich.
> Viele Leute arbeiten nur für den Wagen.

d) Sustitución = en lugar de, a cambio de, en recompensa de, en concepto de. Pregunta: *Für wen?* (personas) o *wofür?* (cosas). Ejemplos:

> Nächste Woche werde ich für eine erkrankte Kollegin unterrichten.
> Ich gab ihr für ihre verlorenen Handschuhe ein Paar neue.
> Bitte geben Sie mir für 100 Dollar Euro!

e) Cualificación, comparación = para, en vista de, etc. Pregunta: *Für wen?* (personas), *wofür?* (cosas). Ejemplos:

> Das Kind ist sehr groß für sein Alter.
> Das ist nichts für mich.

f) Proporción, distribución = por. Pregunta: *Wie?* = ¿Cómo? Ejemplo:

> Jeder bezahlt für sich.

Für se emplea a veces entre dos sustantivos iguales. Ejemplos:

> Wir müssen Schritt für Schritt vorgehen = paso a paso.
> Tag für Tag verrichtete sie diese Arbeit = día a día.
> Wir müssen Wort für Wort übersetzen = palabra por palabra, literalmente.

g) Precio, cantidad, sustituto = por. Pregunta: *Für wieviel?* = ¿Por cuánto? Ejemplos:

> Wir haben das Fahrrad für 240 € gekauft.
> Für das alte Auto kannst du höchstens 400 € verlangen.

A1 35.5.16. **Gegen** *(acusativo)* = *contra*

a) Sentido local. Pregunta: *gegen wen?* = ¿Contra quién?, *wogegen?* = ¿Contra qué? Ejemplos:

> Klaus ist mit dem Motorrad gegen einen Baum gefahren.
> Wir haben gegen die 8. Klasse gespielt und das Spiel verloren.

Tema 35

b) Sentido temporal = hacia. Pregunta: *Um wieviel Uhr?* = ¿A qué hora?, o *Gegen wieviel Uhr?* = ¿Hacia qué hora? Ejemplos:

>Kommen Sie gegen 17.00 Uhr zum Kaffee!
>Gegen Ende des Jahres wird die neue Autobahn befahrbar sein.

c) Relación amistosa o neutral = hacia, respecto de. Pregunta: *Gegen wen?* = ¿Hacia, contra quién?, o *wogegen?* = ¿Hacia, contra qué? Ejemplos:

>Er war immer sehr freundlich gegen mich = para conmigo.
>Seine Abneigung gegen sie verstehe ich nicht = hacia ella.

d) Relación adversa, enemistosa = contra. Ejemplos:

>Man kann nicht ständig gegen den Strom schwimmen.
>Diese Salbe ist gut gegen Rheumatismus.

e) Comparación o proporción = en comparación con. Ejemplos:

>Gegen ihn erscheint sie sehr klein.
>Gegen früher leben wir heute viel hektischer.

f) Intercambio = contra, a cambio de. Pregunta: *Wogegen?* = ¿A cambio de qué? Ejemplos:

>Die Firma liefert die Waren nur gegen Barzahlung.
>Sie möchte ihre Tennisausrüstung gegen ein Fahrrad tauschen.

g) Número aproximado, aproximadamente. Pregunta: *Wieviel?* = ¿Cuánto?, *wie viele?* = ¿Cuántos? Ejemplo:

>Heute morgen waren gegen 200 Studenten im Hörsaal.

A1 35.5.17. *Gegenüber* (dativo) = *enfrente, al otro lado*

a) Sentido local = situación al otro lado, enfrente. Pregunta: *Wo?* Ejemplo:

>Das Kino liegt gegenüber dem Stadtpark.

La mayoría de las veces, esta preposición sigue al sustantivo. En caso de tratarse de pronombres personales, siempre hay *posposición*. Ejemplos:

>Das Kino liegt dem Stadtpark gegenüber.
>Im Bus saß er mir gegenüber.

Las preposiciones

b) Comportamiento = respecto a. Pregunta: *Wem gegenüber?* = ¿Respecto a quién?

Esta preposición *suele colocarse detrás del sustantivo*, sobre todo detrás de un pronombre personal. Ejemplos:

> Sie sind allen Reformen gegenüber ziemlich skeptisch.
> Er hat sich uns gegenüber immer korrekt verhalten.

c) Comparación = en comparación a. Pregunta: *Wem gegenüber?* = ¿En comparación a quién? Ejemplos:

> Sie ist dir gegenüber eindeutig im Vorteil.
> Gegenüber dem vergangenen Jahr geht es uns heute besser.

C1 35.5.18. *Gemäß (dativo)* = *según*

Esta preposición *puede colocarse delante o detrás del sustantivo*. Se coloca siempre detrás de un pronombre cuando se emplea en el lenguaje administrativo. Ejemplos:

> Ihrem Schreiben gemäß übersenden wir Ihnen ein kostenloses Musterexemplar.
> Gemäß den Vorschriften ist Schuttabladen hier verboten.

C2 35.5.19. *Halber (genitivo)* = *a causa de*

Pregunta: *Warum?* = ¿Por qué? La preposición se coloca *detrás* del sustantivo. Ejemplo:

> Er muss dringender Geschäfte halber verreisen.

A1 35.5.20. *Hinter (acusativo o dativo)* = *detrás de, tras*

a) Sentido local.
Acusativo: Pregunta: *Wohin?* Con verbos que expresan un movimiento hacia un lugar. Ejemplos:

> Die Katze legt sich am liebsten hinter den Ofen.
> Das Buch ist hinter das Regal gefallen.

Dativo: Pregunta: *Wo?* Con verbos que expresan una situación o un estado. Ejemplos:

Die Katze liegt hinter dem Ofen.
Manche Präpositionen stehen hinter dem Nomen.

b) *Sentido temporal* (con dativo) = con retraso. Ejemplo:

Der Zug ist 20 Minuten hinter der Zeit.

c) *Rango, orden de sucesión* (con dativo) = tras. Ejemplos:

Der Läufer hat seine Gegner weit hinter sich gelassen.
Der Schüler ist hinter den Anforderungen zurückgeblieben.

d) *Apoyo, ayuda* (con dativo) = tras. Ejemplos:

Hinter diesen Aktionen steckt eine Methode.
Der Abteilungsleiter hat die ganze Belegschaft hinter sich.

A1 35.5.21. *In (acusativo o dativo)* = a, en, dentro de

a) *Sentido local.*
Acusativo: Pregunta: *Wohin?* Ejemplos:

Heute abend gehen wir ins Theater.
Im Urlaub fahren wir in die Türkei.

Dativo: Pregunta: *Wo?* Ejemplos:

Der Sessel steht in der Ecke.
Im Sommer war er in der Türkei.

b) *Sentido temporal* (dativo) = en, dentro de. Pregunta: *Wann? In welcher Zeit?* Ejemplo:

In zwei Wochen beginnen die Sommerferien.

Indica los años, estaciones y meses. Pregunta: *Wann? In welchem Jahr? In welcher Jahreszeit? In welchem Monat?* Ejemplos:

Goethe ist (im Jahre) 1749 geboren.
Es ist möglich, dass es im Sommer schneit.
Die Prüfungen finden im Mai und im November statt.

c) *Sentido modal* (dativo), manera = en, con. Pregunta: *Wie?* = ¿Cómo? Ejemplos:

Er ist zur Zeit in großen Schwierigkeiten.
Du musst mir alles im Einzelnen erklären.
In diesen spitzen Schuhen kannst du doch nicht gehen!

d) Independientemente de relaciones locales, temporales o modales, puede expresar una *relación determinada hacia un objeto, actividad o persona* (con dativo o acusativo). Ejemplos:

Dr. Bender ist tüchtig in seinem Beruf.
In Mathematik bin ich nie gut gewesen.
Sie hat sich in ihren Lehrer verliebt.

C2 35.5.22. **Infolge** *(genitivo)* = *a consecuencia de, a causa de*

Pregunta: *Warum?* = ¿Por qué? Ejemplo:

Infolge dichten Nebels ereigneten sich zahlreiche Unfälle.

C2 35.5.23. **Inmitten** *(genitivo)* = *en medio de, entre*

Sentido local. Pregunta: *Wo?* Ejemplo:

Inmitten des Hofes stand die alte Linde.

C2 35.5.24. **Innerhalb (von)** *(genitivo)* = *dentro de*

a) *Sentido local*. Pregunta: *Wo?* Ejemplo:

Innerhalb seines Hauses fühlte er sich geschützt.

b) *Sentido temporal* = dentro de, en el plazo de. Pregunta: *In welcher Zeit? Innerhalb welcher Zeit?* = ¿Dentro de cuánto tiempo? Ejemplo:

Innerhalb eines Monats sind die Preise um 4 % gestiegen.

Se emplea el dativo, cuando el genitivo no se puede reconocer. Ejemplo:

Das Darlehen ist innerhalb fünf Jahren zurückzuzahlen.

Cuando ni el genitivo ni el dativo se pueden reconocer, se utiliza, además, la preposición *von*. Ejemplo:

Die Arbeit muss innerhalb von drei Wochen erledigt sein.

C2 35.5.25. **Jenseits** *(genitivo)* = *al otro lado de*

Sentido local. Pregunta: *Wo?* Ejemplo:

Jenseits des Berges stehen einige Bauernhöfe.

C2 35.5.26. **Kraft** *(genitivo)* = *en virtud de*

Se usa en el lenguaje administrativo. Ejemplo:

Er kann kraft seines Amtes Mitarbeiter einstellen und entlassen.

C2 35.5.27. **Längs** *(genitivo)* = **entlang** = *a lo largo de*

Ejemplo:

Längs des Flusses kann man schöne Spaziergänge machen.

Se utiliza el *dativo* cuando coinciden dos genitivos. Ejemplo:

Längs den Gärten des Schlosses stehen exotische Sträucher.

C2 35.5.28. **Laut** *(dativo o genitivo)* = *según, conforme a*

Se usa sobre todo en el lenguaje administrativo. La mayoría de las veces, el sustantivo regido por esta preposición va sin artículo y sin desinencia. Ejemplo:

Laut Vertrag sind die Maschinen bis zum 16. 9. zu liefern.

A1 35.5.29. **Mit** *(dativo)* = *con, en compañía de*

a) Compañía, relaciones entre personas, cosas y conceptos, posesión, descripción de personas, pertenencia, etc.
Pregunta: *Mit wem?* (personas) = ¿Con quién?, y *womit?* (cosas) = ¿Con qué? Ejemplos:

Susi geht mit ihren Freundinnen ins Kino.
Hast du schon mit dem Chef gesprochen?
Kennst du die Frau dort mit den schwarzen Haaren?

Las preposiciones

Nicht jeder kann mit ihm zusammen arbeiten.
Ich trinke den Kaffee mit Milch und Zucker.
Wir suchen ein Doppelzimmer mit Bad.

b) *Medio o instrumento*. Pregunta: *Womit?* = ¿Con qué? Ejemplos:

Er fährt jetzt mit der S-Bahn zur Arbeit.
Privatbriefe schreibe ich nie mit der Schreibmaschine.

c) *Manera*. Pregunta: *Wie?* = ¿Cómo? Ejemplos:

Sie aßen mit großem Appetit.
Das habe ich nicht mit Absicht getan.
Mit Gewalt wirst du nicht viel erreichen.

d) *Sentido temporal*. Pregunta: *Wann?* Ejemplos:

Mit 18 machte ich das Abitur.
Mit der Zeit werden Sie es schon lernen.
Mit einemmal wurde es dunkel.

A1 35.5.30. *Nach (dativo) = a, hacia*

a) *Sentido local* = Movimiento hacia un punto de destino. *Se usa delante de* nombres de pueblos, ciudades, países sin artículo, continentes, puntos cardinales y adverbios locales.
Pregunta: *Wohin?* = ¿A/Hacia dónde? Ejemplos:

Diese Straße führt nach Schöndorf.
Dieses Jahr fahren wir wieder nach Spanien.
Er reist oft nach Paris.
Ihr Zimmer liegt nach Süden.
Wenn Sie ins Sekretariat wollen, müssen Sie nach oben gehen.

b) *Sentido temporal* = después de. Pregunta: *Wann?* Ejemplos:

Wir fahren erst nach Weihnachten.
Nach dem Frühstück lese ich die Zeitung.
Sie wollte in einer Stunde wieder da sein, sie kam
aber erst nach drei Stunden zurück.

c) *Orden de sucesión o rango*. Ejemplos:

Einige Präpositionen stehen nach dem Substantiv.

Tema 35

Bitte nach Ihnen!
Wer ist nach Ihnen an der Reihe?
Langsam, bitte: eins nach dem anderen!

d) Modelo, ejemplo, prototipo. Pregunta: *Nach wem?* (personas) y *wonach?* (cosas). Ejemplos:

Er trägt nur nach Maß gearbeitete Anzüge.
Alle tanzten nach dem Takt der Musik.

e) Concordancia con una información dada = según, de acuerdo con. La preposición *puede colocarse delante o detrás* del sustantivo. Ejemplos:

Seinem Akzent nach ist er Franzose.
Meiner Meinung nach ist das ein Irrtum.
Ihrem Brief nach geht es ihr gut.

f) Manera = a, como, según. Ejemplos:

Zum Mittagessen gibt es Spagetti nach Bologneser Art.
Bedienen Sie sich ganz nach Belieben!

A1 35.5.31. **Neben** *(acusativo o dativo)* = al lado de, junto a

a) Sentido local. Indica cierta proximidad lateral, pero sin llegar al contacto.
Acusativo. Pregunta: *Wohin?* Ejemplo:

Stell den Nachttisch neben das Bett und die Stehlampe rechts neben die Couch!

Dativo. Pregunta: *Wo?* Ejemplos:

Der Nachttisch steht neben dem Bett.
Die Sparkasse ist neben der Post.

b) Además de (con dativo). Ejemplos:

Neben der Berufs- und Hausarbeit findet sie noch Zeit für viele andere Dinge.

Neben der eigentlichen Büroarbeit muss der Auszubildende auch Botengänge machen.

Las preposiciones

> Neben Fernschreiber und Fax müssen Sie auch einen Computer bedienen können.

c) *En comparación con* (con dativo). Ejemplo:

> Neben den über 2 m großen Jungen bist du ein Zwerg.

C2 35.5.32. **Oberhalb** *(genitivo)* = *más arriba*

Sentido local. Pregunta: *Wo?* Ejemplo:

> Oberhalb des Tales steht eine Kapelle aus dem 14. Jahrhundert.

A1 35.5.33. **Ohne** *(acusativo)* = *sin*

a) *Exento de, libre de, sin contar con.* Pregunta: *Ohne wen?* = ¿Sin quién? (personas) u *ohne was?* = ¿Sin qué? (cosas). Ejemplos:

> Ich trinke den Kaffee am liebsten ohne Milch und ohne Zucker.
> Er hat das ohne mein Wissen getan.
> Es war sehr ruhig ohne die Kinder.
> Der Eintritt kostet 3,00 € ohne Getränke.

b) *Con un verbo en subjuntivo II* = sin (si .... no hubiese sido por). Ejemplos:

> Ohne Karl hätten wir das Fußballspiel verloren.
> = Sin Carlos hubiéramos perdido el partido de fútbol.
>
> Ohne deine Hilfe hätte ich die Prüfung nicht bestanden.
> = Sin tu ayuda, yo no hubiese aprobado el examen.

C2 35.5.34. **(Mit)samt** *(dativo)* = *con, en compañía de, acompañado de*

Ejemplos:

> Wir wollen das Haus (mit)samt allem Inventar verkaufen.
> Sie kam (mit)samt ihrer Familie.

A2 35.5.35. **Seit** *(dativo)* = *desde (hace)*

Sentido temporal. Pregunta: *Seit wann?* = ¿Desde cuándo? Ejemplos:

Seit zwei Jahren lerne ich Deutsch.
Sie sind seit sechs Jahren verheiratet.
Seit zwei Jahren arbeite ich als Sekretärin.

B1 35.5.36. *(An)statt* *(genitivo)* = *en vez de*

Ejemplos:

(An)statt der versprochenen 50,00 € gab er mir einen Gutschein.
(An)statt des Direktors kam die Sekretärin.

Cuando el genitivo no se puede reconocer, *se emplea el dativo.*
Ejemplo:

Statt Äpfeln kann man auch Birnen nehmen.

A2 35.5.37. *Trotz* *(genitivo o dativo)* = *a pesar de*

Ejemplos:

Trotz des heftigen Regens fuhren wir weiter.
O bien: Trotz dem heftigen Regen fuhren wir weiter.

A1 35.5.38. *Über (dativo o acusativo)* = *encima de*

a) *Sentido local.* Indica una posición encima de un lugar determinado, pero sin contacto con éste.
Acusativo. Pregunta: *Wohin?* Ejemplo:

Wir hängen die Lampe über den runden Tisch.

Dativo. Pregunta: *Wo?* Ejemplos:

Die Lampe hängt über dem runden Tisch.
Über uns wohnt eine Familie mit drei Kindern.

b) *Travesía* (con acusativo). Ejemplos:

Pass auf, wenn du über die Straße gehst!
Wenn Sie dort über die Brücke gehen, kommen Sie zum Schlossmuseum.

Las preposiciones

c) Situación al otro lado de (con dativo). Ejemplo:

>Müllers wohnen über der Straße.

d) Expresa que se pasa por cierto lugar para llegar a otro (con acusativo). Ejemplos:

>Dieser Zug fährt nicht über Bonn.
>Wir sind über viele kleine Dörfer gefahren.

e) Sentido temporal. Indica un traspaso de un límite de tiempo (con acusativo). Pregunta: *Wie lange?* Ejemplos:

>Er ist bestimmt schon über 50 Jahre alt.
>Es ist schon 2 Stunden über die Zeit.
>Die Fahrt hat über 20 Stunden gedauert.

f) Duración de tiempo (con acusativo). Pregunta: *Wie lange?* La preposición se coloca *detrás* del sustantivo. Ejemplos:

>Den ganzen Tag über liegt er auf dem Sofa.
>Es hat den ganzen Sommer über nicht einmal geregnet.

g) Duración, extensión de tiempo (con acusativo). Ejemplos:

>Mein Mann kommt über Mittag nach Hause.
>Über das Wochenende fahren wir in die Berge.

h) Tema o contenido de una comunicación oral o escrita. Ejemplos:

>In der Festhalle wird ein Vortrag über den Existentialismus gehalten.
>In der Zeitung steht ein langer Artikel über den verstorbenen Schriftsteller.
>Mit der Nachbarin kann man sich nur über Kinder und Mode unterhalten.
>Er informierte die Reporter über seine weiteren Pläne.

i) Repitiendo el mismo sustantivo, **über** *expresa acumulación.* Ejemplos:

>In dem Brief waren Fehler über Fehler = faltas y más faltas.
>Die Mitglieder der Prüfungskommission stellten Fragen über Fragen = preguntas y más preguntas.

j) Expresa la causa o motivo de algo (con dativo) = *a causa de*. Ejemplos:

> Das Baby ist über dem Lärm aufgewacht.
> Über dem Streit ging ihre Freundschaft in die Brüche.

k) Indica la suma de un importe, de un valor (con acusativo). Pregunta: *über wieviel?* Ejemplos:

> Er gab mir einen Scheck über 340,00 €.
> Die Firma schickte uns eine Rechnung über 1215,00 €.

l) Expresa que se sobrepasa cierto límite o medida = más de (con acusativo). Ejemplos:

> Er hat über 400 € im Lotto gewonnen.
> Das begreife ich nicht, das geht über meinen Verstand.

A1 35.5.39. *Um (acusativo) = alrededor de*

a) Sentido local. 1) Indica la *posición o el movimiento (circular)* alrededor de un lugar o punto. Ejemplos:

> Die Erde dreht sich um die Sonne.
> Die Schüler saßen um den Tisch (herum).
> Jules Verne schrieb den Roman «In 80 Tagen um die Welt».

2) Movimiento de *giro o rodeo* = *doblar la esquina*. Ejemplos:

> Gehen Sie hier um die Ecke, dann kommen Sie zur Post!
> Er fuhr mit 139 km/h um diese gefährliche Kurve.

b) Sentido temporal. 1) Expresa la *hora exacta*. Pregunta: *Um wieviel Uhr?* = ¿A qué hora? Ejemplos:

> Der Unterricht beginnt um 16.00 Uhr.
> Der Zug fährt um 9.18 Uhr ab.

2) Expresa una *fecha aproximada* (véase 35.5.16: *gegen*). Para hacer hincapié en la *imprecisión de la fecha* se utiliza *herum*, después del sustantivo. Pregunta: *Wann*. Ejemplos:

> Die Prüfung findet um den 10. Mai (herum) statt.

Las preposiciones

Übermorgen um diese Zeit (herum) haben wir die Prüfung hinter uns.
Meine Schwiegereltern kommen um Weihnachten (herum).

c) *Puede expresar una diferencia.* Pregunta: *Um wieviel? Um wie viele?* Ejemplos:

Die Preise sind um 7 % herabgesetzt worden.
Erhöhen Sie die Anzahl um die Hälfte!
Ihr Mann ist um 17 Jahre älter als sie.

d) *Expresa el motivo, la finalidad, o la relación con algo.* Pregunta: *Um wen?* (personas) y *worum?* (cosas). Ejemplos:

Ich beneide dich um deine interessante Arbeit.
Es ist schade um den Verlust.

e) *Expresa una sucesión* (véase también 35.5.15: *für*). Ejemplos:

Stunde um Stunde verging, ohne dass etwas geschah.
Schritt um Schritt ging es vorwärts.

f) *Expresa una cantidad aproximada* = alrededor de. Pregunta: *Wieviel? Wie viele?*
La mayoría de las veces, el sustantivo va precedido en estos casos del artículo determinado. Ejemplos:

Das Gerät kostet um die 45,00 €.
Es waren um die 50 Studenten anwesend.

g) *Expresa una pérdida.* Pregunta: *Worum?* = ¿De qué? Ejemplos:

Er ist bei einem Unfall ums Leben gekommen.
Sein Schwiegersohn hat ihn um sein ganzes Geld gebracht.

C2 35.5.40. **Um ....** *(genitivo)* **willen** = *a causa de, por amor de/a, en interés de*

Expresa la causa o el motivo de determinada acción de una persona. Pregunta: *Warum?* Ejemplos:

Um seiner Eltern willen setzte er das Studium fort.
= Por amor a sus padres...

Um des lieben Friedens willen werde ich den Mund halten.

C2 35.5.41. ***Ungeachtet*** *(genitivo)* = ***trotz*** = *a pesar de, a despecho de*

Se emplea mucho menos que *trotz*. Ejemplo:

Ungeachtet aller Ratschläge unternahmen sie den gefährlichen Aufstieg.

A1 35.5.42. ***Unter*** *(acusativo o dativo)* = *(de)bajo*

a) Sentido local. Indica una posición inferior respecto de otra, o el movimiento debajo de una superficie, un cuerpo o un punto.
Acusativo: Pregunta: *Wohin?* Ejemplos:

Wir legen den Teppich unter den Tisch.
Am besten setzen wir uns unter den Baum. Da ist es schattig.

Dativo: Pregunta: *Wo?* Ejemplos:

Der Teppich liegt unter dem Tisch.
Unter mir wohnt ein Arzt.

b) Indica presencia, una posición entre otras personas o cosas (con dativo) = entre. Pregunta: *Wo?* Ejemplos:

Das Testament befand sich unter Briefen und anderen Schriftstücken.
Der Schauspieler saß unter den Zuschauern.

c) Mezclarse con otras personas o cosas (con acusativo) = entre. Pregunta: *Wohin?* Ejemplos:

Der Einbrecher mischte sich unter die Gäste.
Wir müssen dieses neue Produkt unter die Leute bringen.

d) Sentido temporal (con dativo) = durante, bajo. Pregunta: *Wann?* Ejemplos:

Unter der Woche haben wir keine Zeit.
= Während der Woche haben wir keine Zeit.

Unter Philipp II. (Philipp dem Zweiten) war Spanien die Vormacht der europäischen Gegenreformation.

e) Sentido modal: unter expresa las circunstancias o la manera (con dativo = bajo). Pregunta: *Wie?* Ejemplos:

Las preposiciones

Unter diesen Bedingungen kann man nicht arbeiten.
Unter dem Beifall der Menge zogen die Fußballspieler durch die Stadt.
Der Agent wurde unter dem Verdacht des Hochverrats verhaftet.

f) Indica un valor, número, posición, etc. inferiores a otros (con dativo). Ejemplos:

Dieses Gerät bekommen Sie nicht unter 90 €.
Für Jugendliche unter 16 Jahren ist der Eintritt verboten.
Die Temperatur liegt unter dem Gefrierpunkt.

g) Independencia, inferioridad. Acusativo: con verbos que expresan una dirección o movimiento. *Dativo*: con verbos que expresan una situación de reposo. Ejemplos:

Du solltest öfter unter die Leute gehen!
Man sollte diese Diät nur unter ärztlicher Kontrolle durchführen.
Sie hören das Kammerorchester unter der Leitung von A. Schöne.

C2 35.5.43. **Unterhalb** *(genitivo)* = *más abajo de, en la parte inferior de algo*

Sentido local = situación inferior. Pregunta: *Wo?* Ejemplo:

Die Verletzung ist unterhalb des rechten Ellenbogens.

C2 35.5.44. **Unweit** *(genitivo)* = *cerca de, no lejos de*

Pregunta: *Wo?* Ejemplo:

Das Institut liegt unweit der Universität.

A1 35.5.45. **Von** *(dativo)* = *de*

a) Sentido local = punto de partida, procedencia. Pregunta: *Woher? Von wo? Von wem?* = ¿De dónde? ¿De quién? Ejemplos:

Wer von rechts kommt, hat Vorfahrt.
Die Blätter fallen von den Bäumen.
Der Zug kommt von Frankfurt.

Hier ist ein Brief von Elke.
Von Oma habe ich ein Fahrrad zum Geburtstag bekommen.
Diese Neuigkeit habe ich von Frau Richter erfahren.

b) *Se emplea en ciertas correlaciones*:
von ... aus = desde. Pregunta: *Von wo aus?* = ¿Desde dónde?
von ... ab = desde. Pregunta: *Von wo ab?* = ¿A partir de dónde?

Ejemplos:

Von Barcelona aus kann man viele Ausflüge machen.
Von hier ab ist die Straße unbefahrbar.

c) *Sentido temporal* = punto de partida temporal. Pregunta: *Von wann?* = ¿De, desde cuándo? Ejemplos:

Das Brot ist von gestern.
Wir kennen uns von der Schule.

Se usa también en ciertas *correlaciones* = a partir de, desde. Ejemplos:

Von morgen an/ab werde ich mehr arbeiten.
Das ist sie *von* Kindheit *an/auf* gewöhnt.

d) *Von* con *bis*, *auf* y *zu* indica el comienzo y el final de un período de tiempo. Pregunta: *Von wann bis wann?* = ¿Desde cuándo hasta cuándo? Ejemplos:

Wir haben *von* Montag *bis* Donnerstag Unterricht.
Das Unwetter war in der Nacht *von* Samstag *auf* Sonntag.
Von Jahr *zu* Jahr ging es der Familie besser.

e) *Separación*. Pregunta: *Von wem?* = ¿De quién? (personas) y *Wovon?* = ¿De qué? (cosas). Ejemplos:

Es regnet. Ich muss die Wäsche von der Leine nehmen.
Er wischte sich den Schweiß von der Stirn.

f) *Von* indica *el autor de una obra, el agente en la voz pasiva, el medio o la causa*. Pregunta: *Von wem?* (personas) y *Wovon?* (cosas). Ejemplos:

Don Quijote ist von Cervantes.
Er wurde von Prof. Barraquer operiert.

Las preposiciones

Simon ist von einem Auto angefahren worden.
Von ihrem ersten selbst verdienten Geld kaufte sie sich ein Fahrrad.

g) *Von* indica *el autor o dueño de una obra* y puede sustituir a un atributo en genitivo o a un pronombre posesivo. Ejemplos:

In dem Museum hängen etliche Bilder von Caspar David Friedrich.
Kennst du eigentlich die Tochter von unseren neuen Nachbarn?
Das ist der Wagen von Frau Rahn.

h) *Von* puede tener la función de *un genitivo partitivo.* Ejemplos:

Tausende von Menschen nahmen an der Friedensdemonstration teil.
Einige von ihnen waren von weither gekommen.
Keins von diesen Bildern gefällt mir.

i) *Puede emplearse en descripciones, medidas, distancias y dimensiones.* Pregunta: *Was für ein?* = ¿Qué clase de? La mayoría de las veces, el sustantivo va sin artículo. Ejemplos:

Rolf ist ein Mann von Prinzipien.
= Rolf es un hombre de principios.

Das ist eine Sache von großer Wichtigkeit.
= Es un asunto de gran importancia.

Das Ehepaar hat zwei Kinder im Alter von 9 und 13 Jahren.
= El matrimonio tiene dos hijos de 9 y 13 años.

A1 35.5.46. *Vor (acusativo o dativo) = delante de*

a) *Sentido local* = posición delantera o movimiento hacia delante.
Acusativo: Pregunta: *Wohin?* Ejemplos:

Stellen Sie die Kiste mit den leeren Flaschen einfach vor die Haustür!
Wir pflanzen den Baum vor das Haus.

Dativo: Pregunta: *Wo?* Ejemplos:

Das Auto steht vor der Garage.
Warte bitte vor dem Eingang auf mich!

b) Vor indica la *presencia ante otras personas.* Pregunta: *Wo?* (con dativo) = ante, en presencia de, delante de. Ejemplos:

> Er ist daran gewöhnt, vor vielen Zuhörern zu sprechen.
> Das Kind weigerte sich, vor der ganzen Klasse das Gedicht aufzusagen.

c) Vor indica la *distancia hacia un lugar.* Pregunta: *Wo?* Ejemplos:

> Der Stau begann schon 25 km vor der Zahlstelle.
> Kurz vor Barcelona hatten wir eine Panne.

d) Sentido temporal (con dativo) = hace. Pregunta: *Wann?* Ejemplos:

> Vor einem Monat sind wir angekommen.
> Vor drei Jahren habe ich angefangen Deutsch zu lernen

---

*¡Ojo! No confundir **vor** con **seit** = desde (hace)*

Vor einem Monat sind wir angekommen.
= Hace un mes...

Seit einem Monat sind wir hier.
= Desde hace un mes...

Vor drei Jahren habe ich angefangen Deutsch zu lernen.
= Hace tres años...

Seit drei Jahren lerne ich Deutsch.
= Desde hace tres años...

---

e) Vor indica también un *espacio de tiempo anterior al tiempo o a la actividad a que se refiere el verbo.* Ejemplos:

> Vor dem 15. September können wir nicht anfangen.
> Vor dem Essen nehme ich ein Medikament.
> Kommen Sie doch bitte vor dem Unterricht zu mir!

f) Vor puede indicar *la hora* = menos *x* minutos, segundos. Pregunta: *Wieviel Uhr?*

> Es ist 5 Minuten vor zwölf.

g) Con dativo, puede expresar *la causa de la conducta o de la reacción del sujeto.* La mayoría de la veces, el sustantivo en cuestión se emplea sin artículo. Ejemplos:

Las preposiciones

Der Lehrer wurde rot vor Wut.
Vor (lauter) Freude machte sie einen Luftsprung.
Ich sterbe vor Langeweile.
Wir zitterten vor Kälte.

A2 35.5.47. **Während** *(genitivo o dativo)* = *durante*

Sentido temporal: Indica un espacio de tiempo en cuyo transcurso ocurre algo, simultaneidad. Pregunta: *Wann*? Ejemplos:

Während des Unterrichts lasen einige Schüler die Zeitung.
O bien: Während dem Unterricht lasen einige Schüler die Zeitung.

Während des Starts und der Landung darf man nicht rauchen.
O bien: Während dem Start und der Landung darf man nicht rauchen.

A2 35.5.48. **Wegen** *(genitivo o dativo)* = *a causa de*

También puede posponerse al sustantivo. Pregunta: *Warum*? Ejemplos:

Wegen des schlechten Wetters können wir die geplante Wanderung nicht machen.
O bien: Des schlechten Wetters wegen ...

Wegen der Kinder bleibt die Frau zu Hause.
O bien: Der Kinder wegen bleibt die Frau zu Hause.

Junto con *meinet...*, *deinet...*, *seinet...*, etc., forma los correspondientes adverbios causales, utilizados particularmente en el lenguaje coloquial, y que sustituyen a las formas *wegen mir*, *wegen dir*, *wegen ihm*, etc. Ejemplos:

Wegen dir müssen wir zu Hause bleiben.
Deinetwegen müssen wir zu Hause bleiben.

A1 35.5.49. **Zu** *(dativo)* = *a, hacia, a casa de*

a) *Sentido local* = movimiento o dirección hacia un lugar o una persona. Pregunta: *Zu wem*? = ¿A quién? (personas), *wohin*? = ¿Adónde? (cosas)[9]. Ejemplos:

---
9. Recuérdese: delante de pueblos, ciudades, países sin artículo y continentes se usa *nach*.

Ich muss unbedingt zum Friseur.
Er geht immer zu Fuß zur Arbeit.
Am Wochenende fahre ich zu meinen Eltern.
Der Bus fährt zum Flughafen.
Heute kommt Karla zu mir (a mi casa).

b) *Sentido temporal* = por, en aquella época, justo. Ejemplos:

Zu Weihnachten fährt sie zu ihren Eltern.
Zu meiner Zeit hatten wenige Familien einen Fernseher.
Er kam gerade noch zur rechten Zeit.

c) *Sentido modal*. Expresa la manera, el medio o el instrumento = a. Pregunta: *Wie*?
Los sustantivos suelen usarse sin artículo; solamente los femeninos llevan artículo en singular. Ejemplos:

Wir werden zu Fuß kommen.
Sie kamen zu Pferd.
Er erledigte alles zu meiner Zufriedenheit.

d) *Zu* expresa la *finalidad*, la *pertenencia* = a causa de, para, como. Pregunta: *Wozu*? (¿Para qué?). Ejemplos:

Hiermit lade ich euch herzlich zu meinem Geburtstag ein.
Er musste zu einer Prüfung nach Madrid fahren.
Zum Frühstück hätte ich gern Kaffee, Brot, Butter und Marmelade.
Sie wählten ihn zum Vorsitzenden.

e) *Extensión local, o temporal* = de un sitio a otro, de día en día, de vez en cuando. Ejemplos:

Er ging von Haus zu Haus, um seine Ware zu verkaufen.
Von Tag zu Tag ging es ihm besser.
Von Zeit zu Zeit muss das Gerät entkalkt werden.

f) *Precio, medida* = de, por, a. Ejemplos:

Geben Sie mir bitte 20 Briefmarken zu 1,00 €.
Ich nehme die Schuhe zu 60 €.
Sie können die Arbeit ruhig zu dritt machen = entre los tres.
Wir verkaufen zu keinem Preis.
Bitte geben Sie mir Portionen zu je 250 g = de 250 gramos cada una.

Las preposiciones

g) *Comportamiento* = para con. Pregunta: *Zu wem?* Ejemplo:

Er war immer sehr freundlich zu mir.

h) *Relación entre los números referentes a juegos*, apuestas, etc. Ejemplos:

Das Spiel endete drei zu eins (3 : 1).
Ich wette 100 zu eins, dass es heute regnet.

C2 35.5.50. *Zufolge* (genitivo o dativo) = a causa de

a) *Consecuencia o efecto* (con genitivo). Es poco frecuente. Ejemplo:

Zufolge des Unwetters ist die Straße zwischen Schöndorf und Ehrenhausen gesperrt.

b) *Concordancia* (con dativo). Siempre *se pospone* (véase también *gemäß* y *laut* = según). Ejemplos:

Den Nachrichten zufolge ist die Regierung zurückgetreten.
Diesem Schreiben zufolge werden bald 50 Mitarbeiter entlassen.

A1 35.5.51. *Zwischen* (acusativo o dativo) = entre

a) *Sentido local*: posición o movimiento entre dos o más personas o cosas. *Acusativo*: Pregunta: *Wohin?* Ejemplos:

Häng doch das Bild zwischen die beiden Fenster!
Komm, setz dich zwischen Günter und mich!

Dativo: Pregunta: *Wo?* Ejemplos:

Das Bild hängt zwischen den beiden Fenstern.
Ute steht auf dem Foto zwischen ihrer Mutter und ihrer Schwester.
Der Brief lag zwischen den alten Zeitungen.

b) *Sentido temporal* (con dativo) = entre. Pregunta: *Wann?* Ejemplos:

Die Prüfungen finden zwischen dem 11. und 16. Februar statt.
Die Geschäfte sind zwischen 12 und 14 Uhr geschlossen.
Zwischen Weihnachten und Neujahr ist unser Büro nur morgens geöffnet.

En el caso de *verbos que indican una dirección*, hay que utilizar el acusativo. Ejemplo:

Wir legen die Prüfungen zwischen den 11. und 16. Februar.

c) *Relación* (con dativo) = entre. Ejemplos:

Es entstand ein heftiger Streit zwischen ihm und seiner Frau.
Das Gespräch zwischen dem Botschafter und dem Minister war sehr nützlich.
Wir beziehen uns auf das Telefongespräch zwischen Ihrem Exportleiter und unserem Herrn Ade.

d) *Un valor o número aproximado* = entre. Ejemplos:

Der Preis liegt zwischen 80 und 100 €.
Die Bäume sind zwischen 15 und 20 m hoch.
Auf der Cocktailparty waren zwischen 100 und 120 Personen.

TEMA 36

LOS ADVERBIOS DE LUGAR

LOKALADVERBIEN

A2 36.1. **El adverbio alemán y sus clases**

Los adverbios —del latín *adverbium, ad verbum* = junto al verbo— coinciden con los adjetivos en ser palabras calificativas y determinativas. Pero, mientras que el adjetivo califica al sustantivo, el adverbio sirve no sólo para calificar o modificar a los verbos en todas sus formas, incluso los auxiliares, sino también a las palabras atributivas, esto es, a los adjetivos y a los mismos adverbios.

El adverbio tiene puntos de contacto con el adjetivo; esto se manifiesta, de modo particular, en los llamados *adverbios de modo*. En alemán, en efecto, coinciden las formas invariables de los adjetivos y los adverbios modales, mientras que en español la coincidencia entre adjetivos y adverbios es excepcional, aunque cada vez va siendo más frecuente (por ejemplo: hablar recio). Ejemplos:

Diese Maschine ist automatisch.
= Esta máquina es automática (= adjetivo).

Diese Maschine läuft automatisch.
= Esta máquina funciona automáticamente/de manera automática
(= adverbio).

Puede distinguirse, en primer lugar, entre adverbios *primitivos, derivados* y *compuestos*.

Al primer grupo pertenecen: hier (aquí), sehr (muy, mucho), heute (hoy), etc.

Al segundo, los *derivados* de sustantivos, adjetivos, adjetivos numerales, pronombres o preposiciones, mediante las terminaciones **-s** (*rechts, sonntags*), **-lich** (*neulich*), **-erlei** (*mancherlei*), **-falls** (*notfalls*),

-weise, -maßen (*gleichermaßen*), **-mal, -mals** (*einmal*), **-wärts** (*rückwärts*) y otras.

Un tercer grupo está formado por los *adverbios compuestos* de una preposición, un adjetivo o de otro adverbio: *darüber, geradeaus, daher*, etc.

Los *adverbios que coinciden en sus formas con el adjetivo son susceptibles de gradación*. La forma del superlativo es **am** +...**(e)sten** (véase 25.3.2). Ejemplos:

    A. läuft schnell.
    = A. corre rápidamente.

    Bei der Europameisterschaft ist B. schneller gelaufen.
    = En el campeonato de Europa, B. ha corrido más rápidamente.

    Bei der Olympiade ist C. am schnellsten gelaufen.
    = En las Olimpíadas, C. es el que ha corrido más rápidamente.

Tradicionalmente, y por motivos prácticos de estudio, los adverbios se suelen subdividir en varios grupos. Nosotros vamos a fijarnos, en particular, en los adverbios:
— de *lugar* (a continuación, en este mismo tema),
— de *tiempo* (tema 37),
— de *modo, interrogativos, preposicionales/pronominales y conjuntivos* (tema 38).

36.2. Los adverbios de lugar

De acuerdo con el matiz que expresan y la pregunta a que responden, los adverbios de lugar se pueden subdividir a su vez en *adverbios situativos* y *adverbios directivos*:

— *Adverbios situativos*: responden a la pregunta **Wo?**=¿*En dónde?* (o simplemente ¿*Dónde*) y expresan el matiz de *reposo* o *situación*.

—*Adverbios directivos*: responden a la pregunta **Wohin?**=¿*Adónde?* y expresan el matiz de *movimiento*.

A1   36.2.1. **Wo?** = ¿*Dónde? Adverbios situativos*

    a) *Hier* = aquí. Indica la situación y el lugar (en) donde se halla el hablante. Ejemplos:

        Das Buch liegt hier.
        Hier ist der Brief.

Los adverbios de lugar

b) Dort = allí, ahí. Indica la situación o el lugar que está alejado del hablante.

c) Da. No expresa una posición clara respecto del hablante, sino que tiene más bien *carácter deíctico*, es decir, indicativo de un lugar. Ejemplos:

    Der Chef ist heute nicht da = Hoy el jefe no está.

    Da ist die Diskothek «Chic» = Ahí está la discoteca «Chic».

    Wir sind oft dort = Estamos a menudo allí.

B2   *d) Da(r) + preposición.* Debido a su carácter demostrativo, *da(r)* puede unirse a las preposiciones *an, auf, aus, bei, durch, für, gegen, hinter, in, mit, nach, neben, über, um, unter, von, vor, zu, zwischen,* formando así los adverbios preposicionales (pronominales) *daran, darauf, daraus, dabei, dadurch, dafür, dagegen,* etc. Estos adverbios pueden sustituir a un complemento preposicional que designa una cosa o un concepto. Ejemplos:

    Darauf: In der Mitte des Zimmers steht ein Tisch.
                   Auf dem Tisch liegen Bücher und Zeitschriften.
                   O: *Darauf* liegen Bücher und Zeitschriften.

    Dazwischen: An der Stirnwand des Zimmers sind zwei Fenster und zwischen den Fenstern steht eine Kommode.
                        O: *Dazwischen* steht eine Kommode.

    Darüber: Über der Kommode hängt ein Poster.
                     Darüber hängt ein Poster.

e) Dr...+ preposición. En el lenguaje coloquial, los adverbios que empiezan con *da(r)* suelen suprimir la *a*. Ejemplos:

    Auf dem Tisch liegt etwas.
    Was liegt denn *drauf*?

    Im Koffer ist etwas.
    Was ist denn *drin*?

B2   *f) Hier, dort, da + otro adverbio.* Los adverbios *hier, dort, da* pueden ir acompañados de los adverbios *oben, unten, rechts, links, hinten, vorn*. En este caso, *da* equivale a *dort* y ambos tienen carácter demostrativo. Ejemplos:

Hier oben ist es sehr windig.
Das Sekretariat ist hier unten.
Siehst du das Kreuz dort oben?
Da oben steht eine Kapelle.
Da vorn müssen wir abbiegen.
Da hinten kommt Maria.

g) *Dr...+ otro adverbio*. El adverbio *da* se contrae con algunos adverbios de lugar, perdiendo así su carácter demostrativo. Ejemplos:

Droben: Droben steht eine Kapelle.

Drunten: Drunten im Tal stehen alte Bauernhöfe.

Drüben: Die Bibliothek ist nicht auf dieser Seite, sondern drüben.

Draußen: = fuera de un espacio (habitación, casa, ciudad, etc.)

Drinnen = dentro de un espacio[1].

Draußen auf dem Flur ist es kalt, aber drinnen im Zimmer ist es warm.

h) *Da + dr... + otro adverbio*. Para volver a conseguir ese carácter demostrativo, se coloca *da* delante de las citadas contracciones. Ejemplos:

Da droben steht eine Kapelle.
Da drüben ist die Bibliothek.
Da draußen wartet jemand auf dich.

B1 i) *Otros adverbios situativos:*

Oben	= arriba	Das Büro ist oben im 8. Stock.
Unten	= abajo	Das Sekretariat ist unten im Erdgeschoss.
Mitten	= en el centro	Das Haus steht mitten im Wald.
Rechts	= a la derecha	Die Toiletten sind rechts.
Links	= a la izquierda	Die Toiletten sind links.
Hinten	= detrás	Juan sitzt hinten an der Wand.

---

1. Obsérvese: *außen* = (por) fuera = el lado exterior; *innen* = (por) dentro = el lado interior. Ejemplo: Das Schmuckkästchen ist innen rot und außen schwarz.

Los adverbios de lugar

Vorn(e)	= delante	Heini sitzt vorn(e) am Eingang.
Überall	= en todas partes	Überall sieht man Autos.
Irgendwo	= en alguna parte	Hast du irgendwo meine Brille gesehen?
Nirgendwo o *Nirgends*	= en ninguna parte	Ich habe deine Brille nirgendwo/ nirgends gesehen.
Woanders	= en otra parte	Wohnt er nicht mehr in der Mozartstraße? Nein, er wohnt jetzt woanders.

B2 36.2.2. *Wohin?* = ¿*Adónde?* *Adverbios directivos*

a) *Los adverbios de dirección her y hin.* La mayoría de las veces, estos dos adverbios indican la dirección desde el punto de vista o la posición del hablante. En este sentido, *her* indica acercamiento y *hin* alejamiento con respecto al que habla. Estos adverbios, solos o acompañados de preposición, se unen frecuentemente al verbo, formando así un verbo compuesto separable. Ejemplos:

Komm mal bitte her!
(*infinitivo*: herkommen)

Heute abend ist Elternversammlung. Ich kann leider nicht hingehen, aber mein Mann geht hin.
(*infinitivo*: hingehen)

Fährst du uns zum Bahnhof?
Natürlich fahre ich euch hin.
(*infinitivo*: hinfahren)

En las preguntas, estos adverbios se unen al adverbio interrogativo *wo*. Ejemplos:

Wohin fahrt ihr am Wochenende?
Woher hast du diesen schönen Rock?

Cuando la meta (*hin*) o la procedencia (*her*) se hallan en el centro de interés, se separan los adverbios *hin* y *her* del adverbio interrogativo y se colocan al final de la oración. Ejemplos:

Wo fahrt ihr am Wochenende hin?
Wo hast du diesen schönen Rock her?

b) Hin y her + preposición. Los adverbios *hin* y *her* van a menudo acompañados de preposiciones. Éstas pueden estar antepuestas o pospuestas: *herauf, heraus, herunter, herüber, hinaus, hinunter, hinauf, hinüber; hinterher, nachher, vorher, seither, vorhin* (adverbios de tiempo, véase tema 37). De este modo, pues, acompañados de preposición, pueden unirse al verbo formando así un verbo compuesto. Ejemplos:

Warum fahren Sie nicht mit dem Aufzug hinauf?
(= hinauffahren)

Komm sofort vom Baum herunter!
(= herunterkommen)

Der Lehrer ist gerade hinausgegangen
(= hinausgehen)

Da schaut jemand aus dem Fenster heraus
(= herausschauen)

c) R... En el lenguaje coloquial, hin y *her* quedan reducidos a una sola *r...*, perdiéndose de este modo la oposición entre las *ideas de alejamiento o acercamiento con respecto al que habla.* De este modo:

Herunter e *hinunter* se reducen a *runter* = abajo.
Fahren Sie doch mit dem Aufzug runter!

Herauf e *hinauf* se reducen a *rauf* = arriba.
Der Aufzug fährt nur rauf, aber nicht runter.

Heraus e *hinaus* se reducen a *raus* = salir fuera.
Der Aufzug ist kaputt. Niemand kann raus.

Herein e *hinein* se reducen a *rein* = entrar.
Kommen Sie doch bitte rein!

Herüber e *hinüber se reducen a rüber* = ir al otro lado, cruzar, atravesar.
Die Bibliothek ist drüben. Sie müssen also rübergehen.

d) Muchos verbos compuestos de *hin* y *her* acompañados de preposición han perdido su significado original y sólo tienen un significado figurado. Ejemplos:

Auf diesen Trick falle ich nicht herein.
(*hereinfallen* = caer en la trampa).

Er ließ sich dazu herab, mit ihnen einige Worte zu wechseln.
(*sich herablassen zu...* = dignarse [hacer algo]).

Los adverbios de lugar

Das Geld ist hin (= está perdido/gastado).

Wann wird das neue Buch herausgebracht?
(*herausbringen* = publicar).

e) *Her* también puede tener un significado temporal en la expresión *Es ist lange her* = Hace mucho tiempo. Ejemplo:

Es sind fünf Jahre her, dass wir uns das letzte Mal gesehen haben.

Das bin ich von meiner Kindheit her gewöhnt.

f) Cuando en la oración hay un *complemento circunstancial de lugar*, los adverbios locales *her* e *hin* indican acercamiento o alejamiento con respecto al que habla. Ejemplos:

Der Wind kommt vom Norden her.
= El viento viene del norte.

Die Fenster liegen zur Straße hin.
= Las ventanas dan a la calle.

g) *Hin* no se refiere siempre al punto de vista del hablante, sino que *puede referirse al del sujeto*. Ejemplo:

Das Kind ist hingefallen.
Wenn du müde bist, leg dich doch hin!
Da wird ein Platz frei. Setz dich ruhig hin!
Der alte Mann lächelt (singt, spricht, murmelt, schimpft) vor sich hin.

h) *Her* indica también que *las personas o cosas* mencionadas en la oración se mueven en la misma dirección. Ejemplos:

Die Frau schiebt den Kinderwagen vor sich her.
Jemand ist hinter mir her gelaufen.
Der Hund läuft neben dem Fahrrad her.

i) *Lista de los principales adverbios de dirección* y *ejemplos* de su uso:

Hierher/hierhin	Stell dich bitte hierhin! Komm bitte hierher!
Dahin/dorthin	Stell die Blumen dahin (dorthin)!
Herein/hinein (rein)	Die Tür ist auf. Gehen Sie ruhig hinein (rein)!

Tema 36

Nach drinnen	Die Katze schlüpfte durch die Tür nach drinnen.
Heraus/hinaus (raus)	Es ist zu kalt. Geh bitte nicht hinaus (raus)!
Nach draußen	Geh bitte nicht nach draußen!
Nach außen/ Nach innen	Diese Tür geht nicht nach innen, sondern nach außen auf.
Herauf/hinauf (rauf) nach oben	Der Aufzug ist kaputt. Sie müssen leider zu Fuß hinaufgehen/raufgehen/nach oben gehen.
Herunter/hinunter (runter) Nach unten	Sie können mit dem Aufzug nicht hinunter/runter/nach unten fahren.
Herüber/hinüber (rüber) Nach drüben	Die Bibliothek ist drüben auf der anderen Seite. Sie müssen also hinübergehen/rüber gehen/ nach drüben gehen.
Mitten	Das Kind ging mitten durch die Pfütze.
Nach rechts/ Nach links	Fahren Sie zuerst nach rechts, dann nach der zweiten Ampel nach links.
Nach hinten	Schau mal nach hinten!
Nach vorn(e)	Schau mal nach vorn(e)!
Überallhin	Mit dem Fahrrad kann man bequem überallhin fahren.
Irgendwohin	Wohin fahren wir am Wochenende? —Das ist mir egal, irgendwohin.
Nirgendwohin	Heute abend möchte ich nirgendwohin gehen.
Woandershin	Wir fahren jedes Jahr nach Spanien. Dieses Jahr fahren wir mal woandershin.
Weg	Dieses Wochenende fahren wir nicht weg.

Al igual que *hin* y *her*, *weg* se une al verbo formando un verbo compuesto separable:

Los adverbios de lugar

Wegwerfen	Wirf die alten Zeitungen nicht weg!
Weglaufen	Der Jugendliche ist von zu Hause weggelaufen.
Wegschütten	Die Suppe ist sauer. Ich schütte sie weg, etc.

Los adverbios preposicionales/pronominales (véase tema 38.7)

Darauf	Rechts an der Wand steht ein großer Schreibtisch. Darauf (= auf den Schreibtisch) habe ich die.
Darüber	Schreibmaschine gestellt und darüber (über den Schreibtisch) habe ich eine Lampe gehängt.
Daran	daneben, dadurch, etc.

36.2.3. **Woher?** = ¿De dónde?

Von drinnen *Von draußen.*	Das Geräusch kam von drinnen/von draußen.
Von innen *Von außen*	Man kann die Tür nur von innen/außen öffnen.
Von oben *Von unten.*	Der Aufzug kommt von oben/von unten.
Von drüben	Ich komme gerade von drüben. Du brauchst also nicht rüberzugehen.
Von hinten *Von vorn(e)*	Du kannst nicht abbiegen. Von hinten/von vorn(e) kommt ein Auto.
Von überallher	Die Leute waren von überallher gekommen.
Von irgendwoher	Er wird uns von irgendwoher eine Ansichtskarte schicken.

TEMA 37

LOS ADVERBIOS DE TIEMPO

TEMPORALADVERBIEN

B1 37.1. Adverbios que se refieren al pasado. Pregunta: *Wann?* = ¿Cuándo?

Damals	= (en aquel) entonces	Damals wohnten wir in Düsseldorf.
Einst	= en otros tiempos	Einst stand hier ein prächtiges Schloss.
Früher	= antes, antiguamente	Früher arbeiteten wir 48 Stunden in der Woche.
Kürzlich/ neulich/ vor kurzem	= últimamente, recientemente, hace poco	Anita hat mich kürzlich/neulich/ vor kurzem besucht.
Vorhin	= hace un momento	Der Chef ist vorhin weggegangen.
(So)eben, gerade	= justamente, precisamente ahora	Eben tritt er ein.

B1 37.2. Adverbios que se refieren al presente. Pregunta: *Wann?*

Gerade, (so)eben	= en este momento	Ich schreibe gerade/(so)eben einen Brief.
Heute	= hoy	Heute ist herrliches Wetter.
Heutzutage	= hoy en día	Heutzutage leben die Menschen anders als früher.

Los adverbios de tiempo

Jetzt	= ahora	Ich will jetzt einen Brief schreiben.
Nun	= ahora	Nun haben wir aber genug getan.

B1 37.3. Adverbios que se refieren al futuro. Pregunta: *Wann?*

Bald[1]	= pronto	Bald fängt die Schule wieder an.
Demnächst	= en breve, uno de estos días, próximamente	Unsere Nachbarn ziehen demnächst nach München um.
Einmal (mal)	= un día, alguna vez	Wir müssen uns unbedingt einmal sehen.
Gleich	= en seguida	Wir können gleich anfangen.
Heute/morgen (abend, mittag), Übermorgen	= hoy/mañana (esta tarde, a mediodía, mañana por la tarde), pasado mañana, etc.	Der Wagen ist übermorgen fertig.
Nachher	= después	Haben Sie nachher noch ein paar Minuten Zeit?
Sofort	= en seguida	Wir können sofort anfangen.
Später	= más tarde, en el futuro	Rolf will später Arzt werden.
(Zu)künftig	= en el futuro, más adelante	Karl wird (zu)künftig in der Exportabteilung arbeiten.

---

1. Grado positivo: *bald;* comparativo: *früher/eher;* superlativo: *am frühesten/am ehesten.*

Tema 37

B1 37.4. Adverbios que correlacionan temporalmente dos acciones

Bisher	= hasta ahora	Leider hatte ich bisher keine Zeit, dir zu schreiben.
Da²	= en este/aquel preciso momento	Ich war gerade nach Hause gekommen, da klingelte das Telefon.
Danach	= después, luego	Der Vortrag endet um 21.00 Uhr. Danach findet ein Cocktail statt.
Dann²	= después	Sie hat eine kaufmännische Lehre gemacht und ist dann ins Ausland gegangen.
Hinterher	= después, más tarde	Wir können ins Kino gehen und hinterher (danach) einen Stadtbummel machen.
Inzwischen	= entre tanto	Ich gehe einkaufen, inzwischen kannst du ja die Wäsche bügeln.
Schließlich	= finalmente, por fin	Die Arbeit ist schließlich doch fertig geworden.
Seitdem	= desde entonces	Er hatte einen Unfall, und seitdem fährt er vorsichtiger.
Vorher	= antes	Sie können natürlich gerne kommen, aber rufen Sie bitte vorher an!
Zuerst	= primero, al principio	Zuerst werden die Früchte geschält, dann in kleine Stücke geschnitten.
Zuletzt	= por último	Zuerst machen wir eine Stadtrundfahrt, dann besichtigen wir den Dom, und zuletzt gehen wir in die Oper.
Zunächst	= en primer lugar, al principio	Die Arbeit zeigte zunächst noch keinen Erfolg.
Zuvor	= antes	Er fühlte sich wohler als je zuvor.

2. Diferencia entre *da* y *dann: da* indica que un hecho ocurre casi al mismo tiempo que otro; *dann* significa «poco después».

Los adverbios de tiempo

B1 **37.5. Adverbios frecuentativos. Pregunta:**
Wie oft? = ¿Cuántas veces? ¿Con qué frecuencia?

Ab und zu	= de vez en cuando	Ab und zu kommt sie nach Hause.
Einmal, zweimal, etc.	= una vez, dos veces, etc.	Sie müssen dieses Medikament dreimal täglich nehmen.
Immer/ ständig	= siempre, continuamente	Unsere Tochter sitzt immer (ständig) vor dem Fernseher.
Jederzeit	= en todo momento, siempre	Sie können mich jederzeit unter der Nummer 232 63 79 erreichen.
Jedesmal	= cada vez	Er kommt jedesmal zu spät.
Manchmal	= a veces	Manchmal gehen wir schwimmen.
Mehrmals	= varias veces	Ich habe dich mehrmals angerufen, aber niemand meldete sich.
Meistens/ fast immer	= la mayoría de las veces, casi siempre	Am Wochenende bleiben wir meistens (fast immer) zu Hause.
Morgens, mittags, nachmittags, abends, nachts	= todas las mañanas, todos los mediodías, todas las tardes, todas las noches	Morgens ist immer jemand von uns zu Hause.
Nie[3]	= nunca	Solch einen Baum habe ich noch nie gesehen.
Niemals[3]	= no... jamás, nunca	Wir würden das niemals zulassen.
Oft/häufig	= a menudo, con frecuencia	Wir gehen oft (häufig) ins Kino.
Selten/fast nie/kaum	= raramente, casi nunca, apenas	Er kommt selten (fast nie, kaum) zu mir.

---

3. En *nie* y *niemals* la frecuencia es de signo negativo.

Sonntags,   = todos los domingos,   Der Unterricht findet montags
montags,   todos los lunes,   und mittwochs statt.
dienstags,   todos los martes, etc.
etc.

Stets   = siempre   Er war stets zufrieden.
(immer und
jederzeit)

Stündlich,,   =cada hora, cada día,   Sie bezahlen monatlich
täglich,   cada semana, cada   950 € Miete.
wöchentlich   mes, cada año
monatlich,

B1 37.6. Adverbios de duración. Pregunta:
Wie lange? = ¿Cuánto tiempo?

Lange   = durante mucho   Er hat lange bei der Firma Lux
                     tiempo   KG gearbeitet.

Weiterhin   = en adelante,   Weiterhin alles Gute!
                     en/para el futuro

Stundenlang,   = durante horas,   Es regnet nun schon tagelang.
nächtelang,   noches, días,
tagelang,   semanas, meses,
wochenlang,   años...
monatelang,
jahrelang...

TEMA 38

ADVERBIOS MODALES, CAUSALES, CONDICIONALES, INSTRUMENTALES, FINALES, INTERROGATIVOS, PRONOMINALES Y CONJUNTIVOS

MODAL-, KAUSAL-, KONDITIONAL-, INSTRUMENTAL-, FINAL-, INTERROGATIV-, PRONOMINAL- UND KONJUNKTIONALADVERBIEN

A1 38.1. Adverbios modales

Expresan el grado, la calidad, la cantidad o la intensidad. La pregunta es: **Wie?** = *¿Cómo?*

Positivo	*Comparativo*	*Superlativo*
a) *gern* = gustosamente, a gusto	*lieber*	*am liebsten*
b) *sehr* = muy, mucho (intensidad)	*mehr*	*am meisten*
c) *viel* = mucho (cantidad)	*mehr*	*am meisten*
d) *gut* = bueno, bien	*besser*	*am besten*

Véase también tema 25.4.

Ejemplos:

a) Ich esse gern Apfelkuchen.
= Me gusta comer pastel de manzana.

Apfelkuchen esse ich lieber als Käsekuchen.
= El pastel de manzana me gusta más que el de queso.

Aber am liebsten esse ich Schokoladentorte.
= Pero lo que más me gusta es la tarta de chocolate.

¡Ojo! ¡No confundir: ***sehr*** *y* ***viel****!*

b) *Sehr* (= *intensidad*) se halla delante de un verbo, un adjetivo o un adverbio. Ejemplos:

Wir haben uns sehr über Paul geärgert.
= Nos hemos enfadado mucho con Paul.

Noch mehr haben wir uns aber über Peter (geärgert),
und am meisten haben wir uns über Heini geärgert.

Die Wohnung ist sehr groß.
= El piso es muy grande.

In diesem Geschäft kann man sehr preiswert einkaufen.
= En esta tienda se puede comprar muy barato.

c) *Viel* (= *cantidad*) se halla delante de un verbo, un sustantivo, un adjetivo en grado comparativo o un adverbio. Ejemplos:

Karl hat (sehr) viel getrunken, mehr als Günter, aber am meisten hat Alfred getrunken.
= Karl ha bebido mucho/muchísimo, más que Günter, pero el que ha bebido más ha sido Alfred.

Heute habe ich nicht viel Zeit.
= Hoy no tengo mucho tiempo.

Sie ist viel größer als er.
= Ella es mucho más alta que él.

Sie läuft viel schneller als ich.
= Ella corre mucho más rápidamente que yo.

d) Ejemplos:

Der Apfelkuchen schmeckt gut.
Ja, aber der Käsekuchen schmeckt besser.
Hmmm, am besten schmeckt die Kirschtorte.

De este modo:

gut schmecken	gut passen
gut stehen	gut gefallen

Adverbios mod., cau., cond., inst., finales, int., pron. y conjuntivos

A2   38.2. Adverbios causales

Indican la causa o el motivo de una acción. Los más importantes son:

Daher	= por eso, pues, así, por lo tanto, con tal motivo, de ahí que, así es que.
Darum	= por eso, así (pues), con tal motivo, por tales razones, a tal efecto.
Deshalb	= por eso, por lo tanto, por esa razón, por tal motivo.
Deswegen	= por eso, por lo tanto, por esa razón, por tal motivo.
Meinetwegen	= por mí.
Deinetwegen	= por ti.

Ejemplos:

Das Auto hatte einige Mängel; *darum* habe ich es nicht gekauft.
Er war krank und konnte *deshalb* nicht kommen.
Ich habe das *deinetwegen* getan.

38.3. Adverbio condicional

Indica la condición.

Dann = entonces.

Ejemplo:

Wenn du die Medikamente nicht nimmst, *dann* wirst du nicht gesund.

38.4. Adverbios instrumentales

Indican el instrumento.

Damit	= con eso, con ello.
Dadurch	= de ese modo, de tal manera, así.

Ejemplo:

Er hat das Medikament genommen und ist *dadurch* wieder gesund geworden.

38.5. Adverbios finales

Indican la finalidad de una acción.

Dafür = por ello, por eso.
Dazu = para ello, con tal objeto.
Hierfür = para esto, para ello.

Ejemplos:

Sie haben dafür viel Geld ausgegeben.
Er eignet sich nicht dazu.

A1 38.6. Adverbios interrogativos

Sirven para formular una pregunta (véase el tema 31).

Wo?	= ¿(En) dónde?
Wohin?	= ¿(A)dónde?
Woher?	= ¿De dónde?
Wann?	= ¿Cuándo?
Wie?	= ¿Cómo?
Wie viel?	= ¿Cuánto?
Warum/weshalb/weswegen/wieso?	= ¿Por qué? (causal)
Womit	= ¿Con qué? (instrumental)
Wodurch?	= ¿Por medio de qué? (instrumental)
Wofür/wozu?	= ¿Para qué? (final)

Ejemplos:

Wo wohnen Sie?
Wohin gehst du?
Woher kommen Sie?
Wann fährt der Zug nach Siegburg ab?
Wie heißen Sie?
Wie viel kostet das Radio?
Warum ist Heinz nicht gekommen?
Wodurch ist das passiert?

A2 38.7. Adverbios preposicionales o pronominales

Los adverbios *da(r)...*, *hie(r)...*, y *wo(r)...*, pueden unirse a las siguientes preposiciones: *an, auf, aus, bei, durch, für, gegen, hinter*[1], *in,*

---

1. Existe *dahinter*, pero no *hierhinter*, ni *wohinter*.

Adverbios mod., cau., cond., inst., finales, int., pron. y conjuntivos

mit, nach, neben[2], *über, um, unter, von, vor*[3], *zu, zwischen*[4] (véase tema 28.5).

Estos adverbios pueden sustituir a los complementos prepositivos, cuando éstos se refieren a cosas y conceptos. Ejemplos:

Ich warte *auf bessere Zeiten.*
Ja, *darauf* warten wir alle.

Sind Sie *für* oder *gegen das Rauchen?*
Ich bin *dafür/dagegen.*

Interessieren Sie sich auch *für Fußball?*
Nein, *dafür* interessiere ich mich nicht.
Wofür interessieren Sie sich denn?

Der Minister ist zurückgetreten. *Damit* hatte niemand gerechnet.
Hiermit sende ich Ihnen einen Scheck über 185,00 €.

A2 38.8. Adverbios conjuntivos

También se consideran adverbios ciertas palabras que pueden colocarse al principio de la oración —delante del verbo—, dentro de la oración y también al final.

Si se hallan al principio de una oración, desempeñan la función de una conjunción coordinante. Por esta razón se llaman «adverbios conjuntivos». Son: *deshalb, deswegen, daher, trotzdem, folglich, nämlich, insofern, demnach, außerdem, allerdings.* Ejemplos:

Er war krank, deshalb konnte er nicht kommen.
Er war krank; er konnte deshalb nicht kommen.
Er war krank; trotzdem kam er.
Er war krank; er kam trotzdem.

Conjunción pura: *denn*:

Er konnte nicht kommen, denn er war krank.

---

2. Existen *daneben* y *woneben.*
3. Existen *davor* y *wovor.*
4. Solamente existe *dazwischen.*

Tema 38

B1 **38.9. Posición de los adverbios en la oración**

38.9.1. *Posición normal*

Casi todos los adverbios son, en cierta manera, complementos circunstanciales (*Angaben*). Aunque se suprimiesen en una oración, ésta todavía tendría sentido. Ejemplo:

Gestern gab sie ihrem Sohn vor lauter Wut auf der Straße eine Ohrfeige.
= Ayer, de tanta rabia, ella le dio a su hijo una bofetada en la calle.

Incluso sin los tres complementos circunstanciales —causal (*vor lauter Wut*), temporal (*gestern*), local (*auf der Straße*)—, la oración tendría sentido: *Sie gab ihrem Sohn eine Ohrfeige.*

La posición de los complementos circunstanciales (*Angaben*) dentro de la oración principal es la siguiente (véase tema 22.6 para los complementos directos, indirectos y prepositivos):

Posición I	Posición II Verbo I	Sujeto	Complementos indirecto y/o directo	Complementos circunstanciales	Complementos prepositivos	Verbo II Prefijo
Wir	haben		Ihren Brief	heute		erhalten
Er	kam			gestern abend am Hauptbahnhof		an
Sie	hat		ihren Mann	im Urlaub an der Costa Brava		kennen gelernt
Er	ist		ihr	aus Versehen auf den Fuß		getreten
Deshalb	bleibe	ich		dieses Jahr in aller Ruhe im Urlaub zu Haus		
Wir	gratulieren		dir	herzlich	zum Geburtstag	
Ich	habe			gestern eine Stunde	auf dich	gewartet

Los complementos circunstanciales suelen colocarse, pues, en el orden siguiente: temporal - causal - modal - local = TeCaMoLo. Ejemplo:

Wir sind am Wochenende wegen des schlechten Wetters gemütlich zu Hause geblieben.

Sin embargo, este orden no es rígido. A veces, *el complemento causal precede al temporal*. Ejemplo:

Ich bin deshalb gestern zu Fuß zur Universität gegangen.

38.9.2. *Posición expresiva*

El orden en que puede aparecer cualquier elemento oracional depende del valor informativo del enunciado: Las nuevas informaciones suelen colocarse al final de la oración. Ejemplos:

Von der Party gestern abend sind noch *ein paar Flaschen Wein* übrig geblieben.
Ich gebe dir das Geld *heute abend*.

El *elemento que queremos destacar se coloca al principio de la oración:*

Der Wein ist noch von der Party gestern abend übrig geblieben.
Mit dem Fahrrad sind sie nach Hamburg gefahren.
In Kenia sind sie gewesen.
Aus Höflichkeit habe ich das gesagt.

TEMA 39

LAS PARTÍCULAS MODALES

MODAL-, ABTÖNUNGSPARTIKELN

C1 39.1. Función de las partículas modales en el discurso

Por su forma, algunas partículas del alemán (*aber, auch, bloß, denn, doch, eben, eigentlich, etwa, ja, mal, nur, schon, vielleicht, wohl*) no se pueden distinguir de los adverbios o conjunciones, pero, según su posición dentro de la oración y según la intención del hablante (lo que en el lenguaje hablado se pone de manifiesto mediante la entonación), revelan la actitud y el pensamiento subjetivo del hablante. Y de ahí viene su nombre: *Abtönungspartikeln*, partículas que sirven para matizar o modificar un enunciado. Con ellas, el hablante intenta ejercer una influencia sobre sus interlocutores, expresar su disposición anímica (preocupación, duda, asombro, enfado, indignación), hacer advertencias, establecer nexos causales, etc. En estos enunciados, la misma partícula puede tener funciones distintas en distintos contextos. Su significado depende en gran medida del contexto y de la entonación.

Es sumamente difícil traducir estas partículas al español, ya que su eficiencia no reside tanto en el plano del significado, sino en la función comunicativa. Por ello, no se pueden «estudiar», sino que hay que atender al contexto en que se emplean y ejercitarse constantemente en su uso.

39.2. Las partículas modales en particular

Nuestra lista recoge las partículas modales más frecuentes. Además de las diversas interpretaciones que admite cada una de ellas, ofrecemos ejemplos pormenorizados de su empleo.

Las partículas modales

39.2.1. *Aber*

Expresa asombro, sorpresa. Ejemplo:

Das ist aber schön!

39.2.2. *Allerdings*

Como respuesta a un enunciado, expresa una concesión. El hablante da la razón a alguien («ya lo creo»). Ejemplo:

Das war sicher sehr teuer.
— Allerdings.

39.2.3. *Auch*

Expresa duda, preocupación. Ejemplo:

Hast du auch nichts vergessen?

39.2.4. *Bloß*

a) Expresa una advertencia o una amenaza. Ejemplo:

Trink bloß nicht wieder so viel!

b) Expresa la preocupación por querer saber algo que, en un momento dado, es de suma importancia. Ejemplo:

Wo habe ich bloß meine Brille hingelegt?

c) Expresa un deseo («¡Ojalá!»). Ejemplo:

Hätte Günther bloß angerufen!

d) *Bloß nicht*. En la respuesta, expresa rechazo. Ejemplo:

Ich werde jetzt ein paar Gedichte von mir vorlesen.
— Bloß nicht!

A1 39.2.5. *Denn*

   a) Expresa asombro, sorpresa. Ejemplo:

   Hast du denn immer noch keine Stelle gefunden?

   b) Manifiesta el deseo de querer saber algo determinado. Ejemplos:

   Wie alt bist du denn?
   Wie spät ist es denn?

A1 39.2.6. *Doch*

   a) Opinión (en este caso, *doch* es átono). Ejemplo:

   Ich helfe dir. Das weißt du doch.

   b) Exhortación. Ejemplo:

   Hilf mir doch mal!

   c) Deseo. Ejemplo:

   Wenn dieser Tag doch schon vorbei wäre!

   d) Objeción y contradicción (*doch* = tónico). Ejemplo:

   Er hat die Prüfung doch bestanden.

   e) *Doch (wohl)* Suposición. Ejemplo:

   Der Elektriker wird doch (wohl) heute kommen.

39.2.7. *Eben/halt*

   Eben se utiliza más en el norte de Alemania, y *halt* en el sur.
   a) Expresa conclusión, resignación. Ejemplo:

   Der Motor springt nicht an. Dann gehe ich eben zu Fuß.

   b) Imperativo en el sentido de «¡Hazlo!, pues no queda otra solución». Ejemplo:

   Dann nimm eben den teuren Cognac!

Las partículas modales

c) En un comentario, sirve para confirmar la opinión del interlocutor. Ejemplo:

> Vater: Ihr jungen Leute wollt natürlich eure eigenen Erfahrungen machen.
> Sohn: Eben.

39.2.8. *Eigentlich*

a) Se utiliza para hacer una pregunta más casual. Ejemplo:

> Hast du eigentlich genug Geld?

b) Indica el deseo de querer saber algo determinado. Ejemplo:

> Wo bist du eigentlich den ganzen Abend gewesen?

c) Implica una restricción. Ejemplo:

> Möchtest du etwas trinken?
> — Ich habe eigentlich keinen Durst.

39.2.9. *Einfach*

Indica una *solución fácil* de un problema. Se puede traducir por «simplemente», «sencillamente». Ejemplos:

> Da wir nichts zu essen im Haus hatten, als Schneiders unangemeldet kamen, habe ich einfach eine Büchse aufgemacht.

> Wenn du kein Geld hast, dann fahr einfach nicht in Urlaub!

39.2.10. *Etwa*

Con *etwa*, el hablante expresa que esperaba lo contrario de lo que manifiesta en su pregunta. Ejemplo:

> Bist du etwa entlassen worden?

39.2.11. *Halt (eben)*

a) Conclusión, resignación. Ejemplos:

Das Leben in der Stadt ist halt (eben) hektisch.
Du hast halt (eben) Pech gehabt.

b) Mandato: «¡Hazlo!, pues no queda otra solución.» Ejemplo:

Dann geh halt (eben) von der Schule ab!

39.2.12. *Ja*

a) Asombro. Ejemplo:

Du bist ja ganz nass!

b) Advertencia y amenaza (*ja* es tónico). Ejemplo:

Lass dich *ja* hier nicht mehr blicken!

c) Confirmación de un hecho consabido (*ja* es átono). Ejemplo:

Du weißt ja, dass ich morgen die Fahrprüfung habe.

d) Respuesta, comentario, rechazo (véase *bloß*; *ja* es tónico = en ningún caso). Ejemplo:

Ich will mir ein Motorrad kaufen.
— Ja nicht, Motorradfahren ist doch so gefährlich.

39.2.13. *Mal*

Expresa una exhortación. Indica que lo que hay que hacer es fácil. Ejemplo:

Schreib mal auf, was wir aus dem Supermarkt brauchen!

Eben mal/doch mal. Ejemplos:

Kannst du (eben) mal kommen?
Ruf (doch) mal zu Hause an!

39.2.14. *Nur (bloß)*

a) Expresa una advertencia, una amenaza. Ejemplo:

Werde nur (bloß) nicht frech!

b) Expresa la intención de querer saber algo que en un momento determinado es de suma importancia. Ejemplo:

Was soll ich ihm nur sagen?

c) Manifiesta un deseo («¡Ojalá!»). Ejemplo:

Wären wir nur zu Hause geblieben!

39.2.15. *Ruhig*

Quien la usa, trata de quitar a alguien la impaciencia o la inquietud. Ejemplo:

Du kannst ruhig fernsehen. Das stört mich nicht.

39.2.16. *Schon*

a) Expresa una suposición tranquilizadora. Ejemplo:

Du wirst die Prüfung schon bestehen.

b) Expresa una advertencia o amenaza. Ejemplo:

Ich werde dir schon zeigen, wer hier der Herr im Haus ist!

c) Implica una exhortación que expresa impaciencia. Ejemplo:

Nun beeil dich schon!

d) Expresa una restricción. Ejemplo:

Das stimmt schon, aber...

39.2.17. *Überhaupt*

a) En preguntas dubitativas, se duda de una suposición básica. Ejemplo:

Bist du überhaupt schon 18 Jahre alt?

b) En preguntas determinativas, se duda de lo que hace o dice el interlocutor. Ejemplo:

Wie stellst du dir überhaupt deine Zukunft vor?

c) También sirve para dar otro rumbo a la conversación. Ejemplo:

Wie hat dir überhaupt das Buch gefallen?

d) Puede manifestar una generalización. Ejemplo:

Viele Kinder haben überhaupt wenig Freizeit.

39.2.18. *Vielleicht*

Expresa asombro, admiración o ironía. Ejemplo:

Der Unterricht war vielleicht langweilig!

39.2.19. *Wohl*

a) Expresa una suposición. Ejemplo:

Er sitzt wohl wieder in der Kneipe.

b) Expresa una advertencia o amenaza. Ejemplo:

Wirst du wohl den Mund halten?

TEMA 40

LA NEGACIÓN

DIE NEGATION

A1 40.1. La negación simple

La negación española «no» se expresa en alemán por *nein, nicht* o *kein*, según los casos.

a) *Nein* se emplea como respuesta negativa a *toda una oración antecedente.* Ejemplos:

>Hast du heute Zeit?
>— Nein.
>
>Kommen Sie aus Spanien?
>— Nein, ich komme aus Italien.

b) *Nicht* se emplea cuando la negación se refiere directamente a un *adjetivo,* un *adverbio* o un *verbo.* Ejemplos:

>Adjetivo: Der Platz ist nicht frei.
>
>Adverbio: Er spricht noch nicht gut Deutsch.
>
>Verbo: Ich komme nicht.

c) *Kein* se utiliza para negar *sustantivos acompañados del artículo indeterminado o usados sin artículo.* En este caso equivale a «ningún/a» o «nada de». Ejemplos:

>Ich habe ein Auto.   Ich habe kein Auto.
>Er hat Zeit.   Er hat keine Zeit.

Si un sustantivo funciona como prefijo separable de un verbo, la negación es *nicht*. Ejemplo:

Wir wollen heute nicht Tennis spielen.
Erika kann noch nicht Auto fahren.

B1 40.2. Posición de *nicht* en la oración

En primer lugar, hay que tener en cuenta que la negación puede referirse a *toda la oración (Satznegation)* o solamente a *una parte de ella (Teilnegation o Sondernegation)*.

a) Si se niega *toda la oración*, *nicht* ocupa la posición de los complementos circunstanciales (*Angaben*; véase tema 38.9.1).

Posición I	Posición II	Complemento indirecto	Complemento directo	Complemento circunstancial	Complementos prepositivos	Verbo
Er	hat	mir	das Geld	nicht		gegeben
Ich	konnte			heute nicht		kommen
Ich	habe			nicht lange	auf dich	gewartet
Wir	waren			gestern nicht im Kino		
Wir	sind			(1) am Wochenende (2) wegen des schlechten Wetters (3) nicht (4) mit dem Rad (5) an den Strand		gefahren

Cuando la oración contiene varios complementos circunstanciales, el orden de colocación es el siguiente: 1) Temporal, 2) causal, 3) *nicht*, 4) modal, 5) local (véase 38.9.1).

Sin embargo, las partículas modales se colocan delante de *nicht*. Ejemplo:

Wir sind am Wochenende wegen des schlechten Wetters *aber* nicht mit dem Rad an den Strand gefahren.

La negación

Otros ejemplos:

Ich habe ihn nicht gefragt.
= No le he preguntado.

Alle Schüler sind nicht berufstätig.
Literalmente: Todos los alumnos no ejercen una profesión; es decir: ningún alumno ejerce una profesión.

b) Cuando *nicht* niega *parte de la oración (Teilnegation* o *Sondernegation)*, se coloca *delante de la parte que se quiere negar, pero nunca delante del verbo finito*. Ejemplos:

Nicht ihn habe ich gefragt (sondern Sie).
= No le he preguntado a él (sino a Ud.).

Nicht alle Schüler sind berufstätig.
= No todos los alumnos ejercen una profesión.

Importante: A diferencia del español, en alemán *dos negaciones afirman*:

Das Zimmer ist nicht ungemütlich = Das Zimmer ist gemütlich.

Basta, pues, con una negación:

Es hat niemand angerufen.	= No ha llamado nadie.
Er hilft mir nie.	= No me ayuda nunca.
Er ging, ohne etwas zu sagen.	= Se fue sin decir nada.

B1 40.3. Negaciones reforzadas

Como en español, en alemán se pueden añadir a la negación locuciones o palabras que, sin ser negativas en sí mismas, refuerzan la negación. Por ejemplo:

auch nicht = tampoco	Er ist auch nicht pünktlich gekommen.
auch kein...	Wir haben auch kein Geld.
auch nichts	Sie haben auch nichts gesagt.
auch niemand	Heute ist auch niemand gekommen.
gar nicht = de ningún modo	Er will gar nicht aufstehen.
gar kein...	Sie hat gar keine Zeit.

gar nichts = nada en absoluto   Ich habe gar nichts gehört.

überhaupt nicht = de ningún modo   Er will überhaupt nicht aufstehen.
überhaupt kein...   Sie hat überhaupt keine Zeit.
überhaupt nichts   Sie will überhaupt nichts essen.
  = absolutamente nada
überhaupt niemand   Es war überhaupt niemand da.
  = nadie en absoluto

B2 40.4. Otras negaciones

Nótense las siguientes negaciones.

Afirmación o pregunta con:	Negación
schon	noch nicht
schon (ein...)	noch kein...
schon jemand	noch niemand
schon etwas	noch nichts
schon einmal	noch nie

Ejemplos:

Hast du die Hausaufgaben schon gemacht?
— Nein, (ich habe sie) noch nicht (gemacht).

Hat schon jemand angerufen?
— Nein, (es hat) noch niemand (angerufen).

noch	nicht mehr
noch (ein...)	kein...mehr
noch jemand	niemand mehr
noch etwas	nichts mehr
noch einmal	nie mehr (nie wieder)

Ejemplos:

Hat die Party noch lange gedauert?
— Nein, (sie hat) nicht mehr lange (gedauert).

Möchtest du noch Kuchen?
— Nein, danke, ich möchte keinen mehr.

Möchtest du noch etwas essen?
— Nein, danke, ich möchte nichts mehr essen.

TEMA 41

CONJUNCIONES Y ADVERBIOS CONJUNTIVOS DE COORDINACIÓN

NEBENORDNENDE KONJUNKTIONEN UND KONJUNKTIONALADVERBIEN

A1 41.1. Las conjunciones

Las conjunciones son, como las preposiciones, partículas relacionantes. Los elementos relacionados no son exclusivamente dos palabras, como es el caso de las preposiciones, sino que también pueden ser oraciones. La misión de la conjunción puede ser coordinante o subordinante.

A1 41.2. Clases de conjunciones

La clasificación tradicional y más importante es, naturalmente, la que distingue las conjunciones de coordinación de las de subordinación. Estas dos clases se subdividen a su vez según la naturaleza de la relación que establecen. En este sentido, se habla de conjunciones adversativas, causales, condicionales, etc.

A continuación ofrecemos una lista de las principales conjunciones y adverbios conjuntivos de coordinación, clasificados según la clase de relación que establecen.

A1 41.2.1. *Coordinantes copulativas*

Son las que enlazan, simplemente, dos oraciones o dos elementos de una oración.

a) *Und* = y.

Du spielst Fußball, und ich gehe ins Kino.

b) Sowie = así como, al igual que, y también. Ejemplo.

> Bitte bringen Sie Ihren Führerschein, Pass oder Personalausweis sowie Ihre Aufenthaltserlaubnis mit.

Sowie únicamente enlaza elementos análogos de una misma oración. Por lo tanto, no debe confundirse con la conjunción subordinante temporal *sowie* = tan pronto. Ejemplo:

> Ich werde es dir geben, sowie ich damit fertig bin.

B1 41.2.2. *Coordinantes alternativas (con correlato)*

Cuando nos referimos alternativamente a dos o más oraciones o a varios sujetos, verbos, atributos o complementos de una misma oración, formamos cláusulas alternativas. La coordinación entre ellas se establece empleando palabras correlativas.

B1 *a) Nicht nur, sondern auch* = no solamente, sino también. Ejemplo:

> Sie spricht nicht nur fünf europäische Sprachen, sondern auch zwei asiatische.

B1 *b) Sowohl... als (auch), sowohl... wie*[1] = tanto... como. Ejemplos.

> Sie spricht sowohl Englisch als auch Französisch.
> Sie spricht sowohl Englisch wie Französisch.

B1 *c) Weder... noch* = ni... ni. Contrapone negativamente los elementos de una oración. Ejemplos:

> Das ist weder Fisch noch Fleisch.
> Er hat weder geschrieben noch angerufen.
> Sie war weder zu Hause, noch konnten wir sie im Büro erreichen.

B2 *d) Einerseits... andererseits* = por una parte... (pero) por otra (parte). Ejemplo:

> Einerseits benötigt man immer mehr elektrischen Strom, andererseits wollen die Leute keine Kernkraftwerke in ihrer Nähe.

C1 *e) Bald... bald* = a veces... otras veces. Ejemplo.

> Bald ist sie optimistisch, bald ist sie deprimiert.

---

1. En ciertos casos, se puede intercambiar con *sowie* y *und*.

Conjunciones y adverbios conjuntivos de coordinación

C1   *f)* *Mal... mal* = unas veces... otras veces. Ejemplo:

   Mal kauft sie ein, mal tut er es.

C1   *g)* *Teils... teils* = en parte... en parte. Ejemplo:

   Wir hatten im Urlaub teils Regen, teils Sonnenschein.

41.2.3. Coordinantes adversativas

Tales conjunciones expresan la oposición entre dos juicios.

A1   *a)* *Aber* = pero. En el mismo sentido que *aber* se utilizan *allein*, *doch* y *jedoch*. Ejemplo:

   Er wollte gern Maler werden, aber er hatte zu wenig Talent.

B1   *b)* *Zwar... aber* = aunque...; ciertamente..., pero. Las oraciones con *zwar... aber* constituyen un tipo oracional intermedio entre el sentido concesivo y el adversativo. Ejemplos:

   Zwar war sie schon 78, aber sie heiratete noch einmal.
   Sie ist zwar arm, aber zufrieden.

B2   *c)* *Nur* = solamente, pero. *Nur* expresa una oposición, pero a menudo también una restricción. Se utiliza, sobre todo, en el lenguaje hablado. Ejemplo:

   Du kannst zu uns kommen, nur kannst du bei uns nicht übernachten.

C2   *d)* *Allein* = pero, sin embargo. Pertenece más bien al lenguaje culto. Además, en contraposición a *aber*, solamente enlaza oraciones. Ejemplo:

   Ich vertraute ihm, allein ich wurde bitter enttäuscht.

B1   *e)* *Jedoch* = sin embargo. Ejemplo:

   Ich habe ihm zweimal geschrieben, jedoch hat er mir nie geantwortet.

B1   *f)* *Doch* = pero, sin embargo. Tiene el mismo significado que *aber*, pero pertenece más bien al lenguaje culto. Puede ser también adverbio o partícula modal (cf. tema 39.2.6). Ejemplo:

   Er beeilte sich sehr, doch er verpasste trotzdem den Zug.

B1 *g) Sondern* = sino. Contrapone una oración afirmativa a otra negativa, excluyendo totalmente lo afirmado en esta última. Ejemplos:

> Dieses Jahr fahren wir nicht in Urlaub, sondern bleiben zu Haus.
> Das ist nicht Ihr Koffer, sondern meiner.

¡Ojo! No confundir

*a) **Aber** y **sondern**.* Ambas expresan una corrección o restricción de lo dicho en la primera oración. Mientras que con *aber* hay compatibilidad entre ambas oraciones y la coordinación es entonces restrictiva, con *sondern* hay una incompatibilidad total entre ambas oraciones, de manera que la afirmativa excluye totalmente a la negativa y la coordinación es exclusiva. Ejemplos:

> Er ist nicht begabt, aber er weiß viel.
> Er ist nicht zur Arbeit gegangen, sondern im Bett geblieben.

*b) **Sondern** = sino y **sonst** = si no, en caso contrario. *Sonst* expresa una condición. Ejemplos:

> Ich komme nicht heute, sondern morgen.
> Sie hat bestimmt viel Arbeit, sonst wäre sie gekommen.

41.2.4. *Coordinantes disyuntivas*

Son las que expresan que una de las oraciones excluye lo dicho en las demás.

A1 *a) Oder* = o. Ejemplo:

> Wir können am Wochenende ans Meer oder in die Berge fahren.

B1 *b) Entweder... oder* = o bien... o bien. Ejemplo:

> Entweder kommen sie noch heute, oder sie kommen überhaupt nicht mehr.

A2 ### 41.2.5. *Coordinantes causales*

Expresan una causa lógica.

Conjunciones y adverbios conjuntivos de coordinación

a) *Denn* = ya que, porque, puesto que. Ejemplo:

Ich kann heute nicht kommen, denn ich habe eine Prüfung.

C2 41.2.6. *Coordinantes correctivas*

Con estas conjunciones expresamos una corrección del juicio emitido en la primera oración.

a) *Vielmehr* = más bien, antes bien. Enlaza, sobre todo, oraciones. Ejemplo:

Ich kann dir darin nicht zustimmen, vielmehr bin ich der Meinung, dass sich die Sache anders verhält.

b) *Das heißt (d. h.)* = es decir, a saber. Expresa una explicación o una corrección. Generalmente se utiliza para precisar un juicio. Ejemplos:

Wenn du 18, d. h. volljährig bist.
Er ist Beamter, d. h. Lehrer.

B1 41.2.7. *Coordinantes aclarativas*

Con éstas se precisa el juicio emitido en la primera oración.

a) *Ja* = incluso. Ejemplo:

Er trinkt zuviel, ja er ist praktisch Alkoholiker.

b) *Und zwar* = y eso que, a saber, es decir, o sea. Enlaza no solamente oraciones, sino también elementos oracionales. A veces, se puede intercambiar por *nämlich*. Ejemplos:

Ich brauche das Buch, und zwar sofort.
Sie hatten drei Kinder, und zwar zwei Mädchen und einen Jungen.

c) *Nämlich* = pues, puesto que. Supone una explicación más precisa de lo expresado en la oración anterior. Se puede intercambiar con *denn*. Sin embargo, *denn* indica, a menudo, una causa conocida por el interlocutor y *nämlich* una causa desconocida. Ejemplo:

Dieter hat gekündigt. Er hat nämlich eine bessere Stelle gefunden.

A2 41.3. Posición de algunas conjunciones y adverbios conjuntivos en la oración

Las conjunciones *aber*[2], *denn, und, sondern, oder* (*aduso*) se hallan en posición 0, y van seguidas por una oración principal; en ésta, su posición es la normal, es decir, el sujeto se halla en la posición I y el verbo finito en la posición II.

Oración principal *Conjunción* *Oración principal*

Posición I	Posición II		Posición 0	Posición I	Posición II
Sie	war	78,	**aber**	sie	heiratete	noch einmal
Ich	kann	heute nicht kommen,	**denn**	ich	habe	eine Prüfung
Du	spielst	Fußball,	**und**	ich	gehe	ins Kino
Dieses Jahr	fahren	wir nicht in Urlaub,	**sondern**	(wir)	bleiben	zu Hause
Wir	können	ans Meer,	**oder**	(wir | können)	in die Berge fahren

A2 41.4. Omisión o no del sujeto después de *und*

a) Cuando el sujeto es el mismo en las dos oraciones, es mejor, desde el punto de vista estilístico, omitirlo después de *und*:

Posición I	Posición II	Posición 0	Posición I	Posición II
Ich	bleibe zu Haus	**und**	(ich)	sehe fern
Ich	habe wenig Freizeit	**und**	(ich)	kann nicht oft fernsehen
Er	war krank,	**und**	(er)	konnte nicht kommen

b) En cambio, si el sujeto después de *und* no está en posición I, se tiene que repetir, puesto que hay forzosamente una inversión.

---

2. *Aber* no tiene que estar necesariamente en la posición 0. Puede colocarse también libremente en la oración delante del elemento que se quiere destacar.

Conjunciones y adverbios conjuntivos de coordinación

Posición I	Posición II	Posición 0	Posición I		Posición II
Ich	bleibe zu Haus	**und**	am Abend	sehe	ich fern.
Wir	gehen ins Kino	**und**	danach	essen	wir in einem Restaurant zu Abend.
Heute	packe ich den Koffer	**und**	morgen	verreise	ich.

B1 41.5. Posición de *nämlich*

Cuando *nämlich* enlaza oraciones, no se coloca nunca al principio de la segunda oración, sino en la posición de los complementos circunstanciales.

Posición I	Posición II	Complemento indirecto	Complemento directo	Complemento circunst.	Complementos preposicionales	Verbo II
Ich	kann	dir	das Auto	nicht		leihen,
ich	brauche		es	*nämlich*	für eine Geschäftsreise.	
Sie	gab	ihm	Geld.			
Er	hatte			*nämlich*	für sie	gearbeitet.
Er	konnte			nicht		kommen.
Er	war			*nämlich*		verreist.

TEMA 42

LA ORACIÓN SUBORDINADA

NEBENSATZ

A2 **42.1. Oraciones subordinadas. Sus clases**

Toda oración subordinada se halla incorporada a la principal y guarda con ella la misma relación que guardan con el verbo los elementos sintácticos de la oración simple. Las oraciones subordinadas pueden ser, por lo tanto, sustantivas, adjetivas o adverbiales, según que en la oración principal desempeñen respectivamente el oficio de un sustantivo, un adjetivo o un adverbio.

La estrecha relación entre la oración principal y la subordinada se marca formalmente mediante un *elemento de enlace* en la oración subordinada y, a veces, mediante un *correlato* en la oración principal. El elemento de enlace introduce la oración subordinada y el verbo finito la cierra. Ejemplo:

Er ist nicht gekommen, *weil* er krank ist.

Los elementos de enlace pueden ser:

a) Conjunciones subordinantes.
b) Pronombres o adverbios relativos.
c) Pronombres o adverbios interrogativos.

B2 **42.2. El correlato**

Un elemento (correlato) de la oración principal puede establecer con otro que figura en la oración subordinada una correlación: por una parte, el correlato hace referencia a la oración subordinada; por otra, la oración

La oración subordinada

subordinada puede considerarse como complemento del correlato. Existen tres grupos de correlatos:

a) El *correlato siempre* es *obligatorio*. Se puede considerar como una ampliación de la conjunción. Ejemplo:

Dadurch, dass man Sport treibt, bleibt man fit.

b) El *correlato* es *obligatorio según la posición de la oración*. Ejemplo:

Dass er die Prüfung besteht, *dessen* bin ich sicher.
Pero: Ich bin sicher, dass er die Prüfung besteht.

c) El *correlato* es *facultativo*. Ejemplo:

Der Unfall ist (*deswegen*) passiert, weil er zu schnell gefahren ist.

En cambio, si el hablante no quiere prescindir del correlato, lo utiliza para destacar el contenido de la oración subordinada. Ejemplo:

Der Unfall ist nur *deswegen* passiert, weil er zu schnell gefahren ist.

B2 42.3. Oraciones subordinadas de primero, segundo o tercer grado

Cuando hay varias oraciones subordinadas de las cuales sólo la primera depende de la oración principal, se habla de oraciones subordinadas de primero, segundo o tercer grado. La oración subordinada anterior siempre es la principal para la siguiente:

Ich glaube,	= oración principal (parataxis) para la
dass es am besten ist,	= oración subordinada de primer grado
wenn wir ein Taxi nehmen,	= oración subordinada de segundo grado
damit wir nicht zu spät kommen.	= oración subordinada de tercer grado

Sin embargo, cuando varias oraciones subordinadas dependen directamente de una oración principal coordinada, tienen el mismo grado de dependencia. Entonces se trata de oraciones subordinadas yuxtapuestas:

Tema 42

Weil er noch Zeit hatte und	weil das Fabriktor noch verschlossen war,
(oración subordinada *a*)	(oración subordinada *b*)
ging er in die Kneipe,	um ein Bier zu trinken.
(oración principal)	(oración subordinada *c*)

B1 42.4. Posición de la oración subordinada

La oración subordinada puede ocupar tres posiciones distintas:

a) Posición inicial. Ejemplo:

Wenn das Wetter gut ist, fahren wir am Wochenende in die Berge.

b) Posición intermedia. Ejemplo:

Wir fahren, wenn das Wetter gut ist, am Wochenende in die Berge.

c) Posición final. Ejemplo:

Am Wochenende fahren wir in die Berge, wenn das Wetter gut ist.

Sin embargo, estas tres posiciones no siempre son posibles. Además, desde el punto de vista estilístico, no siempre tienen el mismo valor.

42.5. Posición del verbo finito en la oración principal pospuesta

En la oración principal pospuesta el verbo finito ocupa la posición II.

Posición I	*Posición II*
Oración subordinada en posición inicial	Oración principal
Wenn das Wetter gut ist,	fahren wir am Wochenende in die Berge.

Sin embargo en algunos casos —por ejemplo, en ciertas oraciones concesivas—, el verbo ocupa el lugar después del sujeto:

So sehr er auch suchte, er fand den Brief nicht.

La oración subordinada

También ocupa el segundo lugar, cuando la oración principal viene introducida por un correlato facultativo u obligatorio. Ejemplo:

Posición I *Posición II*

Wenn er kommt, (dann) können wir ihn ja fragen.
Dass du so etwas machen konntest, (das) hätte ich nicht von dir gedacht.

TEMA 43

ORACIONES EN FUNCIÓN DE SUJETO Y COMPLEMENTO CON LA CONJUNCIÓN SUBORDINANTE *DASS*, ORACIONES INTERROGATIVAS INDIRECTAS Y ORACIONES DE INFINITIVO CON *ZU*

SUBJEKT- UND OBJEKTSÄTZE, FRAGEWORT-NEBENSÄTZE UND INFINITIVSÄTZE (MIT ZU)

A2 **43.1. Función de estas oraciones en la oración compuesta**

Estas oraciones desempeñan en la oración compuesta las mismas funciones sintácticas que ejerce el sustantivo en la oración simple. Por consiguiente, pueden desempeñar, respecto de la oración principal, las funciones de sujeto o complemento. Estudiaremos estos tres tipos:

— Las oraciones con la conjunción *dass*.
— Las oraciones interrogativas en estilo indirecto.
— Las oraciones de infinitivo (con *zu*).

A2 **43.2. Las oraciones con la conjunción *dass***

43.2.1. *Oraciones subordinadas en función de sujeto*

Se introducen por medio de la conjunción subordinante *dass*. Ejemplo:

Es ist sicher,   dass er kommt.
Dass er kommt,   ist sicher.
(sujeto)
Sein Kommen   ist sicher.

Cuando la oración subordinada está pospuesta, el pronombre impersonal *es* ocupa, como correlato, la posición del sujeto en la oración principal. Ejemplos:

Es wundert mich, dass sie nicht angerufen hat.
Es ist möglich, dass sie die Prüfung nicht bestanden hat.

Oraciones en función de sujeto y complemento

Si, en cambio, la oración subordinada se halla en posición inicial, el *es* se suprime. La oración principal pospuesta puede introducirse mediante el correlato facultativo *das*. Ejemplos:

Dass er kommt, (das) ist sicher.
Dass sie nicht angerufen hat, (das) wundert mich.
Dass sie die Prüfung nicht bestanden hat, (das) ist möglich.

43.2.2. *Oraciones subordinadas en función de complemento*

También *se introducen* por medio de la conjunción *dass*. La oración subordinada puede ser un complemento directo. Ejemplos:

Wir hoffen, dass Sie bald wiederkommen.
Ich habe gehört, dass er Bürgermeister geworden ist.

O *puede ser un complemento prepositivo*. Ejemplos:

Ich bin fest davon überzeugt, dass wir richtig gehandelt haben.
Sorgen Sie bitte dafür, dass die Sache heute noch erledigt wird.
Wir danken Ihnen (dafür), dass Sie mitgemacht haben.

En la oración principal se pone, como correlato, el adverbio preposicional *da(r)...*, unido a la preposición que corresponda. Puede omitirse, sólo en un número reducido de verbos[1], cuando la oración subordinada está pospuesta. Sin embargo, cuando está en posición inicial, *el correlato siempre es obligatorio e introduce la oración principal*. Ejemplos:

Dass wir richtig gehandelt haben, davon bin ich überzeugt.
Dass Sie mitgemacht haben, dafür danken wir Ihnen.

A2 43.2.3. *Las oraciones interrogativas en estilo indirecto*

Las gramáticas distinguen dos grupos de oraciones interrogativas: las *generales o dubitativas* (**Entscheidungsfragen** o **Ja-Nein Fragen**) y las *parciales o determinativas* (**W-Fragen**).

a) En las oraciones *interrogativas generales o dubitativas* preguntamos por todo el contenido de la oración, es decir, por la verdad o false-

---

[1]. Es obligatorio cuando el verbo, con el adverbio preposicional, tiene otro significado que el mismo verbo sin tal adverbio. Por ejemplo: Wir konnten den Wagen daran erkennen, dass er vorne beschädigt war (*erkennen an* = identificar), frente a: Wir konnten erkennen, dass der Wagen vorne beschädigt war *(erkennen* = reconocer).

dad del juicio expresado en ella: *la pregunta es general*. El verbo ocupa entonces, generalmente, el primer lugar de la oración. La respuesta es «sí» o «no». En el *estilo indirecto*, se hace depender la pregunta de un verbo de los llamados «de entendimiento y lengua», como «saber», «decir», «preguntar», «informarse» o expresiones de duda, indiferencia, desconocimiento, etc. Las oraciones así subordinadas reciben el nombre de *interrogativas indirectas*, tanto si son generales como parciales.

La oración interrogativa *indirecta general o dubitativa* se introduce mediante la conjunción dubitativa **ob** *(si)*. Ejemplos:

Kommt er heute?
— Ich kann dir nicht sagen, ob er heute kommt.

Ist das richtig?
— Ich bin nicht sicher, ob das richtig ist.

La conjunción **ob** tiene, pues, un doble aspecto: introduce una incertidumbre o inseguridad que pueden aclararse con un «sí» o un «no» —de ahí su denominación como *Ja-Nein Fragen*—, mientras que la conjunción **dass** tiene un aspecto único: no introduce una duda, sino una certeza, una seguridad.

ob	**dass**
Incertidumbre:	*Certeza:*
Es ist ungewiss, ob...	Es ist gewiss, dass
Inseguridad:	*Seguridad:*
Es ist unsicher, ob...	Es ist sicher, dass....
Es ist unbestimmt, ob...	Es ist bestimmt, dass...
Es ist fraglich, ob...	Es steht außer Frage, dass...
Desconocimiento:	*Conocimiento:*
Es ist nicht bekannt, ob...	Es ist bekannt, dass...
Nicht wissen, ob...	Wissen, dass...
Nicht sagen können, ob...	Sagen können, dass...

b) En las *oraciones parciales o determinativas* (llamadas *W-Fragen*, puesto que, en alemán, como en inglés, el pronombre o adverbio interrogativo empieza con *W*), preguntamos sólo por alguno de sus elementos, representado por un pronombre o un adverbio interrogativo, y esperamos, como respuesta, el nombre de este elemento que nos falta para completar el juicio. Ejemplos:

> Wann kommt er?
> — Wir wissen noch nicht, wann er kommt.

Las preguntas parciales indirectas conservan el pronombre o adverbio interrogativo correspondiente.

A2 43.3. Las oraciones de infinitivo (con *zu*)

El infinitivo con *zu* depende del verbo de la oración principal. El infinitivo puede ser *sujeto* (Es ist nicht leicht, Deutsch zu lernen), *complemento directo* (Ich habe vergessen, Günter anzurufen), *complemento prepositivo*[2] (Alle stimmten dafür, den Vertrag zu unterschreiben) o *atributo* (Sein Wunsch, eine Weltreise zu machen, ging endlich in Erfüllung).

El infinitivo con *zu* sólo es posible cuando el sujeto lógico del infinitivo ya viene indicado en la oración principal. Ejemplos:

> Ich verspreche dir, dir morgen das Geld zu geben.
> = Ich verspreche dir, dass *ich* dir morgen das Geld gebe.

En *expresiones impersonales*, a veces no se indica el sujeto lógico de la oración de infinitivo. Éste corresponde entonces al pronombre indefinido *man*. Ejemplos:

> Es ist schön, im Sommer eine Reise machen zu können.
> = Es ist schön, wenn man im Sommer eine Reise machen kann.

43.4. El empleo de los tiempos en las oraciones de infinitivo

En las oraciones de infinitivo sólo hay dos tiempos:

Voz activa:	*Infinitivo de presente*	*Infinitivo perfecto*
	zu operieren	operiert zu haben
	anzurufen	angerufen zu haben
	zu fragen	gefragt zu haben

---

2. El empleo de los correlatos *es* y *da(r)...+* preposición es el mismo que en las oraciones subordinadas con *dass* (véase 43.2.2).

Voz pasiva: operiert zu werden   operiert worden zu sein
              angerufen zu werden   angerufen worden zu sein
              gefragt zu werden   gefragt worden zu sein

Cuando *los enunciados en ambas partes de la oración son simultáneos,* la oración de infinitivo está en presente. El tiempo correspondiente (presente, pretérito, etc.) figura en la primera parte de la oración.

Simultaneidad

Voz activa: Ich versuche,   pünktlicher zu kommen.
              Ich versuchte,   pünktlicher zu kommen.
              Ich habe versucht,   pünktlicher zu kommen.
              Ich werde versuchen,   pünktlicher zu kommen.
              Ich würde versuchen,   pünktlicher zu kommen.

Voz pasiva: Er hofft,   bald angerufen zu werden.
              Er hoffte,   bald angerufen zu werden.

En cambio, cuando *la acción en la construcción de infinitivo es anterior a la expresada en la primera parte de la oración,* se emplea el infinitivo del pasado o perfecto.

Anterioridad

Voz activa: Er behauptet,   das Geld gefunden zu haben.
              Er behauptete,   das Geld gefunden zu haben.
              Er hat behauptet,   das Geld gefunden zu haben.
              Er wird sicher behaupten, das Geld gefunden zu haben.

Voz pasiva: Er behauptet,   nicht gefragt worden zu sein.

TEMA 44

ORACIONES DE RELATIVO

RELATIVSÄTZE

A2 **44.1. Las oraciones de relativo**

Un sustantivo puede estar calificado o determinado por una oración introducida por medio de un pronombre o un adverbio relativos, los cuales tienen, por consiguiente, un doble papel: primero, reproducir el sustantivo, y, luego servir de nexo conjuntivo entre la oración principal y la subordinada. Por ello, estas oraciones reciben tradicionalmente el nombre de *oraciones de relativo*.

Todas las oraciones de relativo funcionan como adjetivos aplicados a un sustantivo, o pronombre, de la oración principal, llamado *antecedente del relativo* (*Bezugswort*).

El pronombre relativo puede tener, en su oración, una función distinta de la que tiene el componente de la oración principal con el que concierta en género y número. *El caso*, sin embargo, depende de su función en la oración de relativo. *Cuando el pronombre relativo es parte de un complemento prepositivo*, la preposición se antepone al relativo (Das ist die Frau, in die ich mich verliebt habe). La oración de relativo suele seguir inmediatamente al antecedente, pero, con frecuencia, se le anteponen verbos, prefijos separables de verbos, adverbios, etc. Ejemplos:

Ich möchte euch die Fotos zeigen, die wir im letzten Urlaub gemacht haben.
Sie brachte einen Kuchen mit, den wir nach dem Unterricht aßen.
Wir fuhren in den 14. Stock hinauf, in dem Dr. B. seine Praxis hatte.

B2 44.2. Oraciones de relativo con *wer*, *wen*, *wem* y *wessen*

Las oraciones de relativo con los pronombres relativos *wer* (nominativo), *wen* (acusativo), *wem* (dativo) y *wessen* (genitivo; poco usado) se refieren a personas en general. Por eso, algunos gramáticos llaman a este empleo *relativo de generalización*. Estas oraciones se anteponen, casi siempre, a la oración principal. En estos casos, falta un antecedente, pero la oración principal pospuesta puede introducirse mediante los pronombres demostrativos *der, den, dem*, que remiten al antecedente callado. Cuando el pronombre relativo está en un caso diferente del de su antecedente, o depende de una preposición, el pronombre demostrativo es *obligatorio*. Ejemplos:

Wer das nicht begreift, *dem* kann man nicht helfen.

Wen ich nicht mag, (den) lade ich nicht ein.

Wem die Brieftasche gehört, *der* soll sich melden.

Wessen Auto beschädigt worden ist, *der* soll Anzeige erstatten.

Für wen er sich interessiert, *mit dem* trifft er sich oft.

C2 44.3. Oraciones de relativo con *der, die*

Sin embargo, cuando la oración de relativo antepuesta a la principal se refiere a una persona determinada, no se usa el pronombre relativo *wer*, sino *der* o *die*. Como pronombre demostrativo se puede utilizar facultativamente *das* en la oración principal. Ejemplos:

Der wieder kein Geld bei sich hatte, (das) war Karl.

Die wieder zu spät kam, (das) war Maria.

B2 44.4. Oraciones de relativo con *was, wo(r)* + preposición

Se usa el pronombre relativo *was* o el adverbio relativo *wo(r) + preposición* en los casos siguientes:

a) Cuando la oración de relativo se refiere a pronombres indefinidos impersonales, como *manches, etwas, nichts, einiges, weniges, vieles, alles, sonstiges, folgendes, mancherlei, vielerlei, allerlei* y *allerhand*. Ejemplos:

Oraciones de relativo

Er sagte alles, was er dachte.
Er sagte etwas, womit ich nicht einverstanden war.
Es gibt einiges, was du nicht weißt.
Es gibt vieles, wofür wir uns interessieren.

b) Cuando la oración de relativo tiene como antecedente un pronombre demostrativo impersonal (neutro), como *das, dem, dessen, dasselbe* o un adverbio preposicional. Ejemplos:

Das, was mich am meisten stört, ist seine Unzuverlässigkeit.
Das, worüber ich mich am meisten ärgere, ist seine Unzuverlässigkeit.

Ich bin einverstanden mit *dem*, was du gesagt hast.
Ich bin einverstanden mit *dem*, worüber du dich geäußert hast.

Sie erinnerte sich noch genau *dessen*, was passiert war.

Das ist *dasselbe*, was wir gestern gehört haben.
Das ist *dasselbe*, worüber er gestern gesprochen hat.

Sie erinnerte sich an *das*, was er gesagt hatte.
Sie erinnerte sich *daran*, was er gesagt hatte.
Sie erinnerte sich *daran*, worüber er gesprochen hatte.

c) Cuando no hay antecedente explícito. Ejemplos:

Was du sagst, stimmt nicht ganz.
Worüber ich mich ärgere, kann ich nicht sagen.
Ich wusste, *was* er wollte.
Ich wusste, *worüber* er sich ärgert.

d) Cuando la subordinada de relativo antepuesta a la principal se refiere al contenido de esta última. Ejemplos:

Was mich stört, *ist seine Unzuverlässigkeit.*
Worüber ich mich ärgere, *ist seine Unzuverlässigkeit.*

e) Cuando el antecedente es un superlativo sustantivado neutro, o un adjetivo numeral neutro también sustantivado. Ejemplos:

Das ist das Schönste, *was* ich je gesehen habe.
Das ist das Schönste, *worüber* man sich unterhalten kann.
Das ist das erste, *was* du tun kannst.
Das ist das erste, *worum* ich dich bitte.

f) Cuando la oración de relativo se refiere a todo el enunciado de la oración precedente. Ejemplos:

> Die Schnellstraße ist doch gebaut worden, *worüber* sich die Bürger geärgert haben.
> Rudi schoss ein Tor, *worüber* die Zuschauer jubelten.

B2 44.5. Oraciones de relativo con *wo*, *wohin* y *woher*

Los adverbios relativos *wo*, *wohin* y *woher* se usan con un antecedente que expresa lugar. Ejemplos:

Ich zeige dir die Stelle, *wo* der Unfall passiert ist.

Die Gegend, *wohin* wir fahren wollen, kenne ich überhaupt nicht.

Das Dorf, *woher* er kommt, ist ziemlich unbekannt.

B2 44.6. Oraciones de relativo con *wie*

Wie tiene el valor modal que corresponde a su origen y se emplea con un antecedente que significa modo, manera, medio. Ejemplos:

Die Art, wie er auftritt, gefällt mir nicht.

Es herrschte eine Kälte, wie wir sie noch nie erlebt hatten.

TEMA 45

ORACIONES SUBORDINADAS DE TIEMPO

TEMPORALE NEBENSÄTZE

A2 45.1. El matiz temporal

La función esencial de estas oraciones es la de situar temporalmente la acción principal en relación con la subordinada. Las correspondientes conjunciones se encargan no sólo de señalar que la relación existe, sino también de indicarnos si las acciones expresadas en el mismo tiempo (o en tiempos que puedan ser coincidentes) se conciben como simultáneas o como sucesivas, y si la sucesión es mediata, inmediata o reiterada.

En la fijación de los matices temporales concurren, en cada caso, el *aspecto de la acción* y la *naturaleza perfecta o imperfecta del tiempo verbal* empleado.

Téngase en cuenta que, *en alemán, no se emplea nunca el subjuntivo* en las subordinadas temporales, aunque el tiempo esté en futuro.

A2 45.2. Oraciones temporales introducidas por *als* y *wenn*

a) Als = cuando. Pregunta: *Wann?* Preposiciones: *mit, bei, auf,* etc. Adverbios: *dann, da, damals.*

La oración temporal con *als* siempre *se refiere al pasado.* La *acción de la oración siempre es única.* Puede ser momentánea o durativa y, con respecto a la acción de la oración principal, puede expresar anterioridad, simultaneidad o posterioridad. Puede ocupar la *posición inicial, intermedia o final. En el lenguaje coloquial* se utiliza, a veces, *wie* en vez de *als*. Ejemplos:

Als wir am Bahnhof ankamen, war der Zug schon abgefahren.

(Bei unserer Ankunft am Bahnhof, war der Zug schon abgefahren).
(Da war der Zug schon abgefahren).

Der Zug war schon abgefahren, als wir am Bahnhof ankamen.

Als ich 18 war, machte ich das Abitur.
(Mit 18 machte ich das Abitur.)
(Dann machte ich das Abitur.)

Ich machte das Abitur, als ich 18 war.

Als sie die Prüfung bestanden hatte, gab sie eine Party.
Sie gab eine Party, als sie die Prüfung bestanden hatte.

b) **Wenn** = cuando. La oración con *wenn* puede referirse *al pasado, al presente o al futuro. Cuando se refiere al pasado*, siempre describe (a diferencia de la oración con *als*) una acción repetida varias veces. *En el presente o en el futuro*, la acción puede ser única o repetida varias veces. La oración con *wenn* puede expresar anterioridad, simultaneidad o posterioridad con respecto a otra oración.

La oración principal pospuesta puede introducirse mediante los correlatos facultativos *dann* o *so*. Ejemplos:

Wenn man ihn fragte, wusste er meist keine Antwort.

Wenn Sie jetzt so viele Schwierigkeiten haben, (so) ist das Ihre Schuld.
Wenn ich mir das alles noch einmal überlege, (dann) glaube ich, dass wir richtig gehandelt haben.

Wenn die Gäste gleich kommen, ist der Tisch schon gedeckt.

¡Ojo! No confundir

Wann = cuándo: En preguntas directas e indirectas.
Als = cuando: Un hecho que ha tenido lugar *una sola vez* en el pasado.
Wenn = cuando: *a)* Un hecho único o repetido en el presente o futuro.
　　　　　　　　b) Un hecho repetido en el pasado.

Wann kommt er? (pregunta directa).
Ich möchte gern wissen, wann er kommt (pregunta indirecta).

> Als sie gestern abend nicht einschlafen konnte, nahm sie eine Schlaftablette (se habla de una sola vez en el pasado).
>
> (Immer) wenn sie nicht einschlafen konnte, nahm sie eine Schlaftablette (hecho repetido en el pasado).
>
> Wenn ich Langeweile habe, besuche ich Freunde (hecho repetido en el presente).

B1 45.3. Oraciones subordinadas de posterioridad con *bevor* y *ehe* = antes (de) que

Pregunta: *Wann?* Preposición: *vor* (dativo). Adverbios: *vorher, vorhin, früher*.

Expresan una acción que debe tener lugar después de que se produzca otra. Ejemplos:

> Lies dir den Vertrag genau durch, bevor (ehe) du ihn unterschreibst!
> Bevor (ehe) wir in Urlaub fahren, müssen wir den Wagen nachsehen lassen.
> (Vor dem Urlaub müssen wir den Wagen nachsehen lassen.)
> (Vorher müssen wir den Wagen nachsehen lassen.)

Con *noch* se suele utilizar la conjunción *ehe*, pero con *kurz* se utiliza *bevor*. Ejemplos:

> Noch ehe wir zu Hause waren, (da) begann das Unwetter.
> Kurz bevor wir zu Hause ankamen (da) begann das Unwetter.

B1 45.4. Oraciones subordinadas de anterioridad con *nachdem* = después (de) que

Pregunta: *Wann?* Preposición: *nach* (dativo). Adverbios: *danach, hinterher, nachher, später*

La acción descrita en la oración subordinada introducida por *nachdem* está siempre acabada antes de que empiece la de la oración principal y, por lo tanto, es anterior a ella. Esa sucesión de anterioridad determina las combinaciones temporales entre la oración principal y la subordinada. Hay las siguientes posibilidades:

Oración principal: en *presente.*
Oración subordinada: en *pretérito perfecto.* Ejemplos:

Nachdem wir Kaffee getrunken haben, fangen wir an.
(Nach dem Kaffee fangen wir an.)
(Danach fangen wir an.)

Oración principal: en *pretérito imperfecto.*
Oración subordinada: en *pretérito pluscuamperfecto.* Ejemplo:

Nachdem (als) wir Kaffee getrunken hatten, fingen wir an.

Oración principal: en *futuro I.*
Oración subordinada: en *pretérito perfecto.* Ejemplo:

Nachdem (wenn) ich das Ergebnis erfahren habe, werde ich dir Bescheid sagen.

B1 45.5. Oraciones subordinadas de anterioridad con *seit(dem)* = desde que

Pregunta: *Seit wann?* Preposición: *seit* (dativo). Adverbio: *seitdem.*

Seit(dem) indica un punto de partida temporal anterior a la acción expresada en la oración principal. Este punto de partida puede ser tanto una acción momentánea, como el término o el comienzo de una acción duradera. Ejemplos:

Seit(dem) er einen Unfall hatte, fährt er vorsichtiger.
(Seit dem Unfall fährt er vorsichtiger.)
(Seitdem fährt er vorsichtiger.)

Seit(dem) er wegfuhr, habe ich nichts mehr von ihm gehört.

B1 45.6. Oraciones subordinadas con *bis* = hasta que

Pregunta: *Bis wann? Wie lange?* Preposición: *bis* (acusativo). Adverbio: *so lange.*

Bis indica la terminación de la acción verbal expresada en la oración principal. *Se suele emplear el mismo tiempo en ambas oraciones,* que, la mayoría de las veces es el pretérito imperfecto o el presente. Sin embargo, cuando en la oración subordinada con *bis* se emplean *verbos durativos,* se precisa el pluscuamperfecto o el pretérito perfecto para señalar

Oraciones subordinadas de tiempo

el término de la acción en la oración principal. En ésta, se puede encontrar, a veces, el correlato facultativo *so lange*. Ejemplos:

Er arbeitete, bis es dunkel wurde, im Garten.
(Er arbeitete bis zur Dunkelheit im Garten.)
Warten Sie bitte (so lange), bis ich zurückkomme.

Wir mussten (so lange) halten, bis der Zug vorübergefahren war.

B1 45.7. Oraciones subordinadas con *während* = mientras

Pregunta: *Wann?* Preposición: *während*. Adverbios: *inzwischen, in der Zwischenzeit, unterdessen, währenddessen.*

A diferencia de la *simultaneidad total* que implica la conjunción *solange* = en tanto que, *während* expresa una *simultaneidad parcial* entre los hechos de la oración principal y la subordinada. *El tiempo verbal es*, generalmente, *el mismo en ambas oraciones* (con muy pocas excepciones), casi siempre, el pretérito imperfecto o el presente. Ejemplos:

Während man isst, sollte man nicht lesen.
(Während des Essens sollte man nicht lesen.)

Während das Flugzeug landet, darf man nicht rauchen.

Während er fuhr, hörte er Musik.

Während también tiene un sentido adversativo/temporal. Ejemplo:

Während die Gewinner jubelten, verließen die Verlierer enttäuscht den Platz.

En vez de *während* o *als*, se utiliza también *indem*, pero obsérvese: *a)* La acción descrita en la oración subordinada temporal con *indem* es momentánea o de una duración muy corta. *b)* La mayoría de las veces, se realiza en el pasado. Ejemplo:

Indem er das sagte, klingelte das Telefon.

B2 45.8. Oraciones subordinadas con *solange* = mientras

Pregunta: *Wie lange?*
Indica un hecho único y expresa siempre una determinada duración. La acción o el estado expresados en la oración subordinada temporal dura

tanto tiempo como la acción o el estado en la oración principal. Existe, pues, una *simultaneidad total* (a diferencia de *während*). La oración principal puede introducirse mediante el correlato facultativo *so lange*. En las dos oraciones se suele usar el mismo tiempo verbal. Ejemplos:

    Solange du Fieber hast, (so lange) musst du im Bett bleiben.

    Solange sie lebt, (so lange) muss sie dieses Medikament einnehmen.

    Wir können (so lange) keine Entscheidung treffen, solange Klaus abwesend ist.

B2 45.9. Oraciones subordinadas con *sobald/sowie* = tan pronto como, y *kaum dass* = apenas

Pregunta: *Wann?*

a) Con respecto a la oración principal, la oración subordinada con *sobald/sowie* expresa una acción anterior. Se pueden dar dos casos:

— *La acción expresada en la oración subordinada ya está acabada inmediatamente antes de empezar la acción descrita en la oración principal.* La anterioridad se pone de manifiesto mediante la combinación pluscuamperfecto/pretérito imperfecto, o pretérito perfecto/presente. En vez de *sobald/sowie* se utiliza a veces *gleich nachdem/als*, cuando se refiere al pasado, o *wenn*, cuando se refiere al futuro. Ejemplos:

    Sobald/Sowie/Als er angekommen war, rief er uns an.
    Gleich nachdem er angekommen war, rief er uns an.

    Sobald/Sowie wir gefrühstückt haben, müssen wir losfahren.

— *La acción descrita en la oración subordinada ha empezado inmediatamente antes de la de la oración principal y todavía no está terminada.* En este caso, las dos oraciones están en el mismo tiempo, que puede ser el pretérito imperfecto o el presente. Ejemplos:

    Sobald/Sowie sie zu Hause ist, schaltet sie den Fernseher ein.
    (Wenn sie zu Hause ist, schaltet sie den Fernseher ein.)

    Sobald/Sowie sie nach Hause kam, schaltete sie den Fernseher ein.

b) Kaum dass = apenas, cuando, apenas si. Esta conjunción doble tiene el sentido de «poco después de que» = *kurz nachdem*. A menudo se sustituye por los adverbios temporales *kaum ...da*, que introducen dos oraciones principales. Ejemplos:

Oraciones subordinadas de tiempo

Kaum dass ich den Hörer aufgelegt hatte, klingelte das Telefon wieder.

Kaum hatte ich den Hörer aufgelegt, da klingelte das Telefon wieder.

Todas estas conjunciones que expresan anterioridad (*sobald/sowie, kaum dass* y *nachdem*) se distinguen, sobre todo, por la *duración mayor o menor del intervalo de tiempo* transcurrido entre los hechos de la oración subordinada y los de la principal: no hay intervalo con *sobald/sowie;* hay un corto intervalo con *kaum dass,* y un intervalo indefinido con *nachdem*.

B2 45.10. Oraciones subordinadas con *sooft/immer wenn/-jedesmal* = tantas veces que, siempre que, cada vez que

Pregunta: *Wann? Wie oft?*

Siempre describen una *reiteración* que suele ser simultánea en relación con los hechos de la oración principal. Por ello, las dos oraciones están en el mismo tiempo verbal, que, normalmente, es el pretérito imperfecto o el presente. Ejemplos:

Sooft er zu Besuch kam, brachte er den Kindern etwas mit.
Jedesmal wenn er zu Besuch kam, brachte er den Kindern etwas mit.
Immer wenn er zu Besuch kam, brachte er den Kindern etwas mit.

(Wenn er zu Besuch kam, brachte er den Kindern immer etwas mit.)

TEMA 46

ORACIONES SUBORDINADAS DE LUGAR Y DE MODO

MODALSÄTZE

B2 **46.1. Oraciones subordinadas de lugar**

Indican el lugar, la dirección o la procedencia del hecho expresado en la oración principal. Se introducen mediante los adverbios *wo, wohin, woher*. Forman un grupo semejante al de las oraciones de relativo y se refieren a un correlato facultativo en la oración principal, que puede ser *dort, da, dorthin, von dort*. Ejemplos:

Da/Dort ist die Stelle, wo der Unfall passiert ist.
Wo gehobelt wird, (da) fallen Späne (proverbio).

Wir lassen die Kinder immer (dorthin) gehen, wohin sie wollen.
Wir kamen (von dort), woher auch die anderen gekommen waren.

B2 **46.2. Oraciones subordinadas de modo**

Describen la manera, el modo, la forma de efectuarse los hechos expresados en la oración principal. Dentro de este grupo, estudiaremos a continuación:
— Las oraciones comparativas (reales e irreales).
— Las oraciones instrumentales.
— Las oraciones restrictivas.
— Las oraciones modales.

46.2.1. *Oraciones comparativas (reales e irreales)*

a) Oraciones comparativas con **(nicht) so ... wie** = tal como, tanto como.

Indican que dos conceptos (no) son iguales o (no) se corresponden. *El antecedente* puede ser un verbo, o un verbo con un adjetivo, participio, o adverbio; o un adjetivo, o un participio con un sustantivo. A veces se omite el correlato *so*.

Delante de sustantivos se utiliza *solch* y la negación *kein*. Ejemplos:

> Die Prüfung war so schwer, *wie* ich befürchtet hatte.
>
> Die Nachbarin schimpfte und schrie (so), *wie* ich noch nie jemanden habe schreien hören.
>
> Die Nachbarin schimpfte *so* laut und wütend, *wie* ich noch nie jemanden habe schimpfen hören.
>
> Sie stieß *so* böse Worte aus, *wie* man es nicht von ihr gewöhnt war.
>
> Es herrschte *solch* eine Hitze, *wie* man sie selten erlebt hatte.
>
> Das Geschäft hatte keinen *solchen* Pullover, *wie* ich ihn suchte.

Cuando se comparan conceptos diferentes, hay que utilizar la conjunción *als*. Ejemplos:

> Der Unterricht war interessant*er*, *als* ich erwartet hatte.
> Es kam alles *anders*, *als* wir gedacht hatten.

b) *Oraciones comparativas con* **als ... zu** + *infinitivo*, **als dass** *y* **während**. A *nichts* con un comparativo, *nichts anderes, kein ... ander...* y a *nicht mehr und nicht weniger* sigue una oración comparativa con:

— *Als ... zu* + *infinitivo*, cuando las dos oraciones tienen el mismo sujeto, o el sujeto de la oración principal es impersonal. Ejemplos:

> Nichts ist einfacher, als dieses Gerät zu bedienen.
> Es blieb uns nichts anderes übrig, als zu Fuß zu gehen.
> Es gab keine andere Möglichkeit, als zu Fuß zu gehen.

— *Als dass*, cuando las dos oraciones tienen sujetos personales distintos. Por otra parte, después de *lieber* y *eher*, la oración comparativa suele introducirse con *als dass*. Ejemplos:

> Wir wünschen ihm nichts mehr, als dass er bald gesund wird.
> Lieber lasse ich mich umschulen, als dass ich die Stelle verliere.
> Eher macht er die Arbeit allein, als dass er uns um Hilfe bittet.

— La conjunción *während* tiene carácter adversativo. Compara los conceptos adversativos o divergentes de las dos oraciones. Cuando éstos son simultáneos, *während* tiene, además, carácter temporal. Ejemplos:

> In England regnet es oft wochenlang, während in Spanien die Sonne scheint.
> Während er vor vier Jahren als revolutionär galt, ist er heute eher konservativ.
> Ein Teil der Gruppe besichtigte den Dom, während die anderen eine Stadtrundfahrt machten.

c) Oraciones comparativas irreales con **als, als ob** *(como si),* **als wenn, wie wenn.** En las oraciones subordinadas con las conjunciones antes mencionadas, la comparación se refiere a un hecho que no se corresponde con la realidad, es decir, *hace referencia a un hecho irreal*. La irrealidad se pone de manifiesto mediante el subjuntivo I o II. Ejemplos:

> Du singst so gut, als ob du Opernsänger wärest.
> O: Du singst so gut, als wärest du Opernsänger.

> Es sieht so aus, als wenn es Regen geben würde.
> O: Es sieht so aus, wie wenn es Regen geben würde.

d) Oraciones que expresan intensidad. Las oraciones subordinadas con *so + adjetivo o adverbio* describen la intensidad máxima con la que tiene lugar la acción en la oración principal. **So** expresa el *grado*, y el adjetivo o adverbio que le sigue, junto con el predicado de la oración, expresan el *modo* de la intensidad. Ejemplos:

> Kommen Sie, so schnell Sie können!
> Bitte erledige diese Sache, so schnell es geht.

B2 46.2.2. *Oraciones instrumentales con* **indem, dadurch, dass**

Pregunta: *Wie? Auf welche Art und Weise?*

Las oraciones subordinadas modales con *indem* y *dadurch, dass* indican con qué medios o medidas se lleva a cabo la acción descrita en la oración principal.

La oración con *dass* siempre va precedida del correlato obligatorio *dadurch*. Ejemplos:

> Dadurch, dass man vorsichtig fährt, kann man Verkehrsunfälle vermeiden.
> O: Indem man vorsichtig fährt, kann man Verkehrsunfälle vermeiden.

Oraciones subordinadas de lugar y de modo

C1 46.2.3. *Oraciones restrictivas con* **soviel** *y* **soweit**

Las oraciones con *soviel* y *soweit* restringen el contenido de la oración principal. Ejemplos:

Soviel ich gehört habe, ist Klaus nach Südamerika geflogen.
O: Soweit ich gehört habe, ist Klaus nach Südamerika geflogen.

Soviel ich mich erinnere, fand die letzte Ausstellung vor drei Jahren statt.
Soweit ich mich erinnere,...

Er wird Recht haben, soweit[1] ich das beurteilen kann.

Außer (exceptuando, a excepción de) junto con *dass*, con *wenn* o con *um ... zu*, también tiene un sentido restrictivo. Ejemplos:

Von unseren Nachbarn weiß ich nichts, außer dass sie drei Kinder haben.

Wir fahren am Wochenende immer ins Grüne, außer wenn das Wetter schlecht ist.

Wir schalten den Fernseher nicht ein, außer um die Nachrichten zu sehen.

B1 46.2.4. *Oraciones modales con* **ohne ... zu** + *infinitivo (= sin),*
ohne dass *(= sin que),* **(an)statt ... zu** *(= en vez de)*
y **(an)statt ... dass** *(= en vez de que)*

La construcción con zu sólo es posible cuando el sujeto de las dos oraciones es el mismo (cf. tema 51.1-2). Ejemplos:

Er ging vorbei, ohne etwas zu sagen.

Der Schüler ging aus der Klasse, ohne dass der Lehrer es merkte.

Der Autofahrer fuhr 80, statt auf die spielenden Kinder Rücksicht zu nehmen.

Statt dass jemand einen vernünftigen Vorschlag machte, beschimpften sich die Konferenzteilnehmer.

---

1. En este caso, no se puede intercambiar por *soviel*, ya que tiene el significado *in dem Maße wie* o *in dem Umfang als* = en la medida que.

TEMA 47

ORACIONES CONSECUTIVAS

KONSEKUTIVSÄTZE

B2 **47.1. Oraciones consecutivas**

Con ellas expresamos alguna consecuencia que se deduce de la manera con que manifestamos una cualidad, circunstancia o acción en la oración principal.

B2 **47.2. Oraciones consecutivas con**

a) **..., so dass** = *de manera que*. La oración consecutiva con *..., so dass* expresa la consecuencia de los hechos descritos en la oración principal. El *so* en la oración subordinada es átono, ya que no expresa intensidad alguna, a diferencia de *so... dass*. Ejemplo:

Wir fanden kein Taxi, so dass wir zu Fuß gehen mussten.

b) **so ..., dass (dermaßen ..., dass; derart ..., dass)** = *tan... que*. En las siguientes oraciones con *so..., dass*, el correlato *so* se encuentra en la oración principal. Siempre es tónico, ya que sirve para manifestar una circunstancia y expresa el alto grado de intensidad con que se origina la consecuencia expresada en la oración subordinada. El *so* puede colocarse delante de adjetivos, participios, adverbios y verbos. Para dar más énfasis a la intensidad, se pueden utilizar los correlatos *dermaßen* o *derart* en vez de *so*. Ejemplos:

Der Vortrag war so langweilig, dass einige Leute die Zeitung lasen.

Die Gruppe machte eine so anstrengende Bergtour, dass alle am nächsten Tag Muskelkater hatten.

Oraciones consecutivas

Der Fahrer fuhr so schnell, dass er die Beherrschung über den Wagen verlor.
O: Der Fahrer fuhr dermaßen schnell, dass......

Die Auftragslage der Firma hat sich derart verschlechtert, dass viele Leute entlassen werden müssen.

c) **solch..., dass** = *tan... que, tal... que;* **derartig, dass** = *tan... que.* Delante de sustantivos, se utilizan los correlatos atributivos *solch* y, menos frecuentemente, *derartig.* Delante del artículo indefinido, también se usa *so,* pero nunca *dermaßen* o *derart.* Ejemplo:

Die Partygäste machten einen solchen (so einen) Lärm, dass die Nachbarn sich beschwerten.

B2 47.3. Oraciones consecutivas con

a) **zu ... um zu** + *infinitivo (+ können)* = *para;* **(nicht) genug ... um zu** + *infinitivo (+ können);* **(nicht) genügend ... um zu** + *infinitivo (+ können).* Los correlatos *zu* y *(nicht) genug/(nicht) genügend* ponen de manifiesto una circunstancia que evita el hecho descrito en la oración subordinada. Por esta razón, estas oraciones consecutivas tienen la función de negar. En la oración con *um zu,* el uso de *können* es facultativo; este verbo se utiliza para poner de manifiesto que lo descrito en la oración subordinada no es posible. Ejemplos:

Es war zu spät, um ein neues Spiel anzufangen.
(Es war zu spät, um ein neues Spiel anfangen zu können.)

= Es war so spät, dass wir kein neues Spiel anfangen konnten.

Ich hatte nicht genügend Geld bei mir, um das Mittagessen zu bezahlen.
(Ich hatte nicht genügend Geld bei mir, um das Mittagessen bezahlen zu können).

= Ich hatte nicht genügend Geld bei mir, so dass ich das Mittagessen nicht bezahlen konnte.

b) **zu ... als dass** = *para que;* **(nicht) genug ... als dass, (nicht) genügend ... als dass.** Cuando las dos oraciones *no tienen el mismo sujeto,* hay que utilizar ...*als dass.* En la oración con ...*als dass* se encuentran casi siempre el subjuntivo II (*Konjunktiv* II) y el verbo modal *können,* reflejándose de este modo la imposibilidad del hecho descrito en la oración subordinada. Ejemplos:

> Das Gerät ist zu alt, als dass man es noch reparieren könnte.
> = Das Gerät ist so alt, dass man es nicht mehr reparieren kann.
>
> Der Aufstieg ist zu gefährlich (nicht sicher genug), als dass man ihn bei diesem Wetter riskieren könnte.
> = Der Aufstieg ist so gefährlich, dass man ihn bei diesem Wetter nicht riskieren kann.

TEMA 48

ORACIONES CONDICIONALES

KONDITIONALSÄTZE

A2 48.1. *Wenn*, conjunción condicional más frecuente

Con ellas hacemos depender el cumplimiento de lo enunciado en la oración principal de la realización de la acción subordinada.

La conjunción condicional más frecuente es ***wenn*** = *si*[1]. *Los correlatos facultativos son* ***dann*** *o* ***so***.

Las oraciones con ***wenn*** pueden tener posición inicial, intermedia o final.

A2 48.2. Oraciones de condición real (= indicativo)

Pregunta: *Wann?* (pregunta condicional/temporal), *Unter welcher Bedingung?* = ¿Bajo qué condición?

En la oración condicional antepuesta, la conjunción *wenn* se puede suprimir, en cuyo caso, el verbo finito ocupa el primer lugar en la oración. Ejemplos:

Wenn er nicht kommen sollte, (dann/so) gehen wir allein.
Sollte er nicht kommen, (dann/so) gehen wir allein.

Muchas oraciones con *wenn* tienen, además del sentido condicional, un sentido temporal, sobre todo, cuando se supone que la condición se va a cumplir con seguridad. Ejemplo:

Wenn ich mit der Arbeit fertig bin, hole ich dich ab.

---

1. No se confunda la conjunción condicional *si* (= en caso de [que]) = ***wenn***, con la conjunción dubitativa *si* (= si es «sí» o «no») = ***ob***.

A diferencia de *wenn*, *falls* (*im Falle, dass* = en caso de que) y *sofern*[2] son únicamente condicionales. Siempre pueden sustituirse por *wenn*. Ejemplos:

Falls es regnen sollte, bleiben wir zu Hause.
Wir kommen morgen, sofern es euch passt.

B1 48.3. Oraciones de condición irreal (= subjuntivo II)

Si la condición introducida por *wenn* es irreal, potencial o hipotética, hay que emplear el *subjuntivo II*. Ejemplos:

Wenn ich ein Stipendium bekäme, würde ich in Deutschland studieren.
(Ich würde in Deutschland studieren, wenn ich ein Stipendium bekäme.)
Ich wäre Ihnen dankbar, wenn Sie mir diesen Gefallen täten.
Würdest du das auch tun, wenn du an meiner Stelle wärest?

El *subjuntivo II*, como forma de cortesía, se emplea en oraciones que expresan un deseo, una recomendación o una exhortación. Ejemplos:

Ich würde es vorziehen, wenn wir erst übermorgen führen.
Es wäre vernünftiger, wenn du jetzt aufhörtest zu trinken.

Cuando se omite la conjunción *wenn*, el verbo finito se coloca detrás del sujeto de la oración subordinada. Ejemplos:

Ich würde es vorziehen, wir führen erst übermorgen.
Es wäre vernünftiger, du hörtest auf zu trinken.

La oración condicional irreal con *wenn* puede convertirse en una oración optativa irreal. Ésta sigue siendo subordinada, pero va acompañada de las partículas modales *doch, nur, bloß* o *doch nur*, que suelen corresponder en castellano a *¡Ojalá!* Ejemplos:

Wenn ich mehr Zeit hätte, würde ich Russisch lernen.

Manifestación de deseo:
Wenn ich doch mehr Zeit hätte!
Wenn ich nur mehr Zeit hätte!

---

2. *Sofern* se utiliza particularmente en el alemán escrito. La oración con *sofern* suele posponerse.

Oraciones condicionales

Wenn ich bloß mehr Zeit hätte!
Wenn ich doch nur mehr Zeit hätte!

Si se suprime *wenn*, el verbo se coloca, como en los casos anteriores, al principio de la oración. Ejemplo:

Hätte ich doch/nur/bloß/doch nur mehr Zeit!

Wenn es nicht so heiß wäre, wäre ich nicht so müde.

Deseo:

Wenn es doch/nur/bloß/doch nur nicht so heiß wäre!
O: Wäre es doch/nur/bloß/doch nur nicht so heiß!

B2 48.4. Oraciones condicionales con *vorausgesetzt, dass* y con *es sei denn, dass*

a) **Vorausgesetzt, dass** = *en el supuesto que*. La oración condicional subordinada con *vorausgesetzt, dass* expresa una suposición necesaria para que pueda llevarse a cabo lo dicho en la oración principal.

En vez de *vorausgesetzt, dass* se puede utilizar también *sofern*. La oración subordinada con *vorausgesetzt, dass* va siempre detrás de la oración principal. Ejemplos:

Wir machen den Ausflug am 25. 5., vorausgesetzt, dass (sofern) das Wetter gut ist.

Ich werde heute noch mit dem Direktor sprechen, vorausgesetzt, dass (sofern) ich ihn erreiche.

b) **Es sei denn, dass** = *a no ser que, a menos que*. La oración subordinada con *es sei denn, dass* expresa una circunstancia que impide lo dicho en la oración principal. Es, pues, la correspondencia negativa a la oración subordinada con *vorausgesetzt, dass*. Predomina la posición tras la oración principal. Se puede suprimir la conjunción *dass*. Ejemplos:

Wir machen den Ausflug am 25. 5., es sei denn, dass das Wetter schlecht ist.
O: Wir machen den Ausflug am 25. 5., es sei denn, das Wetter ist schlecht.

Ich werde heute noch mit dem Direktor sprechen, es sei denn, dass ich ihn nicht erreiche.

O: Ich werde heute noch mit dem Direktor sprechen, es sei denn, ich erreiche ihn nicht.

B2C1 48.5. Oraciones subordinadas condicionales con *je... um so/je ... desto* = cuanto más ... tanto (más)

Entre la oración subordinada con *je* y la oración principal con *um so* o *desto* existe una relación condicional (véase tema 25.6):

a) Wenn wir schneller fahren, kommen wir auch früher an.
   =*Je* schneller wir fahren, *desto* früher kommen wir an.
                                    um so

b) Mit zunehmendem Alter wird man ruhiger.
   =*Je* älter man wird,   *desto* ruhiger wird man.
                             um so

¡Atención a la posición de las palabras!

1) Los comparativos siguen inmediatamente a la conjunción *je* y a los correlatos *desto/um so*, formando con éstos una unidad inseparable.

2) Si en la oración principal el comparativo se encuentra delante de un sustantivo con artículo indefinido, el artículo se coloca delante del correlato *desto/um so*: Je mehr er verdient, einen desto/um so größeren Wagen kauft er sich.

3) El verbo finito en la oración principal se coloca o bien detrás del comparativo (véase oración de apartados *a* y *b*), o bien detrás del sustantivo (véase oración de apartado *c*).

La oración subordinada con *je* suele ir delante de la oración principal, pero cuando la construcción con *je* depende, además, de otra oración subordinada, se coloca detrás de ésta. Ejemplo:

    Paul schreibt, dass er um so mehr Heimweh habe, je länger er von zu Hause weg sei.

Además, la posposición es necesaria cuando en la oración principal se utiliza *immer + comparativo*, en vez de *desto/um so + comparativo*. Ejemplo:

    Ich wurde immer nervöser, je später es wurde.

C1 48.6. Oraciones subordinadas condicionales con *je nachdem*, *ob* y *je nachdem* + pronombre o adverbio interrogativo = según …, depende de…, si … cuando

En estas construcciones se tienen en cuenta dos o más posibilidades. La oración subordinada suele posponerse a la principal. Ejemplos:

Im Oktober beginne ich mit dem Studium, je nachdem, ob ich einen Studienplatz bekomme oder nicht.

Entweder nehme ich die graue Hose oder die karierte, je nachdem, welche preiswerter ist.

Ich möchte einen Sommerkurs in Heidelberg, München oder Schwäbisch Hall machen, je nachdem, wo noch Plätze frei sind.

TEMA 49

ORACIONES SUBORDINADAS CONCESIVAS

KONZESSIVSÄTZE

49.1. Las oraciones concesivas

Las oraciones subordinadas concesivas expresan una objeción o dificultad para que pueda cumplirse lo que se dice en la oración principal, pero esta dificultad no impide su realización. Es como una condición que se considera desdeñable e inoperante para la realización del hecho. Tienen, por lo tanto, semejanza de sentido con las condicionales.

A2 **49.2. Oraciones subordinadas concesivas con *obwohl/obgleich* = aunque**

Preposición: ***trotz*** (genitivo, dativo), ***ungeachtet*** (genitivo) = *a pesar de*. Adverbio: ***trotzdem*** = *a pesar de ello*.

En las oraciones concesivas con *obwohl/obgleich* se afirma la existencia efectiva de una dificultad para el cumplimiento de lo enunciado en la oración principal, pero esta dificultad se rechaza por ineficaz. Ejemplos:

Obwohl sie täglich 25 Zigaretten raucht, ist sie gestern 82 Jahre alt geworden.
(Sie raucht täglich 25 Zigaretten; trotzdem ist sie gestern 82 Jahre alt geworden.)

O: Sie ist gestern 82 Jahre alt geworden, obwohl sie täglich 25 Zigaretten raucht.

Oraciones subordinadas concesivas

B2 49.3. Oraciones subordinadas concesivas con *auch wenn/selbst wenn*

Las oraciones subordinadas concesivas con *auch wenn/selbst wenn* tienen significado condicional. La dificultad para el cumplimiento de lo enunciado se siente como posible o hipotética. Ejemplos:

Obwohl das Wetter schlecht ist, machen wir eine Bergtour.
(Das Wetter ist schlecht; trotzdem machen wir eine Bergtour.)

Auch wenn/Selbst wenn das Wetter schlecht ist, machen wir eine Bergtour.
(Nehmen wir an, das Wetter ist schlecht. Auch in diesem Fall machen wir eine Bergtour.)

Obwohl ich mich beeilt hatte, kam ich zu spät.
Auch wenn/Selbst wenn ich mich beeilt hätte, wäre ich zu spät gekommen.

Auch wenn/Selbst wenn van a menudo seguidas del subjuntivo II, ya que pueden indicar una irrealidad, hipótesis o potencialidad. No pueden sustituirse por *obwohl*.

C1 49.4. *Wenn ... auch, (so ... doch) o wenngleich* = aunque, si bien

La oración con *wenn ... auch* limita lo enunciado en la oración principal. Esta restricción, sin embargo, no tiene trascendencia. En la oración subordinada pospuesta se emplean muchas veces los correlatos *so ... doch*, hallándose *so* al principio y *doch* delante de la palabra en la que se quiere hacer hincapié.

En vez de *wenn .... auch* se utiliza, a veces, la conjunción *wenngleich*. Las oraciones con *wenn ... auch* describen hechos reales y, por lo tanto, están en indicativo. *Wenn ... auch* se puede sustituir por *obwohl*. Ejemplos:

Wenn er auch oft gefehlt hat, so wird er die Prüfung doch bestehen.

Das Wahlergebnis war ein großer Erfolg, wenn sich auch einige der Stimme enthalten haben.

O: Er wird die Prüfung bestehen, wenngleich er oft gefehlt hat.

C2 49.5. *So* + adjetivo/participio/adverbio ... (*auch*)

La oración subordinada concesiva con *so* + *adjetivo/participio/adverbio (auch)* destaca la intensidad de lo enunciado que, sin embargo, no tiene efecto sobre el contenido de la oración principal. *So* siempre va seguido de un adjetivo, participio o un adverbio. El adverbio *auch* se suele colocar delante del verbo, pero a veces se omite, sobre todo delante de las formas finitas de *sein*.

En la oración principal pospuesta, el verbo finito no se coloca al principio de la oración, sino detrás del sujeto; es decir: no hay inversión. Ejemplos:

So schnell wir auch fuhren, wir kamen nicht rechtzeitig an.
(Obwohl wir schnell fuhren, kamen wir nicht rechtzeitig an.)

So spannend der Roman auch ist, ich muss aufhören zu lesen.
(Obwohl der Roman spannend ist, muss ich aufhören zu lesen.)

Ich kann dir nicht helfen, so leid es mir auch tut.
(Es tut mir leid, aber ich kann dir nicht helfen.)

C2 49.6. *So* + adjetivo/participio/adverbio-*so* + adjetivo/participio/adverbio

Las construcciones con *so...*, *so...* tienen también un significado adversativo. Ponen de manifiesto dos circunstancias opuestas que se refieren a la misma persona o cosa o al mismo enunciado. Además, se puede utilizar en el sentido de *einerseits...*, *andererseits* (por una parte..., por otra parte).

La oración subordinada siempre se encuentra antepuesta a la principal. Ejemplos:

So attraktiv sie aussieht, so dumm ist sie.
(Zwar sieht sie attraktiv aus, aber sie ist dumm.)

So kompliziert dieses Gerät scheint, so einfach ist es zu bedienen.
(Obwohl dieses Gerät kompliziert scheint, ist es einfach zu bedienen.)

So leicht die englische Sprache zu sein scheint, so schwierig ist es, sie zu beherrschen.
(Zwar scheint die englische Sprache leicht zu sein, aber es ist schwierig, sie zu beherrschen.)

C2 ## 49.7. Oraciones subordinadas concesivas con pronombre o adverbio interrogativo + (*auch*) *immer* o *auch* (*immer*)

Esta clase de oraciones subordinadas concesivas se refiere a un número cualquiera, indefinido, de enunciados reales o hipotéticos con una cosa en común: no tienen efecto alguno sobre el contenido de la oración principal. Esta intrascendencia general se expresa mediante *(auch) immer* o *auch (immer)* y, a menudo, se destaca mediante el verbo modal o *mögen*.

En la oración principal pospuesta, el verbo finito no se halla al principio de la oración, sino detrás del sujeto, esto es, sin inversión:

Wie (auch) immer wir handeln, die Leute werden uns kritisieren.
(Die Leute werden uns kritisieren, ganz gleich, wie wir handeln.)

Wer auch (immer) um diese Uhrzeit noch anruft, ich gehe nicht ans Telefon.
(Ganz gleich, wer um diese Uhrzeit anruft, ich gehe nicht ans Telefon.)

TEMA 50

ORACIONES SUBORDINADAS CAUSALES

KAUSALSÄTZE

A2 **50.1. Las oraciones causales**

Expresan la relación de causa-efecto entre dos juicios. Lo enunciado en la oración subordinada es la causa o el motivo de lo enunciado en la oración principal. Se introducen mediante las conjunciones *weil, da, zumal, um so mehr, als, um so* + comparativo.

50.2. Oraciones causales con *weil, da* = porque, puesto que

Preguntas: *Warum?, weshalb?, weswegen? wieso?, aus welchem Grund?* Preposiciones: *wegen* (genitivo, dativo), *aufgrund* (genitivo), *aus* (dativo), *vor* (dativo). Adverbios: *deshalb, deswegen, darum, daher.*
Las conjunciones causales más frecuentes son *weil* y *da*. A menudo se pueden intercambiar, pero *da* no es posible en los siguientes casos.

a) Cuando la oración causal está sola y contesta a la pregunta con *warum?, weshalb?, weswegen?, wieso?, aus welchem Grund?* Ejemplo:

Warum wird das Theaterstück heute nicht gespielt?
—Weil der Hauptdarsteller krank geworden ist.

b) Cuando la conjunción *weil* va precedida de un adverbio, por ejemplo, *schon weil, eben weil, einfach weil, nur weil.* Ejemplo:

Der Vater der Schülerin wurde wütend, nur weil sie eine schlechte Arbeit geschrieben hatte.

Oraciones subordinadas causales

c) Cuando en la oración principal hay un correlato (por ejemplo, *deshalb, deswegen, daher, darum, nur* [*bloß*]*, ganz einfach, aus dem einfachen Grund)* que remite a la oración subordinada causal que la sigue. Ejemplo:

> Ich habe deshalb keine Lust, weil die Sache von vornherein sinnlos ist.

La oración causal con *da* se utiliza, en cambio, en estos otros casos:

a) Cuando expresa una causa conocida ya por el oyente o lector. Ejemplo:

> Da das Wetter so schlecht ist, muss das Sportfest ausfallen.

b) Cuando se refiere a un juicio anterior. Ejemplo:

> Es war drei Uhr, und da keine S-Bahn mehr fuhr, nahmen wir ein Taxi.

La oración subordinada con *da* suele estar antepuesta a la principal, a diferencia de la oración con *weil* que casi siempre está pospuesta a aquélla.

C1 50.3. Oraciones con *nun da* = puesto que (ya)

La oración subordinada con *nun da* es, al mismo tiempo, causal y temporal. Siempre va antepuesta a la principal. Ejemplo:

Schließlich kam auch der letzte Schüler. Nun da alle da waren, konnten wir mit der Prüfung beginnen.

B2 50.4. Oraciones con *weshalb/weswegen* = por lo que

Las conjunciones *weshalb/weswegen* invierten la relación causal entre los dos juicios, refiriéndose a uno de ellos como consecuencia del otro. Nace así una modalidad de la relación causal, de carácter consecutivo.

Las oraciones causales con *weshalb/weswegen* siempre están pospuestas a la principal. Ejemplo:

Das Wetter war schlecht, weshalb das Fußballspiel abgesagt werden musste.

B2 50.5. Oraciones causales con *zumal (da)* = sobre todo, teniendo en cuenta que

Esta conjunción sirve para indicar una *causa adicional importante*. Siempre se coloca detrás de la oración principal. Ejemplo:

Ich verstehe nicht, dass Thomas noch nicht da ist, zumal er doch sonst so pünktlich ist *(zumal = vor allem deswegen, weil)*.

Du solltest langsamer fahren, zumal der Nebel stellenweise sehr dicht ist.

En el lenguaje coloquial, se usa también, en vez de *zumal*: ***wo... doch*** = ya que, puesto que. Ejemplos:

Du solltest in der Mittagsstunde nicht Tennis spielen, wo es doch so heiß ist.

Michaela kann uns bestimmt diesen Brief übersetzen, wo sie doch perfekt Spanisch spricht.

C2 50.6. Oraciones con *um so mehr als*, *um so* + comparativo *als*

Esta construcción conjuntiva tiene un significado semejante a *zumal*. Sin embargo, da más énfasis a la motivación. Cuando *um so* va seguido de un participio o adjetivo, éstos se pueden poner en el grado comparativo, suprimiendo *mehr*. Ejemplos:

Wir halten dieses Medikament für sehr gefährlich, um so mehr als es zahlreiche Nebenwirkungen haben kann.

Wir halten dieses Medikament für um so gefährlicher, als es zahlreiche Nebenwirkungen haben kann.

TEMA 51

ORACIONES SUBORDINADAS FINALES

FINALSÄTZE

A2 51.1. Las conjunciones finales

Las oraciones subordinadas finales expresan la finalidad o la intención con que se produce la acción de la oración principal. Las conjunciones finales son *um ... zu* y *damit*.

Um .... zu = *para*. Se utiliza cuando el verbo de la oración principal y el de la subordinada tienen el mismo sujeto.

Damit = *para que*. Se utiliza cuando los sujetos son diferentes. *Nótese que en alemán el verbo no está en subjuntivo.* Ejemplos:

Ich fahre nach Barcelona, um Katalanisch zu lernen (mismo sujeto).

Ich serviere einen Kaffee, damit die Schüler nicht einschlafen (sujetos diferentes).

C1 51.2. Observaciones

51.2.1. *Sobre el uso de* **um ... zu**

Aun cuando los sujetos sean diferentes, se puede utilizar el infinitivo con *um ... zu* en los siguientes casos:

a) Cuando la oración principal está en voz pasiva y se puede transformar en activa utilizando un sujeto impersonal. Ejemplo:

Um auf dem Gelände Reihenhäuser bauen zu können, werden zahlreiche Bäume gefällt und kleine Häuser abgerissen.

=Damit man auf dem Gelände Reihenhäuser bauen kann, fällt man zahlreiche Bäume und reißt kleine Häuser ab.

b) Cuando la oración principal contiene el sujeto impersonal *es* que remite a una oración que tiene la función de sujeto (infinitivo con *zu* u oración subordinada con *dass*). Ejemplos:

Um auf dem Gelände Reihenhäuser bauen zu können, ist es notwendig, zahlreiche Bäume zu fällen und kleine Häuser abzureißen.

Um auf dem Gelände Reihenhäuser bauen zu können, ist es notwendig, dass man zahlreiche Bäume fällt und kleine Häuser abreißt.

c) Cuando la oración principal contiene un sujeto no personal que expresa una finalidad. Ejemplo:

Um auf dem Gelände Reihenhäuser bauen zu können, ist das Fällen der Bäume notwendig.

51.2.2. *Sobre el uso de* **damit**

Se suele utilizar *damit* en los siguientes casos:

a) Después de un imperativo, *incluso cuando los dos verbos tienen el mismo sujeto*. Ejemplo:

Lauf schneller, damit du den Bus noch erreichst!

b) En las oraciones subordinadas finales que se encuentran solas (es decir, sin oración principal) y en las que se quiere destacar la importancia que tiene la finalidad para el sujeto personal. Ejemplo:

Wozu malst du dich eigentlich so an?
— Damit ich auffalle.

c) Damit puede sustituirse por la conjunción *dass* cuando el verbo expresa una exhortación enfática, excepto cuando se trata de los verbos *machen* y *zusehen*. Sin embargo, el uso de oraciones finales con *dass* se limita al lenguaje coloquial. Ejemplo:

Beeil dich, dass (damit) du pünktlich kommst!

Oraciones subordinadas finales

Pass auf, dass (damit) du das Geld nicht verlierst!
Mach, dass du fortkommst!   (no: damit)
Sieh zu, dass du noch etwas kriegst!   (no: damit)

A2 51.3. Posibles traducciones al alemán de la preposición castellana *para*

> *a)* Para = *für* + *sustantivo:*
>
> *Für die Reise* brauchen wir noch Euroschecks = para el viaje...
>
> *b)* Para = *zu* + *verbo sustantivado* (*zum*)
>
> Diese festen Schuhe brauche ich *zum Wandern.*
>
> *c)* Para = *um ... zu* + *infinitivo*
>
> Viele Leute reisen, *um* ein Abenteuer zu erleben.
>
> *d)* Para que = *damit*
>
> Ich mache das Fenster zu, *damit* es im Zimmer nicht so kalt wird.

B2 51.4. Oraciones finales y oraciones de infinitivo

No se deben confundir las oraciones finales con *um ... zu* con las de infinitivo con *zu*. La oración final siempre expresa una finalidad o una intención. Ejemplos:

Wir haben Lust, im Herbst eine Reise zu machen.

Wir sparen, um im Herbst eine Reise zu machen.

VERBOS FUERTES E IRREGULARES MÁS IMPORTANTES

A) LISTA PARA APRENDER

	Infinitivo	*Pretérito*	*Perfecto*
1.	**ie**	**o**	**o**
	biegen = doblar	bog	hat/ist gebogen
	bieten = ofrecer	bot	hat geboten
	fliegen = volar	flog	hat/ist geflogen
	fliehen = huir	floh	ist geflohen
	fließen = fluir	floss	ist geflossen
	frieren = tener frío, helarse	fror	hat/ist gefroren
	genießen = disfrutar	genoss	hat genossen
	gießen = regar, verter	goss	hat gegossen
	kriechen = arrastrarse	kroch	ist gekrochen
	riechen = oler	roch	hat gerochen
	schieben = empujar	schob	hat geschoben
	schießen = disparar	schoss	hat geschossen
	schließen = cerrar	schloss	hat geschlossen
	verlieren = perder	verlor	hat verloren
	wiegen = pesar	wog	hat gewogen
	ziehen = tirar	zog	hat gezogen
2.	**i**	**a**	**u**
	binden = atar	band	hat gebunden
	dringen = insistir	drang	hat/ist gedrungen
	empfinden = sentir	empfand	hat empfunden
	finden = encontrar	fand	hat gefunden
	gelingen = salir bien	gelang	ist gelungen
	klingen = sonar	klang	hat geklungen
	ringen = luchar	rang	hat gerungen
	rinnen = fluir	rann	ist geronnen
	schlingen = atar	schlang	hat geschlungen
	singen = cantar	sang	hat gesungen
	sinken = hundirse	sank	ist gesunken
	springen = saltar	sprang	ist gesprungen
	stinken = apestar	stank	hat gestunken
	trinken = beber	trank	hat getrunken
	verschwinden = desaparecer	verschwand	ist verschwunden
	zwingen = obligar	zwang	hat gezwungen

Verbos fuertes e irregulares más importantes

3a. **ei**   **ie**   **ie**

beweisen = demostrar	bewies	hat bewiesen
bleiben = permanecer	blieb	ist geblieben
gedeihen = florecer	gedieh	ist gediehen
leihen = prestar	lieh	hat geliehen
meiden = evitar	mied	hat gemieden
reiben = frotar	rieb	hat gerieben
scheiden = partir	schied	hat/ist geschieden
scheinen = brillar, parecer	schien	hat geschienen
schreiben = escribir	schrieb	hat geschrieben
schreien = gritar	schrie	hat geschrie(e)n
schweigen = callar	schwieg	hat geschwiegen
steigen = subir	stieg	ist gestiegen
treiben = practicar, accionar	trieb	hat/ist getrieben
verzeihen = perdonar	verzieh	hat verziehen
weisen = mostrar	wies	hat gewiesen

3b. **ei**   **i**   **i**

beißen = morder	biss	hat gebissen
gleichen = igualarse	glich	hat geglichen
gleiten = resbalar	glitt	ist geglitten
greifen = tomar, coger	griff	hat gegriffen
kneifen = pellizcar	kniff	hat gekniffen
leiden = sufrir	litt	hat gelitten
pfeifen = silbar	pfiff	hat gepfiffen
reißen = arrancar	riss	hat gerissen
reiten = cabalgar	ritt	hat/ist geritten
schleichen = deslizarse furtivamente	schlich	ist geschlichen
schleifen = afilar	schliff	hat geschliffen
schmeißen = tirar	schmiss	hat geschmissen
schneiden = cortar	schnitt	hat geschnitten
streichen = pintar, untar	strich	hat gestrichen
streiten = disputar	stritt	hat gestritten
weichen = ceder	wich	ist gewichen

4a. **e**   **a**   **o**

bewerben (bewirbt) = solicitar	bewarb	hat beworben
brechen (bricht) = romper	brach	hat/ist gebrochen
empfehlen (empfiehlt) = recomendar	empfahl	hat empfohlen

Verbos fuertes e irregulares más importantes

erschrecken (erschrickt)=asustar	erschrak	hat/ist erschrocken
gelten (gilt) = ser válido	galt	hat gegolten
helfen (hilft) = ayudar	half	hat geholfen
nehmen = tomar	nahm	hat genommen
sprechen (spricht) = hablar	sprach	hat gesprochen
stechen (sticht) = pinchar	stach	hat gestochen
stehlen (stiehlt) = robar	stahl	hat gestohlen
sterben (stirbt) = morirse	starb	ist gestorben
treffen (trifft) = encontrar	traf	hat getroffen
werfen (wirft) = arrojar	warf	hat geworfen

4b.   **i**   **a**   **o**

beginnen (beginnt) = comenzar	begann	hat begonnen
gewinnen (gewinnt) = ganar	gewann	hat gewonnen
schwimmen (schwimmt) = nadar	schwamm	hat-ist geschwommen
spinnen (spinnt) = hilar	spann	hat gesponnen

4c.   **o**   **a**   **o**

| kommen = venir | kam | ist gekommen |

4d.   **e**   **o**   **o**

bewegen = conmover	bewog	hat bewogen
fechten (ficht) = esgrimir	focht	hat gefochten
flechten (flicht) = trenzar	flocht	hat geflochten
heben (hebt) = elevar	hob	hat gehoben
melken (melkt) = ordeñar	molk	hat gemolken
quellen (quillt) = manar	quoll	ist gequollen
schmelzen (schmilzt) = fundirse	schmolz	hat/ist geschmolzen
schwellen (schwillt) = hincharse	schwoll	ist geschwollen

5a.   **e**   **a**   **e**

essen (isst) = comer	aß	hat gegessen
fressen (frisst) = comer, devorar	fraß	hat gefressen
geben (gibt) = dar	gab	hat gegeben
geschehen (geschieht) = ocurrir	geschah	ist geschehen
lesen (liest) = leer	las	hat gelesen
messen (misst) = medir	maß	hat gemessen
sehen (sieht) = ver	sah	hat gesehen

Verbos fuertes e irregulares más importantes

	treten (tritt) = dar un paso, pisar	trat	hat/ist getreten
	vergessen (vergisst) = olvidar	vergaß	hat vergessen
5b.	**i**	**a**	**e**
	bitten (bittet) = pedir, rogar	bat	hat gebeten
	liegen (liegt) = yacer, estar situado	lag	hat gelegen
	sitzen (sitzt) = estar sentado	saß	hat gesessen
6.	**a**	**u**	**a**
	fahren (fährt) = viajar, conducir	fuhr	hat/ist gefahren
	graben (gräbt) = cavar	grub	hat gegraben
	laden (lädt) = cargar	lud	hat geladen
	schaffen (schafft) = crear	schuf	hat geschaffen
	schlagen (schlägt) = pegar, golpear	schlug	hat geschlagen
	tragen (trägt) = llevar	trug	hat getragen
	wachsen (wächst) = crecer	wuchs	ist gewachsen
	waschen (wäscht) = lavar	wusch	hat gewaschen
7a.	**a**	**ie/i**	**a**
	blasen (bläst) = soplar	blies	hat geblasen
	braten (brät) = freír, asar	briet	hat gebraten
	fallen (fällt) = caer	fiel	ist gefallen
	fangen (fängt) = captar, coger	fing	hat gefangen
	hängen (hängt) = colgar	hing	hat gehangen
	halten (hält) = parar(se), sostener	hielt	hat gehalten
	lassen (lässt) = dejar	ließ	hat gelassen
	raten (rät) = aconsejar	riet	hat geraten
	schlafen (schläft) = dormir	schlief	hat geschlafen
7b.	**e**	**i**	**a**
	gehen (geht) = ir	ging	ist gegangen
7c.	**ei**	**ie**	**ei**
	heißen (heißt) = llamarse	hieß	hat geheißen
7d.	**au**	**ie**	**au**
	laufen (läuft) = correr	lief	ist gelaufen

Verbos fuertes e irregulares más importantes

7e.	**o**	**ie**	**o**
	stoßen (stößt) = empujar	stieß	hat/ist gestoßen
8a.	**e**	**a**	**a**
	brennen (brennt) = arder	brannte	hat gebrannt
	denken (denkt) = pensar	dachte	hat gedacht
	kennen (kennt) = conocer	kannte	hat gekannt
	nennen (nennt) = nombrar	nannte	hat genannt
	rennen (rennt) = correr	rannte	ist gerannt
	senden (sendet) = enviar	sandte	hat gesandt
	stehen (steht) = estar (de pie)	stand	hat gestanden
	wenden (wendet) = girar	wandte	hat gewandt
8b.	**i**	**a**	**a**
	bringen (bringt) = traer	brachte	hat gebracht
9a.	**ö**	**o**	**o**
	erlöschen (erlischt) = apagarse	erlosch	ist erloschen
	schwören (schwört) = jurar	schwor	hat geschworen
9b.	**ü**	**o**	**o**
	betrügen (betrügt) = engañar	betrog	hat betrogen
	lügen (lügt) = mentir	log	hat gelogen
10a.	**ü**	**u**	**u**
	dürfen (darf) = estar permitido	durfte	hat gedurft
	müssen (muss) = estar obligado a	musste	hat gemusst
10b.	**ö**	**o**	**o**
	können (kann) = poder	konnte	hat gekonnt
	mögen (mag) = gustar	mochte	hat gemocht
11.	**u**	**ie**	**u**
	rufen (ruft) = llamar	rief	hat gerufen

Verbos fuertes e irregulares más importantes

12.	**u**	**a**	**a**
	tun (tut) = hacer	tat	hat getan
13.	**e**	**u**	**o**
	werden (wird) = llegar a ser	wurde	ist geworden
14.	**i**	**u**	**u**
	wissen (weiß) = saber	wusste	hat gewusst

B) LISTA PARA CONSULTAR

Infinitivo	Pretérito	Perfecto
backen = cocer en el horno	backte	hat gebacken
befehlen (befiehlt) = ordenar	befahl	hat befohlen
beginnen = comenzar	begann	hat begonnen
beißen = morder	biss	hat gebissen
bergen (birgt) = salvar	barg	hat geborgen
betrügen = engañar	betrog	hat betrogen
bewegen = conmover	bewog	hat bewogen
beweisen = demostrar	bewies	hat bewiesen
biegen = doblar, girar	bog	hat gebogen
bieten = ofrecer	bot	hat geboten
binden = atar	band	hat gebunden
bitten = pedir, rogar	bat	hat gebeten
blasen = soplar	blies	hat geblasen
bleiben = permanecer	blieb	ist geblieben
braten (brät) = freír, asar	briet	hat gebraten
brechen (bricht) = romper	brach	hat/ist gebrochen
brennen = arder	brannte	hat gebrannt
bringen = traer	brachte	hat gebracht
denken = pensar	dachte	hat gedacht
dringen = insistir	drang	hat/ist gedrungen
dürfen (darf) = poder	durfte	hat gedurft
empfangen (empfängt) = recibir	empfing	hat empfangen
empfehlen (empfiehlt) = recomendar	empfahl	hat empfohlen

Verbos fuertes e irregulares más importantes

empfinden = sentir	empfand	hat empfunden
erlöschen (erlischt) = apagarse	erlosch	ist erloschen
erschrecken (erschrickt) = asustarse	erschrak	ist erschrocken
essen (isst) = comer	aß	hat gegessen
fahren (fährt) = viajar (en coche, tren, etc.)	fuhr	hat/ist gefahren
fallen (fällt) = caer	fiel	ist gefallen
fangen (fängt) = captar, coger	fing	hat gefangen
fechten (ficht) = esgrimir	focht	hat gefochten
finden = encontrar	fand	hat gefunden
flechten (flicht) = trenzar	flocht	hat geflochten
fliegen = volar	flog	hat/ist geflogen
fliehen = huir	floh	ist geflohen
fließen = fluir	floss	ist geflossen
fressen (frisst) = comer, devorar	fraß	hat gefressen
frieren = tener frío, helarse	fror	hat/ist gefroren
gären = fermentar	gor	hat/ist gegoren
gebären = parir	gebar	hat geboren
geben (gibt) = dar	gab	hat gegeben
gedeihen = florecer	gedieh	ist gediehen
gehen = ir	ging	ist gegangen
gelingen = salir bien	gelang	ist gelungen
gelten (gilt) = ser válido	galt	hat gegolten
genesen = convalecer	genas	ist genesen
genießen = disfrutar	genoss	hat genossen
geraten (gerät) = salir bien	geriet	ist geraten
geschehen (geschieht) = ocurrir	geschah	ist geschehen
gewinnen = ganar	gewann	hat gewonnen
gießen = regar, verter	goss	hat gegossen
gleichen = igualarse	glich	hat geglichen
gleiten = resbalar	glitt	ist geglitten
graben (gräbt) = cavar	grub	hat gegraben
greifen = coger	griff	hat gegriffen
haben (hat) = haber, tener	hatte	hat gehabt
halten (hält) = mantener, parar(se)	hielt	hat gehalten
hängen = colgar de algún lugar	hing	hat gehangen
hauen = golpear	hieb	hat gehauen
heben = elevar, levantar	hob	hat gehoben
heißen = llamarse	hieß	hat geheißen
helfen (hilft) = ayudar	half	hat geholfen
kennen = conocer	kannte	hat gekannt
klingen = sonar	klang	hat geklungen
kneifen = pellizcar	kniff	hat gekniffen

Verbos fuertes e irregulares más importantes

kommen = venir	kam	ist gekommen
können (kann) = poder, saber hacer	konnte	hat gekonnt
kriechen = arrastrarse	kroch	ist gekrochen
laden (lädt) = cargar	lud	hat geladen
lassen (lässt) = dejar	ließ	hat gelassen
laufen (läuft) = correr	lief	ist gelaufen
leiden = sufrir	litt	hat gelitten
leihen = prestar	lieh	hat geliehen
lesen (liest) = leer	las	hat gelesen
liegen = yacer, estar situado	lag	hat gelegen
lügen = mentir	log	hat gelogen
mahlen = moler	mahlte	hat gemahlen
meiden = evitar	mied	hat gemieden
melken = ordeñar	molk	hat gemolken
messen (misst) = medir	maß	hat gemessen
misslingen = fracasar, salir mal	misslang	ist misslungen
mögen (mag) = gustar	mochte	hat gemocht
müssen (muss) = tener que	musste	hat gemusst
nehmen (nimmt) = tomar	nahm	hat genommen
nennen = nombrar	nannte	hat genannt
pfeifen = silbar	pfiff	hat gepfiffen
preisen = alabar	pries	hat gepriesen
quellen (quillt) = manar	quoll	ist gequollen
raten (rät) = aconsejar	riet	hat geraten
reiben = frotar	rieb	hat gerieben
reißen = arrancar	riss	hat gerissen
reiten = cabalgar	ritt	hat/ist geritten
rennen = correr	rannte	ist gerannt
riechen = oler	roch	hat gerochen
ringen = luchar	rang	hat gerungen
rinnen = fluir	rann	ist geronnen
rufen = llamar	rief	hat gerufen
saufen (säuft) = beber (animales)	soff	hat gesoffen
saugen = absorber, mamar	sog	hat gesogen
schaffen = crear	schuf	hat geschaffen
scheiden = partir, separarse	schied	hat/ist geschieden
scheinen = brillar, parecer	schien	hat geschienen
schieben = empujar	schob	hat geschoben
schießen = disparar	schoss	hat geschossen
schlafen (schläft) = dormir	schlief	hat geschlafen
schlagen (schlägt) = golpear	schlug	hat geschlagen
schleichen = deslizarse furtivamente	schlich	ist geschlichen

Verbos fuertes e irregulares más importantes

schleifen = afilar	schliff	hat geschliffen
schließen = cerrar	schloss	hat geschlossen
schlingen = atar	schlang	hat geschlungen
schmeißen = tirar, echar	schmiss	hat geschmissen
schmelzen (schmilzt) = fundirse	schmolz	ist geschmolzen
schneiden = cortar	schnitt	hat geschnitten
schreiben = escribir	schrieb	hat geschrieben
schreien = gritar	schrie	hat geschrie(e)n
schweigen = callarse	schwieg	hat geschwiegen
schwellen (schwillt) = hincharse	schwoll	ist geschwollen
schwimmen = nadar	schwamm	ist geschwommen
schwinden = disminuir	schwand	ist geschwunden
schwingen = agitar	schwang	hat geschwungen
schwören = jurar	schwor	hat geschworen
sehen (sieht) = ver	sah	hat gesehen
sein = ser, estar	war	ist gewesen
senden = enviar	sandte	hat gesandt
singen = cantar	sang	hat gesungen
sinken = hundirse	sank	ist gesunken
sinnen = meditar	sann	hat gesonnen
sitzen = estar sentados	saß	hat gesessen
speien = escupir	spie	hat gespie(e)n
spinnen = hilar	spann	hat gesponnen
sprechen (spricht) = hablar	sprach	hat gesprochen
sprießen = brotar	spross	ist gesprossen
springen = saltar	sprang	ist gesprungen
stechen (sticht) = pinchar	stach	hat gestochen
stehen = estar (de pie)	stand	hat gestanden
stehlen (stiehlt) = robar	stahl	hat gestohlen
steigen = subir	stieg	ist gestiegen
sterben = morirse	starb	ist gestorben
stinken = apestar	stank	hat gestunken
stoßen (stößt) = empujar	stieß	hat gestoßen
streichen = pintar, untar	strich	hat gestrichen
streiten = disputar	stritt	hat gestritten
tragen (trägt) = llevar	trug	hat getragen
treffen (trifft) = encontrar	traf	hat getroffen
treiben = accionar, practicar	trieb	hat getrieben
treten (tritt) = dar un paso, pisar	trat	hat/ist getreten
trinken = beber	trank	hat getrunken
tun (tut) = hacer	tat	hat getan
verderben (verdirbt) = estropear	verdarb	hat/tist verdorben

Verbos fuertes e irregulares más importantes

vergessen (vergisst) = olvidar	vergaß	hat vergessen
verlieren = perder	verlor	hat verloren
verzeihen = perdonar	verzieh	hat verziehen
wachsen (wächst) = crecer	wuchs	ist gewachsen
waschen (wäscht) = lavar	wusch	hat gewaschen
weben = tejer	wob	hat gewoben
weichen = ceder, esquivar	wich	ist gewichen
weisen = mostrar	wies	hat gewiesen
wenden = girar	wandte	hat gewandt
werben (wirbt) = hacer publicidad	warb	hat geworben
werden (wird) = llegar a ser	wurde	ist geworden
werfen (wirft) = arrojar	warf	hat geworfen
wiegen = pesar	wog	hat gewogen
winden = torcer	wand	hat gewunden
wissen (weiß) = saber	wusste	hat gewusst
wringen = escurrir	wrang	hat gewrungen
ziehen = tirar	zog	hat gezogen
zwingen = obligar	zwang	hat gezwungen

BIBLIOGRAFÍA

Cartagena, Nelson/Gauger, Hans-Martin, *Vergleichende Grammatiken Spanisch-Deutsch*, partes I y II, Bibliographisches Institut F.A. Brockhaus AG, Mannheim 1989.
Dreyer, Hilke/Schmitt, Richard, *Lehr- und Übungsbuch der deutschen Grammatik*, Verlag für Deutsch, Munich 1985.
Duden, *Grammatik der deutschen Gegenwartssprache*, tomo 4, Bibliographisches Institut, Mannheim-Zurich 1966.
Engel, Ulrich, *Deutsche Grammatik*, Julius Groos Verlag, Heidelberg 1988.
Gil, Alberto/Banus, Enrique, *Kommentierte Übersetzungen Deutsch-Spanisch*, Romanistischer Verlag, Bonn 1987.
Gili Gaya, Samuel, *Curso superior de sintaxis española*, Publicaciones y Ediciones Spes S.A., Barcelona 1958.
Hallwass, Edith, *Mehr Erfolg mit gutem Deutsch*, Verlag Das Beste GmbH, Stuttgart 1976.
Helbig-Buscha, *Deutsche Grammatik. Ein Handbuch für den Ausländerunterricht*, VEB Verlag Enzyklopädie, Leipzig 1986.
Kars, Jürgen/Häussermann, Ulrich, *Grundgrammatik Deutsch*, Moritz Diesterweg GmbH & Co., Francfort del Meno 1988.
Latour, Bernd, *Mittelstufen-Grammatik für Deutsch als Fremdsprache*, Max Hueber Verlag, Munich 1988.
Luscher, Renate/Schäpers, Roland, *Deutsch 2000. Gramática del alemán contemporáneo*, Max Hueber Verlag, Ismaning 1981.
Roca Pons, José, *Introducción a la gramática*, tomos I y II, Vergara Editorial, Barcelona 1960.
Ruipérez, Germán, *Gramática alemana*, Ediciones Cátedra, S.A., Madrid 1992.
Schulz, Dora/Griesbach, Heinz, *Grammatik der deutschen Sprache*, Max Hueber Verlag, Munich [10]1976.
Seco, Rafael, *Manual de gramática española*, Aguilar, Madrid 1967.
Wandruszka, Mario, *Sprachen, vergleichbar und unvergleichlich*, Piper & Co. Verlag, Munich 1969.
Weydt, H./Harden, Th./Hentschel, E./Rösler, D., *Kleine deutsche Partikellehre*, Ernst Klett Verlag, Stuttgart 1983.
Zielinski, Wolf-Dietrich, *ABC der deutschen Nebensätze*, Max Hueber Verlag, Munich 1981.

ÍNDICE ALFABÉTICO

A
ab 262
ab (verbos separables) 48
aber (partícula modal) 313
abseits 262
Abtönungspartikeln 312 y sigs.
Adjektive
  (comparación) 189
  (declinación) 180
  (función) 179
  (numerales) 203
  (particularidades) 185
  (régimen) 197
Adverbien 291
  (causales) 307
  (condicional) 307
  (conjuntivos) 309
  (finales) 308
  (instrumentales) 307
  (interrogativos) 308
  (modales) 305
  (posición) 310
  (preposicionales o
    pronominales) 308
  (temporales) 300
Akkusativ 65, 67, 69, 162
Aktiv 122
all- (pronombre indefinido) 236, 237

alle (pronombre indefinido) 235
allein 325
allerdings 313
allerlei 181
alles (declin. del adjetivo) 180, 246
alles (pronombre indefinido) 236
als (comparación) 193
als (conjunción) 343, 344
als - dass 351
als - zu 351
als ob, als wenn 352
alternative Konjuntionen 324
am 261
an 199, 262
an- (verbos separables) 48
ander- 173
ander- (declin. del adjetivo) 183
anderenfalls 113
anstatt 263
anstelle 260
Artikel
  (determinado) 168
  (indeterminado) 169
  (omisión en alemán) 174
  (uso en nombres propios) 171
auch 313
auch immer 365
auf 263

Índice alfabético

auf (régimen de los adjetivos) 199
auf (verbos con complemento
    prepositivo) 71, 72
auf- (verbos separables) 48
aufgrund 260
aus 264
aus (verbos con complemento
    prepositivo) 72
aus- (verbos separables) 48
außer 265
außerhalb 265

B
bald - bald 324
be- 47
bei 266
bei (régimen de los adjetivos) 200
bei- (verbos separables) 48
beide 181
beim 261
beinahe 113
beste (der, das, die) 192
besten, am 192, 305
bevor 345
bezüglich 260
Billion 205
binnen 266
bis (conjunción) 346
bis (preposición) 267
bleiben 43, 87
bloß 313, 316
brauchen 43
Bruchzahlen 211

D
da (adverbio de lugar) 293
da (adverbio de tiempo) 302
da (conjunción) 367
da (kaum-da) 248
da (r) (adverbio de lugar) 293, 299
da (r) (adv. preposicional/pronominal) 217
dadurch - dass 352

daher 307
dahin 297
damals 300
damit (conjunción final) 370
danach 302
dank 259
dann (adverbio) 302
dann (correlato) 304
darum 307
das (artículo determinado) 147, 149
das (pronombre demostrativo) 247
das (pronombre relativo) 252
das heißt 327
das, was 341
dass 334
dasselbe 341
Dativ 162
    (posición en la oración) 166
    (régimen de los adjetivos) 197, 198
    (régimen de los verbos) 65, 66, 67, 68
    (verbos con complemento prepositivo)
        70 y sigs.
Datum 210
dein- 169, 224 y sigs
deinetwegen 307
Deklination
    (de los adjetivos) 179 y sigs.
    (de los adjetivos precedidos
        de los pronombres indefinidos) 246
    (de los nombres propios) 166
    (de los pronombres demostrativos) 247
        y sigs.
    (de los pronombres indefinidos) 235
        y sigs.
    (de los pronombres interrogativos) 231
        y sigs.
    (de los pronombres personales) 215
        y sigs.
    (de los pronombres posesivos) 224
        y sigs.
    (de los pronombres reflexivos) 228
    (de los pronombres relativos) 252

Índice alfabético

(del sustantivo) 161
([e]n de los sustantivos masculinos) 163
demnächst 301
Demonstrativpronomen 247
denen (pronombre demostrativo) 247
denen (pronombre relativo) 252
denn (conjunción) 327, 328
denn (partícula modal) 314
der (artículo determinado) 147
der (pronombre demostrativo) 247
der (pronombre relativo) 252, 340
derart (ig) dass 354
deren (pronombre demostrativo) 247
deren (pronombre relativo) 252
deren (seguido de adjetivos) 184
derer 247
derjenige, dasjenige, die- etc. 169, 251
dermaßen, dass 354
derselbe, dasselbe, etc. 169, 250
deshalb 307
dessen (pronombre demostrativo) 247
dessen (pronombre relativo) 252
dessen (seguido de adjetivo) 184
deswegen 307
dich 215
die (artículo determinado) 151
die (pronombre demostrativo) 247
die (pronombre relativo) 252
dieser, dieses, etc. 249
dieser (seguido de adjetivo) 180, 181
dir 215
direkte Rede 117
doch (adverbio conjuntivo) 325
doch (partícula modal) 314
doppelt 193, 213
dort 293
dorthin 297
dr + preposición 293
draußen 294
drei 207
dreifach 213
drinnen 294

dritt- 209
drittens 212
droben 294
drüben 294
drunten 294
du 216
du (imperativo) 103, 106
dürfen 34
dürfen, nicht 36
dürfen (pret. pert.) 91
dürfte 39
dunkel 185
durch 267
durch (voz pasiva) 125
durch- (verbos separables) 51

E

eben 300, 314
ehe 345
eigentlich 315
ein (adjetivo numeral) 206
ein (artículo indeterminado) 169
ein- (verbos separables) 48
einander 59, 60
einen, einem (declinación de man) 243
einer, eine, etc. (pron. indef.) 237, 238
einerseits - andererseits 324
einfach 315
einig- 239
einig- (declinación del adjetivo) 183, 246
einiges, was 341
einmal 301 303
eins 206
einschließlich 260
einst 300
Einteilungszahlen 212
einzeln- 238
-el (números quebrados) 211
-ens (números enumerativos) 212
ent- (verbos inseparables) 47
entgegen 268
entlang 268

Índice alfabético

Entscheidungsfragen 335
entweder - oder 326
-er (números cardinales) 208
er (pronombre personal) 215
er- (verbos inseparables) 47
-erlei (números genéricos) 213
erste (der, das, die) 209
erstens 212
es 219 y sigs.
es gibt 85, 223
es sei denn, dass 359
etliche 238
etliche (declinación del adjetivo) 183
etwas (declinación del adjetivo) 182
etwas (pronombre indefinido) 239
etwas, was 340
euch 215, 216
euer, eure, euer 225, 227

F
-fach 213
fahren 30, 86
fallen 30, 86
falls 356
fast 113
Femininum 151
fest- (verbos separables) 48
Finalsätze 269 y sigs.
Fragen 32, 335
Fragewort-Nebensätze 335
früher 300
für (preposición) 268
für (régimen de los adjetivos) 200
für (verbos con complemento prepositivo) 73
Futur I 100 y sigs.
Futur II 102

G
ganz 237
gar kein 321
gar nicht 321
gar nichts 322
Gattungszahlen 213
ge- (verbos inseparables) 47
gefallen 66
gegen (preposición) 269
gegen (régimen de los adjetivos) 200
gegen (verbos con complemento prepositivo) 73
gegenüber 270
gehen 86
gehen (infinitivo sin "zu") 130
gemäß 271
Genitiv
 (adjetivos que rigen g.) 198
 (preposiciones que rigen g.) 260
 (verbos que rigen g.) 69
gerade 139, 300
gern + verbo 66
gern (comparación) 305
Gerundivum 141
gewiss- (ein g.) 173
gratulieren 67
Grundzahlen 203 y sig.
gut 192

H
haben (con "zu") 132
haben (conjugación) 31
haben (pret. perfecto con h.) 83 y sigs.
haben (sin "zu") 130
haben (subjuntivo I) 118
hängen 64
häufig 303
halb (ein) 173, 211
halber 271
Hauptsätze
 (posición de algunas conjunciones y adverbios conjuntivos) 328
 (posición de los adverbios) 310
 (posición del verbo) 32
 (posición del verbo finito en la oración principal pospuesta) 332

Índice alfabético

helfen 67
helfen (sin "zu") 130
her- 295 y sigs.
her- (verbos separables) 48
heute 301
heutzutage 300
hier 290, 292
hin 295 y sigs.
hin- (verbos separables) 48
hinten 294
hinter 271
hoch 192

I
ich 215
ihr (pronombre personal) 215
ihr (pronombre posesivo) 225, 226
im 261
immer 303
immer (wenn) 345, 349
Imperativ 103 y sigs.
Imperfekt (Präteritum) 93 y sigs.
imperfektive Verben 64
in 272
in (régimen de los adjetivos) 200
in (verbos con complemento prepositivo) 74
in der Zwischenzeit 347
indem 352
Indikativ 108 y sigs.
indirekte Rede 115 y sigs.
Infinitiv 28, 129 y sigs.
Infinitivsätze 337 y sigs.
Infinitivsätze con "als - zu" 351
Infinitivsätze con "ohne - zu" y "anstatt - zu" 353
infolge 273
inmitten 273
innen 294
innerhalb (von) 273
Instrumentaladverbien 307
Instrumentalsätze 352 y sigs.

intransitive Verben 61 y sigs.
inzwischen, 302
irgendwer/irgendjemand, 240
Irrealis 108 y sigs.
Irrealis (oraciones de condición irreal) 358

J
ja (coordinante aclarativa) 327
ja (partícula modal) 316
Jahreszahlen 204
je - desto (um so) 360
jede- 240 y sigs.
jedesmal wenn 349
jedoch 325
jemand 242, 322
jener 249
jenseits 274
jetzt 301

K
Kardinalzahlen (Grundzahlen) 203 y sigs.
kaum (dass) 348
Kausaladverbien 307
Kausalangaben (posición en la oración) 310
kein- 174, 319 y sigs.
keiner- (pronombre indefinido) 237
kennen 64
kennen lernen 64
können 33, 34
können (en oraciones consecutivas) 355
können (enunciado subjetivo) 38
können (pret. perfecto) 90
können (subjuntivo I) 116
können (subjuntivo II) 110
kommen 86
Komparation 189 y sigs.
Komparativ 189 y sigs.
(en oraciones subordinadas condicionales con je - desto/um so) 360

Índice alfabético

Komparativnebensätze 350 y sigs.
Konditionalsätze 357 y sigs.
Konjugation
   der Modalverben 33
   der Verben 27 y sigs.
konjugiertes Verb
   (su posición en la oración principal) 32
   (su posición en la oración subordinada) 332
Konjunktionaladverbien 309
Konjunktionen 323 y sigs., 343 y sigs.
Konjunktiv I 108, 115 y sigs.
Konjunktiv II 109 y sigs.
Konsekutivsätze 354 y sigs.
Konzessivsätze 362 y sigs.
kosten 68
kraft 274
künftig 301
kürzlich 300

L

lange 304
längs 274
lassen 42, 43
lassen (pretérito perfecto) 92
laut (preposición) 259, 274
legen 63
lehren 68
lernen 130
lieben (gustar) 66
lieber 192, 305
liegen 63
liegen lassen 50
links 196, 294
links (nach l.) 298
lokale Angaben (posición) 310
los- (verbos separables) 48

M

mal (partícula modal) 316
-mal 212
mal - mal 325

man 243
manch- 244
manch- (declinación del adjetivo seguido de m.) 182, 246
manche 244
manche (declinación del adjetivo seguido de m.) 183
mancherlei 182
manchmal 303
mangels 260
Maskulinum 147 y sigs.
Maßangaben 198, 199
mehr 192, 305
mehr (declinación del adjetivo seguido de m.) 182
mehrere (declinación del adjetivo seguido de m.) 183
mehrfach 213
mehrmals 212, 303
mein- 224
mein- (declinación del adjetivo seguido de m.) 185
meinetwegen 307
meisten, am 192, 305
meistens 303
Milliarde 204
Million 204
miss- (verbos inseparables) 47
mit 274
mit (régimen de los adjetivos) 201
mit (verbos con complemento prepositivo) 74, 75
mit- (verbos separables) 48
mitsamt 277
mittags 303
mittels 260
mitten 196, 298
Modaladverbien 305
modale Angaben 310
Modalpartikeln 312 y sigs.
Modalsätze 350 y sigs.
Modalverben 33 y sigs.

Índice alfabético

(en imperativo en el discurso indirecto) 120
(pretérito perfecto) 90
(voz pasiva) 125, 126
möchte 35
möchte (pretérito imperfecto) 96
mögen 33, 35, 37, 39, 40
mögen (gustar) 66
mögen (pretérito imperfecto) 96
mögen (subjuntivo II) 110
morgen 301
morgens 303
müssen 33, 35 y sigs., 40
müssen (pretérito imperfecto) 96
müssen (pret. perfecto) 91
müssen (subjuntivo II) 110, 113

N
nach 275
nach (verbos con complemento prepositivo) 75
nach- (verbos separables) 48
nachdem 345
nachher 301
nachmittags 303
nachts 303
nächst- 192
nah 192
nahe 259
neben 276
Nebensätze 330 y sigs.
neulich 300
Neutrum 149
nicht 319 y sigs.
nicht nur, sondern auch 324
nichts 239
nichts (declinación del adjetivo seguido de n.) 182
nichts, was 340
nichttrennbare Verben 46 y sigs.
nie 303, 321
niemals 303

niemand 242, 321
nirgends 295
nirgendwo 295
nirgendwohin 298
noch (ein, nicht, etc.) 322
Nominativ 161
nun 301
nun da 367
nur 316

O
ob 326, 357
oben 294
oben (nach oben) 298
oben (von oben) 299
obgleich 362
Objekt (posición en la oración) 166
obwohl 362
oder 328
oft 303
oftmals 212
ohne 277
ohne dass 353
ohne - zu 353
Ordnungszahlen 209
Ortsangaben 310

P
Partizip Perfekt 142 y sigs.
Partizip Präsens 135 y sigs.
Passiv 122 y sigs.
Passiversatz 127 y sigs.
Perfekt 80 y sigs.
Perfekt der Modal - und Semimodalverben 90 y sigs.
perfektive verben 64
Personalpronomen 214 y sigs.
Pluralbildung 155 y sigs.
Plusquamperfekt 99, 100
Possessivpronomen 224 y sigs.
(declinación del adjetivo seguido de un p.) 185

Índice alfabético

präpositionales Objekt 67, 70 y sigs.,
    217 y sigs.
    (en oraciones de relativo) 339
    (su posición en la oración) 166, 167
Präpositionen 257 y sigs.
    (adjetivos con p.) 197 y sigs.
    (oraciones de relativo con p.) 339
    (verbos con p.) 70 y sigs.
Präsens 28 y sigs.
Pronomen
    Demonstrativpronomen 247 y sigs.
    Interrogativpronomen 231 y sigs.
    Personalpronomen 214 y sigs.
    Possessivpronomen 224 y sigs.
    Reflexivpronomen 228 y sigs.
    Relativpronomen 252 y sigs., 340 y sigs.
    unbestimmte 235 y sigs.
Pronominaladverb 217 y sigs.

R

rechts 196, 294
rechts (nach rechts) 298
reflexive Verben 55 y sigs.
reflexive Verben (participio) 143
Reflexivpronomen 228 y sigs.
Rektion der Adjektive 197 y sigs.
Rektion der Verben 65 y sigs.
Relativpronomen 252 y sigs., 340 y sigs.
Relativsätze 339 y sigs.
ruhig 317

S

sämtliche (declinación del adjetivo
    seguido de s.) 181, 246
sämtliches (declinación del adjetivo
    seguido de s.) 180
samt 277
Satzstellung 332
schmecken 66
schon 317
schwache Verben 27, 29, 80 y sigs., 93
    y sigs.

sehen 130, 195
sehr 305 306
sein (conjugación) 31
sein (imperativo de s.) 105
sein (pretérito perfecto con s.) 86 y sigs.
sein (pretérito perfecto de la voz pasiva)
    123, 124
sein (subjuntivo I) 116
sein (voz pasiva que expresa un estado)
    126
sein + participio de presente 136
sein + zu 127
sein- (pronombre posesivo) 225, 226
seit (conjunción) 346
seit (preposición) 277
seitdem (adverbio) 302
seitens 260
selbst 60
setzen 63
sie, Sie 215 y sigs.
sitzen 63
so 193
so dass 354
sobald 348
soeben 300
sofort 301
solange 347
solch- 169
solch- (declinación del adjetivo seguido
    de s.) 182
solcher (declinación del adjetivo seguido
    de s.) 180, 246
solch - dass 355
sollen 33, 36, 40, 41
sollen (pret. perfecto) 91
sollen (imperativo en el discurso
    indirecto) 120
sondern 326, 328
sonst 326
sooft 349
später 301
-st (superlativo) 190

Índice alfabético

starke Verben 27, 29, véase también
    p. 373-382
starke Verben (pret. imperfecto) 94
    y sigs.
starke Verben (pretérito perfecto) 82
    y sigs.
statt 278
stecken 64
stehen 63
stellen 63
Subjekt 161
    (posición en la oración) 166
Substantiv
    (declinación) 161 y sigs.
    (sin artículo) 174 y sigs.
substantiviertes Adjektiv 187
substantiviertes Partizip I 137
substantiviertes Partizip II 143
Superlativ 190 y sigs.

T
Temporaladverbien 300 y sigs.
temporale Angaben 310
temporale Nebensätze 343 y sigs.
teuer 186
transitive Verben 61 y sigs.
transitive Verben (voz pasiva) 124
trennbare Verben 48 y sigs.
trennbare Verben (p. pasado) 81, 83
trennbare Verben (con "zu") 131
trotz 278
trotzdem 309

U
über 278 y sigs.
über (régimen de los adjetivos) 201
über (verbos con complemento
    prepositivo) 75, 76
über - (verbos separables e inseparables)
    52
überall 295
überhaupt 317

überhaupt (+ negación) 322
übermorgen 301
Uhrzeiten 205
um 280, 281
um (régimen de los adjetivos) 201
um (verbos con complemento
    prepositivo) 76
um- (verbos separables e inseparables) 53
um - willen 281
um - zu 369
um so (+ comparativo + als) 368
um so (je - um so) 360
umständehalber 258
und 323, 328, 329
ungeachtet 282
unpersönliche Verben 222
unser- 225
unter 282
unter (verbos con complemento
    prepositivo) 77
unter- (verbos separables e
    inseparables) 54
unterdessen 347
unterhalb 283
untrennbare Verben 46 y sigs.
unweit 283

V
ver- (verbos inseparables) 47
Verben
    (con complemento prepositivo) 70
        y sigs.
    (conjugación) 27 y sigs.
    (fuertes e irregulares) 373-382
    (perfectivos e imperfectivos) 61 y sigs.
    (reflexivos y recíprocos) 55 y sigs.
    (separables e inseparables) 46 y sigs.
    (su posición en la oración principal) 32
    (transitivos e intransitivos) 61 y sigs.
    (verbos modales) 33 y sigs.
Vergleichssätze 350 y sigs.
vermittels 260

Índice alfabético

Vermutung (futuro I y futuro II) 100 y sigs.
Vervielfältigungszahlen 213
viel (comparación) 192, 305
viel (declinación del adjetivo seguido de v.) 182
viele (declinación del adjetivo seguido de v.) 183, 246
viel- (pronombre indefinido) 245
vielfach 213
vielleicht 318
vielmals 211
vielmehr 327
Viertel, ein 205, 211
voll- (verbos inseparables) 47
von 283
von (el régimen de los adjetivos) 202
von (verbos con complemento prepositivo) 77
von - wegen 260
vor 285, 286
vor (el régimen de los adjetivos) 202
vor (verbos con complemento prepositivo) 78
vor- (verbos separables) 49
vorausgesetzt, dass 359
vorher 302
vorhin 300

W

während (conjunción) 347, 348
während (preposición) 261, 287
wann 343, 344
warum 308, 366
was (pronombre interrogativo) 231
was (pronombre relativo) 255
was für ein 233
weder - noch 324
weg- (verbos separables) 49
wegen 261, 287
weil 366, 367
-weise 292
weiter- (verbos separables) 49
weiterhin 304
welch (declinación del adjetivo seguido de w.) 182
welch (pronombre interrogativo) 232
welche (declinación del adjetivo seguido de w.) 181
wem (pronombre interrogativo) 231
wem (pronombre relativo) 255, 340
wen (pronombre interrogativo) 231
wen (pronombre relativo) 255, 340
wenig (declinación del adjetivo seguido de w.) 182
wenige (declinación del adjetivo seguido de w.) 183
wenig- (pronombre indefinido) 245
wenn (conjunción condicional) 357 y sigs.
wenn (oraciones subordinadas de tiempo) 344
wenn (subjuntivo II) 111
wenn - auch 363
wenngleich 363
wer (pronombre interrogativo) 231
wer (pronombre relativo) 255, 340
werden (futuro del subjuntivo I) 118
werden (verbo auxiliar para formar el futuro) 100
werden (verbo auxiliar para formar la voz pasiva) 122, 123
werden (verbo principal) 44
weshalb 308, 366, 367
wessen (pronombre interrogativo) 231
wessen (pronombre relativo) 340
weswegen 308, 366, 367
wider- (verbos inseparables) 47
wie (adverbio interrogativo) 305, 308
wie (oraciones comparativas) 193, 350
wie (oraciones de relativo) 342
wie lange 304
wie oft 303
wie wenn 352
wieder- (verbos separables) 49

Índice alfabético

Wiederholungszahlen 212
wieviel 281, 308
wievielfach 213
wir 215
wissen 64
wissen (pret. imperfecto) 96
wissen (subjuntivo I) 116, 117
wissen (subjuntivo II) 110
wo 308
wo (oraciones de relativo) 342
wo (preposiciones con dativo) 259 y sigs.
wo (pronombre relativo) 254, 255
wodurch 308
wofür 308
woher 299, 308, 342
wohin 295, 308, 342
wohin (preposiciones con acusativo) 259 y sigs.
wohl 39, 40, 318
wollen 33, 35, 37, 41
wollen (pret. perf.) 90
wollen (pret. perf. e imperf.) 96
wollen (subjuntivo I) 117
wollen (subjuntivo II) 113
womit 232, 308
wo (r) 218, 308
wo (r) (oraciones de relativo) 340 y sigs.
worden (pret. perf. de la voz pasiva) 123, 124
würde + infinitivo 110

Z

Zahladjektive 203 y sigs.
Zeit 261
zer- (verbos inseparables) 47
zu (haben + zu) 132
zu (infinitivo) 129 y sigs.
zu (preposición) 287
zu (sein + zu) 127, 132
zu (+ número ordinal) 210
zu (+ participio de presente) 141
zu- (verbos separables) 49
zu - als dass 355, 356
zu - um zu 355
zuerst 302
zufolge 261, 289
zugunsten 261
Zukunft 100 y sigs., véase Futur
zuletzt 302
zum 261
zunächst 302
zur 261
zurück- (verbos separables) 49
zusammen- (verbos separables) 49
Zustandspassiv 126, 127
zwar - aber 325
zwecks 261
zwei 207
zweierlei 213
zweitens 211
zwischen 289, 290